话说印州

Indiana Stories

亚美出版社

话说印州

出版人：亚美出版社

主编：黄念、李维华

编审：王继同

出版发行：Asian American Publishing

地址：Indianapolis, Indiana, United States of America

网址：www.yamei-today.com

印刷：IngramSpark

经销：Amazon.com & aatodayin@gmail.com

版次：2018 年 8 月第一版

印次：2018 年 8 月第一版第一次印刷

印张：5.5X8.5 英寸

字数：15.6 万

书号（ISBN）：978-1-942038-02-3

定价：$24（USA）

版权所有，违者必究。

目 录

序·印第安纳州副州长克劳奇 2

序·王辉云 3

第一部分 印第安纳州的地缘与历史 1

1.1 印州两百年大事记 2
1.2 印第安纳——美国的十字路口 7
1.3 印第安纳波利斯：印州首府 29
1.4 印第安纳和印第安人 39
1.5 印州反仇恨法的历史 54

第二部分 印州人物 63

2.1 印州名人 64
亚伯拉罕·林肯在印第安纳的故事 64
祖孙总统——哈里森 72
乔治·罗杰斯·克拉克将军 77
特库姆塞兄弟 81
霍奇的星与星尘 86
这个世上谁在性的外头？ 93
印州造就的精英人物：丁韪良 102
乔治进了名人堂 119

2.2 华人移民 129
印地华人移民小记 129
印城华人维权运动先驱：梅振基 135

2.3 华人精英 140
普渡大学的杰出中国校友 140
用科学方法研究中药第一人：陈克恢 159
华裔女科学家刘玲、吕继蓉研究新药成功 167

第三部分 今日印州 173

3.1 教育 174
印城人求知的象征——公共图书馆 174
精英的摇篮：印州学府 182

3.2 印州圣地 207
印第安纳州的璀璨明珠：卡梅尔 207
印第安纳波利斯儿童博物馆札记 215
印城美术馆的中华惊奇 222
"和谐社会"的迷宫 228
哥伦布——给灵魂以空间 235
一言难尽话小镇：布鲁明顿 242
印第安纳州南端的修道院 247
静美与绚烂：印州霜叶二月花 256
小镇的圣诞风情 263

3.3 丰富的文体生活 266
一路狂飙过百年：INDY500 随想 266
NBA 步行者故事 274
印城之宝——小马队 278
IU 篮球队——印州的名片 282
印州豪华老爷车展 286
布鲁明顿早期音乐节见闻 289
印州巧手夺天工 295
舌尖上的印第安纳 300

3.4 印州发展的引擎:名企业 304
康明斯：驱动世界前行，实现至美生活 304
礼来公司与中国和东南亚的故事 319

作者简介 323

Table of Contents

Forward 1
Introduction.. 6

Part One: The History and the Landscape of Indiana
  1.1 Big Events in Indiana during the Past 200 years.............2
  1.2 Indiana – The Crossroads of America........................8
  1.3 Indianapolis: The City of Indiana...........................30
  1.4 Indiana and American Indians.............................40
  1.5 The History of Anti-hate Crime Law in Indiana.........55

Part Two: Hoosiers
  2.1 Prominent Hoosiers
      Abraham Lincoln – Indiana Years............................64
      William & Benjamin Harrison 72
      George Rodgers Clark...77
      Tecumseh Brothers..81
      Hoagy and Stardust..86
      Alfred Kinsey..93
      William A.P. Martin...102
      George McGinnis..119
  2.2 Chinese Immigrants
      Brief History of Chinese Immigration in Indiana.........129
      Moy Kee..135
  2.3 Elite Scientists at Eli Lily & Company
      Dr. K. K. Chen..144
      Drs. Ling Liu & Jirong Lv 152

Part Three: Indiana Today
  3.1 Education
      Indianapolis and Marion County Public Library..........174
      The Cradle of Elites: Universities in Indiana 182
  3.2 Tourist Attractions
      Carmel...207
      Indianapolis Children's Museum........................215
      Indianapolis Art Museum................................222
      Columbus..228
      Bloomington...235
      Ferdinand and St. Meinrad................................247
      Indiana State Parks...256

  Small Towns..263
 3.3 Entertainment and Cultural Life
  Indy 500..266
  Pacers..274
  Colts..278
  IU Basketball...282
  Old Luxury Cars..286
  Bloomington's Early Music Festival............289
  Folk Arts...295
  Food in Indiana 300
 3.4 Industry – Engines of the Indiana Economy
  Commies..304
  Eli Lilly&Co...315

Contributors...323

FOREWORD

As the 52nd Lt. Governor of the great state of Indiana, I write this Foreword with immense pride. *Indiana Stories* chronicles Indiana's 200 years history and highlights many of our state's tourism attractions and cultural assets. People from Indiana are called Hoosiers. Our people are genuine, warm-hearted and known for offering the finest hospitality. We welcome you to visit our state.

Lt. Governor: Suzanne Crouch

Indiana is located in middle of America at the southern tip of Lake Michigan. We like to say that Indiana is representative of true Americana, meaning that it reflects the history, geography, folklore and cultural heritage of the United States more than virtually any other place in our country. In Indiana, we are proud of our white sand beaches and beautiful landscapes. As one of the largest agricultural producing states in the USA, we take equal pride in the unique culinary experiences we offer and our wide array of cultural festivals. America's 16th president, Abraham Lincoln, made his boyhood home in southern Indiana and our capital city, Indianapolis, is regarded as the motorsports capital of the world.

This book is one-of-a-kind and was written specifically for all Chinese interested in our State. I hope you enjoy reading it and learning about Indiana. As a proud native Hoosier, I also hope it inspires you to visit us.

Sincerely,

Suzanne Crouch

Suzanne Crouch,
Lt. Governor

序

苏珊妮·克劳奇（Suzanne Crouch）
（黄念翻译）

印第安纳州副州长
苏珊妮·克劳奇

作为印第安纳州第52届副州长，我很荣幸也很自豪能为这本介绍印州200年的故事和人文景观的书作序。印第安纳州的人被亲切地称作"印州佬"。"印州佬"真诚善良，热情好客，热诚欢迎全世界的人民。

印第安纳州位于美国中部，密西根湖的南边。无论是地理特征还是历史、民俗和文化遗产，可以说，没有哪个地方比印第安纳州更能代表真实的美国。作为美国最大的农业生产州之一，我们拥有丰富多彩的饮食文化以及多姿多彩的节日活动。在印第安纳州的南部，美国第16届总统亚伯拉罕·林肯渡过了他的童年；印第安纳州的州会印第安纳波利斯，被誉为世界赛车之都。

这本书开创先河，用中文向华人世界描述印州。作为一个土生土长的"印州佬"，我希望你们喜欢这本书；也希望你们通过这本书了解印州，走进印州。

克劳奇副州长签字： *Suzanne Crouch*

序

王辉云

三十多年前,我来美国普渡大学留学时,对印第安纳几乎没什么了解。我的一些朋友听说普渡大学在印第安纳,甚至嘱咐我临行前多学点儿印第安人的语言和风俗常识,免得到那儿后抓瞎闹笑话。当然,这是改革开放初期国人对印第安纳的粗浅认识。

那么,三十多年过去了,国人对印第安纳的认识水平就提高了吗?非也!近年回国,聊天时朋友们常问我在美国家居何处,我告诉他们在印第安纳后,还总得补充说在芝加哥南边开车三个多小时的地方,要不然,很少有人知道印第安纳在哪儿。尽管现在国人对美国的了解愈来愈多,但人们熟悉的还是纽约、华盛顿、芝加哥、旧金山和洛杉矶等几个大城市。即便是身在美国的华人,对印第安纳的了解也非常有限,主要原因还是印第安纳的地理位置造成的。当然,印第安纳人习惯性低调,也是一个原因。

其实,有着"美国十字路口"称号的印第安纳在美利坚合众国里占有很重要的地位,只是由于历史的原因,早期华人移民大多集中在美国东西两岸,对于地处美国中西部的印第安纳疏于关注,因而缺乏了解,甚至还有一些误解。有鉴于此,印第安纳《亚美导报》社长李维华教授提议,在庆祝印第安纳建州二百周年之际,出版一本全面介绍印第安纳的书,以增加海内外华人对印第安纳的了解。这一倡议得到了众多《亚美导报》作者和读者的热烈响应,于是,便有了这本书——《话说印州》的出版。

这本书的作者，无论是来自中国的老留学生，还是专程来印第安纳的访问学者，都对印第安纳有着特殊的感情。由于印第安纳是他们长期生活和工作的地方，甚至成为他们的第二故乡，因而，他们也就不拿自己当外人，往往以印第安纳佬（Hoosier）自居。印第安纳在美国算不上一个大州，但她地杰人灵，群星灿烂，风光独特，江湖传说很多。让这些外来的讲中文的印第安纳佬来说印第安纳，她的故事听起来就更有意思，既丰富多彩，又接地气。

您可能了解林肯总统废奴和维护国家统一的伟大功绩，但您知道他和印第安纳的关系吗？

您也许了解北京大学诞生于"戊戌变法"的历史，但您知道有个印第安纳人在变法失败后为保住京师大学堂免遭废弃所做的努力吗？

您一定听说过屠呦呦因研究青蒿素而获得诺贝尔医学奖的故事，但您知道礼来公司第一任研发部主任陈克恢博士是最早用科学方法研究中药的吗？

您可能听说过第一个登上月球的宇航员尼尔·阿姆斯特朗、"摇滚之王"麦克·杰克逊、抗日名将孙立人、"两弹元勋"邓稼先、数学奇才张益唐，等等等等，这些人名如雷贯耳，但您不见得清楚他们和印第安纳的故事。印第安纳人才辈出，书中讲的故事同样引人入胜。

不同于维基或百度对印第安纳简单刻板的介绍，这本书的特点就是生动有趣。翻开这本书，宛如一帮印地佬在跟您摆龙门阵，带您穿越历史，陪您参观游览，与您一起体验这里的风土人情。放下书，您会发现一个鲜活的印第安纳就近在眼前。

《话说印州》是一本容易读且内容丰富的书,轻松地看完这本书,您就能弄明白为什么帝国大厦、五角大楼等美国地标式建筑都用印第安纳的石料,为什么罗伯特·欧文选在印第安纳建立他的空想社会主义的"新和谐镇",为什么世界闻名的印地 500(INDY 500)车赛在印第安纳狂飙百年经久不衰,为什么印第安纳美术馆能给您带来意外惊喜,为什么大量中国留学生愿意来印第安纳留学,为什么越来越多的华人喜欢这块玉米地。

覆盖着玉米大豆的印第安纳土地上,虽然没有到处泛滥的地沟油,却曾飘荡着三 K 党的阴云。这里不是人间天堂,但她的一些小镇却多次入选全美最佳宜居之地。《话说印州》作者的观察和写作立场也是比较客观的。我相信,读了这本书,您既能领略印第安纳的方方面面,也能享受到阅读的愉悦。这也是我们所期望的。

A Beautiful Winter Street Corner in Indianapolis, by Tony Zhang
美丽的印城一角(摄影:张彦涛)

Indiana Stories

By: Wendy Lee

In recent years, China has emerged from being a developing country to be an economic power house. More and more U.S. companies, including several from Indiana, have been investing and distributing in China because of its enormous market size and the largest population in the world. At the same time, growing numbers of Chinese tourists have been traveling to the U.S., mainly to the coastal cities and popular tourist sites. Although less visited by Chinese tourists, during this time Indiana did become a sister state with Zhejiang Province in 2009. Indianapolis then became the sister city of Hangzhou in 2014 and now over 10 Indiana cities have established sister cities in China.

Even more encouraging, Indiana Universities have attracted many Chinese students in recent years. In 2015, Chinese students accounted for 31.2% of the entire international student population in the U.S, reaching 304,040 which almost tripled the number from five years earlier. Of that total, around 4,000 enrolled at Purdue University and over 3,000 at Indiana University. Thousands more enrolled in other universities and high schools in Indiana. All of this has had a strong economic impact on those local communities.

At the same time, both the growing local Chinese community and families connected back in China have become more interested in the history, culture, and economy of Indiana – the Crossroad of America. Chinese people love to read and learn. Unfortunately, there has not been enough literature or information about Indiana written in

Chinese language to satisfy their curiosity.

Asian American Today, a non-profit-organization, is in a unique position to introduce Indiana to the Chinese people in their language. In fact, one of our missions is to help Chinese immigrants immerse into main stream American society and publishing these articles and the book helps us achieve that objective. In 2013, Asian American Today began publishing a series of articles designed to introduce various aspects of Indiana life to the Chinese community, including state parks, museums, culture and history. A few of these articles were even republished in the Wenhui Reader's Weekly (circulation 50,000) and in the Airport Journal in Shanghai (circulation 100,000). These published articles have heightened the curiosity of Chinese people at both sides of the ocean. To follow this pursuit, we decided to publish a book in Chinese about the Hoosier state, entitled "Indiana Stories", with in-depth coverage of everything that would interest Chinese readers.

We are very proud that "Indiana Stories" was approved as a Legacy Project for the Indiana Bicentennial Celebration. The scope of this book covers the geography, history, nature, culture and people of Indiana, with a special emphasis on its uniqueness in America. Many scholars, scientists, and professionals, who were first-generation Chinese immigrants or visiting scholars, participated in this project. As the first of its kind, we believe that this book will attract broad interest amongst Chinese students, businesses, tourists and the local Chinese community. In return, as this knowledge propagates, Indiana may become even more of a focus for Chinese to study and travel, as well as a place to invest.

第一部分 印第安纳州的地缘与历史

国画,吴泽群;印第安纳波利斯市中心
Chinese Painting by Wu, Zequn: Monument Circle Indianapolis

1.1 印州两百年大事记

作者：李维华

印州地图中英文表。（Map of Indiana in English and Chinese）

年份	印州	美国
约公元前 1000，印第安人开始到印第安纳定居。		
十 七 世 纪		
1614-1615	第一个法国人 Samuel de Champlain 来到印第安纳	
1671	法国人宣布印第安纳为法国领地	
1679	法国人与印第安人通商	
1688-1697	King William's War	
十 八 世 纪		
1702-1713	Queen Anne's War 法国人在文森斯定居	
1717	法国人在拉法伊特附近定居	
1732	文森斯城堡建立，成为印第安纳第一永久居住地	
1744-1748	King Nicolas War（欧洲称 King George's War）开始	
1752-1753	天花在印第安人中大流行，众多人丧生	
1754-1763	法印战争 (The French and Indiana War)	
1763	英国人进入印第安纳和文森斯	
1772	英国人勒令在 Wabash 山谷的法国人离开领地	

1774	英国国会通过魁北克法案，允许加拿大人施行法国法律和传统，赋予天主教会保留其权利。"法国西部领地，包括密西根、印第安纳、伊利诺伊和威斯康星，隶属魁北克省管辖。"	1776年，美利坚合众国宣布独立
1779	英国副州长 Henry Hamilton 在 Fort Sackville 向美国（联邦）上校 George Rogers Clark 投降	1776-1787 美国独立战争
1783	印第安纳正式归属于美利坚合众国	
1787	Fort Harmer 条约签署，夏季战争开始	1787 邦联国会通过《西北土地法令》
1794	英国同意在1796年6月1日前从美国领地撤军；Tecumseh 带领印第安人与美军开战，韦恩（Anthony Wayne）获胜；韦恩在 Kekionga 筑城，将其命名为韦恩堡	
十 九 世 纪		
1800-1816 印第安纳领地正式建立	1803: 哈里森（William Henry Harrison，1773-1841）为首任主管，文森斯为首都 1801: 哈里森创立印州第一所大学——文森斯大学 1804: 印第安纳宪法"Indiana Gazette"出版 1805: 密西根领地与印第安纳领地分离 1809: 伊利诺伊领地与印第安纳领地分离 1811: 哈里森在 Tippecanoe 战役中获胜 1813: 印第安纳领地首都迁至 Corydon 1814: 美国与印第安部落签署合约	1812年战争（第二次独立战争）

1816	印第安纳正式建州，成为美国的第 19 州，首府 Corydon，Jonathan Jennings (1784-1834) 为第一任州长	
1818	几个印第安人部落放弃在印州中部的领土	
1820	创立第一所公立大学——印第安纳大学	
1825	印第安纳波利斯成为印州首府	
1842	圣母大学在南本德（South Bend）创立	
1851	印州修宪，保护已婚妇女的产权	
1861-1865	两百万印州人参加南北战争	南北战争
1869	创立以农业和工程为主公立大学——普渡大学	
1873	印城公共图书馆建立	
1889	印州迈阿密印第安部落终结，1910 年统计，印州仍有 90 位迈阿密印第安人	
二 十 世 纪		
1903	Indianapolis Star 创立	
1906	US Steel 公司建厂，甘瑞（Gary）建城	
1911	首次 Indy500 汽车大赛	
1915-1930	1915: 印州施行劳工法 15 万印州人参加一战 3K 党在印州盛行，成员最高达 75 万	1914-1918 第一次世界大战，美国于 1917 年参战

1929-1932	失业率高达25%	经济大萧条
1930-1931	印州开始修建铁路	
1939-1945	400万印州人参加二战 1945年7月29日，印第安纳波利斯号巡洋舰被日本潜艇击沉	第二次世界大战，美国于1941年底参战
1950-1970	70号州际公路开始修建，1992年完成，全程2153.13英里 65号州际公路开始修建，1985年完成，全程887.3英里 I465环城高速公路建成，全程55英里	1950-1953: 朝鲜战争
1970	和玛瑞安（Marion）郡组成市郡常委会City-County Council, Richard Lugar 为首任市长	1955-1975 越南战争
1984	小马队从巴尔的摩迁居印城	
二十一世纪		
2007	小马队获超级碗冠军	2001: 911 2003: 伊拉克战争

1.2 印第安纳——美国的十字路口

作者：王贤忠

一万多年以前，这片土地有一半被冰川覆盖，冰天雪地。现在，这片土地到处长满了大豆和玉米，郁郁葱葱。

一万多年以前，这片土地一条小路都没有，荒无人烟。现在，这片土地是美国的十字路口，熙熙攘攘。

这片土地，就是第 19 个加入美利坚合众国的印第安纳州（Indiana），简称"印州"或"印地"。从 1816 年印第安纳成为美国联邦的一员，到现在已经整整 200 周年了。

印第安纳：北美大地上的一块碧玉

印第安纳地处美国中西部，位于世界上最大的淡水系统五大湖的南边，是美国的几个"湖南省"之一。印第安纳的南部界线是密西西比河（Mississippi River）的最大支流俄亥俄河（Ohio River），河的南面就是肯德基（Kentucky），一个因炸鸡而闻名全世界的地方。印第安纳境内最长的河流沃巴什河（Wabash River）先由东向西，再由北向南，然后并入俄亥俄河，最后汇入密西西比河，浩浩荡荡地流向墨西哥湾。

印第安纳的自然条件非常优越。一个地方自然条件是否优越，可以有很多不同的指标，而最直观的指标就是这个地方是否适合巨型或者超巨型动物的生活。譬如说，非洲大草原的自然条件特别好，所以能够供养得起非洲大象和长颈鹿之类的超巨型动物。如果你驱车经过印第安纳，你能看到最大的野生动物应该是白尾鹿（White-tailed deer）了。比白尾鹿更大的动物也有，如牛和马，但这些动物都是人养的，不是野生的。也许你没有想到，印第安纳这块土地上，曾经养育过比牛马大得多的动物。这些史前的超大型动物包括美洲乳齿象（Mastodon）和长毛象（Mammoth）。美洲乳齿象（下图）和长毛象一万年之前先在北美消失，随后也从整个地球上慢慢灭绝了。这些以吃树叶为主的巨型动物虽然不复在了，但当年被它们吃的树

印第安纳波利斯动物园的美洲乳齿象雕塑
(A Mastodon Statue at the Indianapolis Zoo)

（如刺槐）却还存在。如果你在小河边或者树林里散步，常常会看到刺槐的树干上长满了好几寸长的硬刺（图右上角）。刺槐长硬刺的目的就是防御美洲乳齿象和长毛象，保护自己。这些动物看到这么可怕的硬刺，很可能就会绕道而行，去吃别的树木的叶子了。有意思的是，敌人早已不在了，但刺槐没有放松警惕，对付敌人的锐利武器一直没有收起来。

一万六千年之前,后退的冰川在印第安纳的中部和北部留下了极其肥沃的土壤,绵延几百里。印第安纳的南部没有受到冰川的影响,一万多年以来一直是石灰岩丘陵(更早的时候则是一片海洋)。南部丘陵的山谷里堆积着从山上冲刷下来的土壤,极其肥沃。印第安纳的降水量很充分,每年平均约 1000 毫米。印第安纳冬天寒冷,最低温度可低达零下摄氏 20 几度,很多害虫就被冻死了。印第安纳夏天炎热,适合各种庄稼(特别是喜高温植物如玉米)的生长。印第安纳是种地农民的福地,在这块土地上耕作过的农民不计其数,但最有名的应该是美国第 16 任总统林肯一家了。林肯一家原来住肯德基州,后来就搬到了印第安纳。林肯一家离开肯德基有很多原因,其中一个原因是他爸爸听说印第安纳的土地很肥沃,种什么长什么,特别是玉米。林肯一家搬到印第安纳不到一年,就拥有了 65 公顷的肥沃土地。良田沃土和良好的水热条件,让林肯一家在 19 世纪初期(相当于中国的嘉庆和道光年间)就过上了小康的生活。

水美土肥的印第安纳,每一个角落都被绿色植被覆盖着。无论从天上看,还是地上看,印第安纳都像一块碧玉,镶嵌在美丽的北美大陆上。

印第安纳:一个被常常被误解的州

我来印第安纳工作之前,在美国东海岸住过一段时间。来印第安纳之前的一个周末,我去我们村子的图书馆借书。这个图书馆很小,只有一个管理员。她见我借了这么多关于印第安纳的书籍,就问我是不是要搬到印第安纳工作了。我说是的。她就半开玩笑地说:你到了印第安纳,可千万别提起"山"和与"山"有关的东西啊!我好奇地问为什么。她说因为印第安纳没有山，所以那里的人很忌讳外地人说起"山"及与"山"有关的话题。如果你提起"山"，人家会以为你在讥笑印第安纳没有山呢！我当时就在心里想，印第安纳人难道像我们中国的阿Q？阿Q因为自己头上有块癞疤，谁要是提起灯、光和亮这些字眼，他就跟谁急。我想，在印第安纳工作期间，我不和他们本地人当面提起"山"，我只在他们听不见的时候嘲笑一下：你们这地方怎么没有山的？

我看了几本关于印第安纳的书，对五大湖以南的这个小州有了一定的了解。所有住在印第安纳州或者在印第安纳出生的人都叫做 Hoosier，中文可译成"印州佬"。Hoosier 这个昵称到底是怎么来的呢？好像谁也说不清。其中有个流传的说法是以前印第安纳州的人喜欢到酒吧喝酒，喝醉之后就发酒疯打架，动不动就用小刀把对方的耳朵给割下来，扔在地上。酒吧服务员扫地的时候就大声问：Whose ear? Whose ear? 因为 Whose ear 的发音很像 Hoosier，慢慢地，Hooiser 就成了印第安纳州人的昵称了。我看完这个传说，心里倒有些害怕，印第安纳这么野蛮？要是我的耳朵被割下来怎么办？幸好我去酒吧不多，所以也没有怎么担心到了印第安纳之后，自己的耳朵就会被人割了仍掉。

美国有个很有名的洋葱出版社（The Onion），专门出版了一本笑话世界各地和美国50个州的书《我们这个愚蠢的世界》（Our Dumb World）。这本书里笑话印第安纳就是一个"观众之州"，调侃印第安纳人只知道躺在沙发上用眼睛看东西，他们看汽车大赛，看篮球比赛，甚至对着镜子傻傻地看自己，可就是不喜欢动手做东西。

来到印第安纳之后我发现，印第安纳虽没有高山，但南部的小山包上长满了红枫和糖枫。秋天的时候，一片艳丽，美不胜收，比北京香山的秋叶美得多了，甚至可以和美国东北和加拿大的秋叶媲美了，就是规模稍小一点。有几次我不小心，就和土生土长的印州佬说起"山"的事了。到目前为止，我没有见过任何人和我红脸的。看橄榄球的时候，我有时候也去过酒吧喝啤酒，至今还没有见到哪个球迷的耳朵被割下来了。印第安纳人不仅喜欢看，也喜欢动，喜欢跳舞。迈克尔·杰克逊就是印第安纳人。杰克逊的动作一直被模仿，从未被超越。世界上还真没有什么人能像迈克尔·杰克逊那样唱得好，又跳得好的。

看来，那些关于印第安纳的传说基本都是不真实的，都是谣传。在这里住了几年，我慢慢地发现，印第安纳这个常常被误会的州，其实是个过小日子的好地方。

印第安纳：在历史上发挥过大作用的小州

在美国的 50 个州里，印第安纳的面积算是比较小的，总面积约 9.4 万平方公里，在美国 50 个州中排名第 38 位。印第安纳比中国的重庆市（8.2 万平方公里）略大，比江苏省（10.2 万平方公里）略小。印第安纳的面积虽小，但在美国历史上发挥过很大的作用。

美国历史上最伟大总统之一的林肯就是在印第安纳的玉米地边上长大的。1816 年，在林肯只有 7 岁的时候，他们一家从肯德基搬迁到了印第安纳。少年林肯在印第安纳上山抓鸟，下河摸鱼，耕地劈柴，读书思考。当林肯在 1830 年离开印第安纳搬到伊利诺伊州的时候，他已经长成一米九三的瘦高个了。可以这么说，印第安纳的水土铸就了林肯的性格和个性，为后来林肯废除奴隶制和保卫美国领土的完整奠定了坚实的思想基础。

让林肯成为不朽历史人物的事件是美国南北战争。林肯长大的印第安纳，在这场战争中起到了非常重要的作用。美国南北战争打响之后的第二天，印第安纳人民就在州府印第安纳波利斯（Indianapolis）举行了两次集会。与会群众一致表示，印第安纳要旗帜鲜明地留在美国联邦，坚决挫败南方独立分子分裂美国的企图。在整个南北战争中，印第安纳有约21万年青人参加了联邦军的陆军和海军，占当时全州人口的15%。战争是残酷的，在美国南北战争中，一共有两万五千多人牺牲（其中包括阵亡的七千多士兵）。印第安纳州在这次美国唯一的内战中，为联邦军提供了兵力、粮食、铁路运输线和水路运输线，为联邦军最后战胜以戴维斯（Jefferson Davis）为总统和以李将军（Robert E. Lee）为军事首领的南方邦联（Confederate States）做出了关键性的贡献。

在惊叹印第安纳为美国的南北战争做出重大贡献和牺牲的同时，顺便感慨一下南方邦联这两位重量级人物的最后归宿。戴维斯总统（实际上是个伪总统）在输掉了内战之后，在监狱里被关了四年。出狱之后，他的日子过得相当滋润。他当过保险公司的主席，重新当选为美国参议员（尽管最后没有当成），还差一点当了德州农业和机械学院（现在的著名的德州农工大学）的校长。戴维斯总统在81岁高龄时病逝，得以善终。那位李将军呢，他在向联邦军投降之后，居然马上就做了华盛顿学院（Washington College）的校长，一直做到1870年去世为止。他刚去世，华盛顿学院就改名为华盛顿和李大学（Washington and Lee University），以纪念这位南方邦联的军事首领。当年南方邦联州之一的乔治亚（Georgia）亚特兰大市（Atlanta）的郊外有一块高达251米的神奇巨石，巨石的侧面刻有一副巨大的浅石雕，上面刻着骑在高头大马上的戴维斯总统、李将军和另一位著名南方邦联将军杰克逊（Stonewall Jackson）。在美国，分裂分子的雕像居然一直让人膜拜，这个度量不是所有的国家和政权都能有的。也许真是这样的大气，才让美国成为世界上唯一的超级大国。

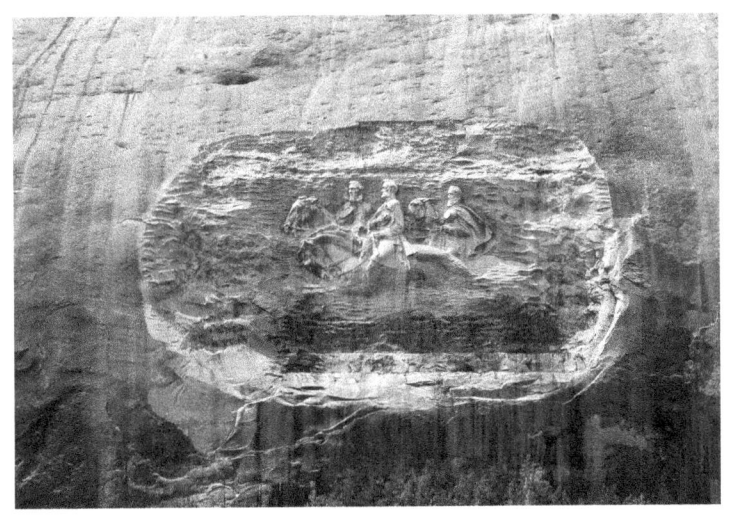

亚特兰大郊外的石头山公园（Stone Mountain Park）的浮雕，上面雕刻的是闹独立的南方邦联的戴维斯总统、李将军和杰克逊将军。整个浮雕的面积是6400平方米，离地面120米。印第安纳在击败这三位领导的邦联的内战中，发挥了极大的作用。

Confederate Memorial Carving in Stone Mountain Park depicts three Confederate figures of the Civil War, President Jefferson Davis and Generals Robert E. Lee and Thomas J. "Stonewall" Jackson

如果说20世纪最伟大的发明之一是飞机，我相信大部人都不会有意见的。美国人也知道飞机的发明意义之重大,所以都希望自己的州和航空有点关系,都希望自己的家乡是航空的诞生地。美国人的这一点很像中国人。中国很多地方在那里争来争去,都说他们家乡才是西施真正的故乡。俄亥俄(Ohio)和北卡(North Carolina)为到底谁是航空的诞生地吵了几十年。俄亥俄说自己是正宗的航空诞生地,因为世界上第一架飞机就是莱特兄弟(Wright brothers)在我们俄亥俄的代顿(Dayton)发明的!而北卡则自豪地说,那算什么!莱特兄弟不是跑我们北卡来了?飞机的第一次起飞,就在我们北卡小鹰镇(Kitty Hawk)附近的海滩!后来,一个来自俄亥俄的众议员狡猾地提议,我们都别吵了,让国会投票决定到底谁是航空的诞生地吧!2003年6月13日,美国众议院讨论了航空诞生地的议案。除了来自北卡的三位众议员,其他所有众议员都认为俄亥俄是航空诞生地。结果,美国众议院以378-3的压倒性票数,确认了俄亥俄州代顿市为唯一的、合法的航空诞生地。

那么,俄亥俄和北卡关于航空诞生地之争和印第安纳有什么关系呢?很多人可能不知道,莱特兄弟里的哥哥(Wilbur Wright)是在印第安纳东部一个名叫密尔维尔(Millville)的小镇出生的,在1884年莱特一家搬到俄亥俄之前,他们大部分时间都住在印第安纳。1878年的某一天,莱特爸爸给莱特兄弟买了一架用纸、竹片和软木制作的看起来像直升飞机一样的玩具。莱特兄弟迷上了这飞行器玩具,他们一有空就玩,玩坏了就自己造一架。莱特兄弟出名之后承认,他们爸爸给买的飞行器玩具,是他们兄弟俩发明飞机的火花。可以这样说,现代航空的种子,是在印第安纳开始萌发的。因此,印第安纳应该高调一些,要让所有美国人都知道,印第安纳是莱特哥哥的出生地，发明飞机的火花就是在印第安纳擦亮的。走过的，路过的，都来参观一下莱特哥哥的诞生地和博物馆（Wilbur Wright Birthplace and Museum），感叹一下飞机的发明给现代社会带来的多么深刻的变化。

开车的人都知道汽车后视镜的重要性。如果车上的后视镜被撞歪了，顿时就会有一种眼睛被蒙起来开车的感觉。最早的汽车是没有后视镜的。在1911年首次印第安纳波利斯500英里汽车大赛中，赛车手雷·哈朗（Ray Harroun）在自己的赛车上按装了一面后视镜，最后一举赢了汽车大赛的第一名。据说这是第一次在汽车上安置后视镜。赛后，雷·哈朗自己说，赛车道太颠了，后视镜什么用都没有。不管怎么说，那是汽车上第一次在汽车上使用后视镜，是划时代的创举。自从那时起，后视镜成了汽车上必备的一个重要部件。我们大家开车时都要看很多次后视镜，因为习以为常，所以反而不觉得后视镜的重要性了，就像眼睛没毛病的时候，是感觉不到眼睛的重要性的。

开车的人也知道，当十字路口的红绿灯坏了的时候，有种不知所措的感觉，停下来不好，往前开又不敢。在汽车时代的早期，十字路口是不需要红绿灯的，因为总共也没有几辆汽车。汽车多起来之后，十字路口一般有警察在那里指挥交通。每个十字路口有个警察，那也不是很现实，警察有更重要的任务（如抓坏人）。于是，自动交通灯就诞生了。自动交通灯的发明人是印第安纳卡梅尔市（Carmel）一个叫雷斯利·海恩斯（Leslie Haines）的居民。1923年，卡梅尔在市中心的十字路口按装了美国第一个自动红绿灯。当时卡梅尔的人口只有400，居然也需要红绿灯，那时卡梅尔市政府的想法也太超前了。此后几年，美国大大小小城市的十字路口都按装了自动交通灯，成为城市交通必不可少的安全设备。

因此说，小小的印第安纳在美国历史上起到了大大的作用。大的作用影响到了美国的领土完整，小的作用影响到你我现在的日常生活。

卡梅尔市中心（Main Street 和 Rangeline Road）。1923年，这个十字路口按装了美国历史上的第一个自动交通灯。在这十字路口的东北角立有一个地标（见照片中的嵌图），以纪念这一重大历史事件。

The intersection of Main Street and Rangeline Road in Carmel, Indiana, where the first traffic lights were installed in American History.

印第安纳：美国的交通枢纽

美国是交通高度发达的国家，而印第安纳（特别是州府印第安纳波利斯地区）则是美国的交通枢纽，是美国的十字路口。

Interstate 465 (I-465) the beltway circling Indianapolis, crosses I-65, I-69, I-70 and I-74.

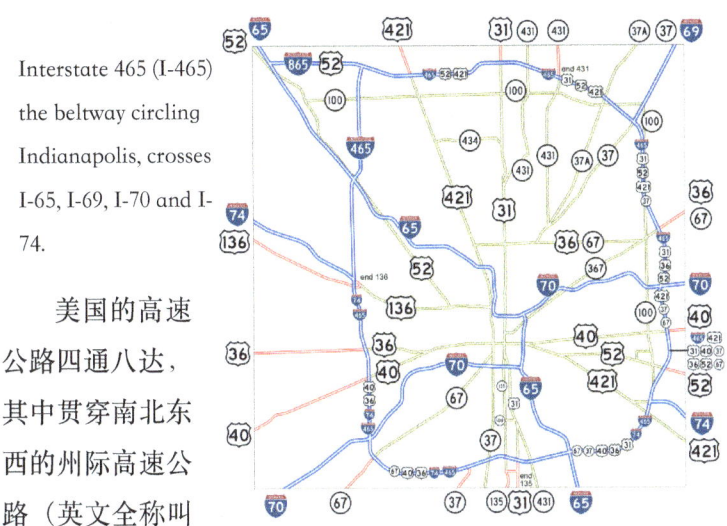

美国的高速公路四通八达，其中贯穿南北东西的州际高速公路（英文全称叫做 The Dwight D. Eisenhower National System of Interstate and Defense Highways，简称为 Interstate）是美国陆地运输的主动脉。美国大陆的州际高速公路以数字命名，奇数为南北向，偶数为东西向。横跨几个州的主要高速公路以单位数和双位数命名，数字自西向东和自南向北逐渐变大。三位数的高速公路都是大城市的环城公路，命名的规则是在穿过该城市的主要高速公路之前加一个数字。如果该数字是奇数，则表示这是一条断头高速，如新奥尔良（New Orleans）的 I-310。如果该数字是偶数，则表示这是一条绕城完整一圈的高速，如印第安纳波利斯的 I-465 就是这样的环城高速公路。

印第安纳境内有四条高速公路穿境而过。65号高速（I-65）南起墨西哥湾，北至五大湖，分别经过阿拉巴马（Alabama）、田纳西（Tennessee）、肯德基（Kentucky）和印第安纳，全长 1428 公里。74号高速（I-74）西起艾奥瓦（Iowa），东至北卡（North Carolina），全长 790 公里。70号高速（I-70）横穿美国东西，西起犹他（Utah），东至马里兰（Maryland），全长3462公里。69号高速（I-69）很有意思，是美国境内少见的不连续的高速公路，这里一段，那里一段。I-69北起美国和加拿大边境的密歇根（Michigan），南端在美国和墨西哥交界的德克萨斯（Texas），所以又称北美自由贸易协定超级高速公路（NAFTA Superhighway）。等美国有钱之后，I-69肯定全线贯通。建成之后，这条超级高速将把加拿大、美国和墨西哥三个北美国家连在一起，让三国的自由贸易更加通畅无阻。

这四条高速公路起点不一样，终点不一样，但都在印第安纳波利斯的环城高速I-465汇合。印第安纳波利斯像一个蜘蛛，这些高速公路就像蜘蛛的八条腿，将美国四条主要的州际高速连接在一起。在美国50个州中，通过印第安纳的高速公路（pass-through highways）在全美名列第一。正因为如此，如果你从印第安纳出发，只要沿着高速公路开车，一天之内就能开到80%美国人的家门口。印第安纳这样发达的交通，美国少有，世上罕见。

印第安纳不仅是陆地的十字路口，其空中交通也非常发达。印第安纳波利斯国际机场（Indianapolis International Airport）在2008年投入使用。新机场的设计人性化，功能现代化。根据美国著名的市场调查公司J. D. Power and Associates的民意调查，印第安纳波利斯国际机场在2010年被旅客评为最满意的机场。国际机场委员会（Airports Council International）还曾四次将新机场评为北美最佳机场。印第安纳波利斯国际机场每年起飞和降落的旅客人数接近800万人次。新机场也是美国联邦快运（FedEx Express）的重要中转站，每年的货物吞吐量仅次于联邦快运总部所在地的孟菲斯国际机场（Memphis International Airport）。你在网上购买的货物，很可能是先到印第安纳波利斯中转，再被送到你的家门口的。

印第安纳北靠密歇根湖，南濒俄亥俄河，拥有三个直接对外贸易的国际港口，所以水路交通相当发达。密歇根湖畔的国际港口（Port of Indiana-Burns Harbor），通过五大湖、加拿大和北大西洋，将货物运往世界各地，特别是欧洲和非洲。俄亥俄河边的两个港口（Port of Indiana-Jeffersonville 和 Port of Indiana-Mount Vernon），则主要通过俄亥俄河和密西西比河，将货物运往美国东南部和墨西哥湾地区。

在21世纪的今天，铁路运输已经没有以前那么重要了，因为在美国大陆，卡车运输比铁路运输更加经济，更加便利。尽管如此，有时候还能看到拖有上百节车厢的超长火车轰隆隆地在铁路上飞奔。印第安纳的铁路总长达一万七千多公里，是公路运输和空中运输的重要补充，暂时还不会退出历史舞台。

印第安纳发达的交通不仅能让你最短的时间内抵达美国的各个角落，而且还能让你很方便地去逛一个很多人想去但又不敢去的地方：赌场。古人云：万恶赌为首。在中国，赌博自古以来就被认为是极其不良的活动而被人们所不齿。有趣的是，人的本性却是喜欢赌博的。如果你不带信用卡而且又有足够的自制力，那你就不用去拉斯维加斯了，印第安纳就有个赌场。印第安纳的赌场在其南部一个叫法国之舔（French Lick）的地方。法国之舔在布鲁明顿以南一个小时左右的车程，在 I-64、I-65 和 I-69 三条州际高速公路形成的三角形的中心，交通十分便利，来自四面八方的大小赌徒肯定很容易就会找到这个赌场，绝对不会迷路。

毋庸置疑，美国是世界上交通最发达的国家，而印第安纳则是美国交通最发达的州。印第安纳是美国名副其实的十字路口。

印第安纳：一个大城市，许多小镇子

印第安纳有很多小镇，但只有其首府印第安纳波利斯才算得上大城市。印第安纳波利斯的人口约85万，比整个州排第二至第八名城市的人口加起来的总和还要多，是美国的第十三大城市。正因为这个原因，你也许有过这样的感觉，当你开车横穿印第安纳时，你会觉得一直在玉米地里开啊开，然后就看到玉米地里突然冒出一个大城市。当汽车开出这个大城市之后，你马上又回到玉米地里开车了。

印第安纳波利斯市中心，天蓝水也蓝。Downtown Indianapolis

美国有三个名字里有"安纳波利斯"的城市。它们分别是印第安纳波利斯、明尼安纳波利斯（Minneapolis）和安纳波利斯

(Annapolis)。安纳波利斯在希腊文中的意思是"城市",所以印第安纳波利斯就是印第安人的城市的意思。美国人喜欢自嘲。我常常听他们说:绝大多数美国人不知道怎么拼写新墨西哥的州府阿尔伯克基(Albuquerque)。我们华人也可以自嘲一下自己:绝大多数华人不知道怎么念 Indianapolis 这个城市名字,因为不知道这个单词的重音在哪里。如果你没有在印第安纳住过几年就能知道Indianapolis 的正确发音,说明你的英语学得特别好,应该为自己感到骄傲。

印第安纳波利斯是美国典型的大城市。城市中心地带是繁忙的商业区,城市内有治安很好房价很高的好区,也有犯罪率很高房子很便宜的小区。市郊的卫星城是中产阶级聚集的地方。这些中产阶级,上午进城上班,路上堵车;下午出城回家,路上堵车。当然,大城市的文化娱乐活动丰富,工作机会多,还可以粉当地的球队。印第安纳波利斯既有职业篮球联盟(NBA)的步行者队(Indiana Pacers),也有职业橄榄球(NFL)的小马队(Indianapolis Colts)。可以这么说,除了高山和大海,美国大城市该有的东西,印第安纳波利斯都有了。

美国历史上有一艘非常有名的巡洋舰,它就是以印第安纳波利斯命名的(USS Indianapolis 印第安纳波利斯号)。1945年美国投到日本广岛的原子弹,就是该巡洋舰运输的。1945 年 7 月 30 日,巡洋舰被日本的潜水艇击沉,1196 名海军官兵里,300 人左右殉难,是美国海军历史上伤亡最严重的一次事故。二战胜利之后,巡洋舰的幸存者在印第安纳波利斯市中心竖了一块纪念牌,纪念印第安纳波利斯号巡洋舰和阵亡的海军官兵。2016 年,好莱坞拍摄了一部电影,影星尼古拉斯·凯奇(Nicolas Cage)主演。电影名字就叫印第安纳波利斯号。

除了印城，人口超过 10 万的城市在印第安纳只有三个。第二大城市韦恩堡（Fort Wayne）的人口约为 25 万。韦恩堡有个很不错的儿童动物园，大人小孩都值得一游。韦恩堡还有个叫甜水（Sweetwater）的乐器店，是美国最大的乐器店，只要你能想得出来的西洋乐器，都能在那里买到。第三大城市埃文斯维尔（Evansville）的人口为 12 万。埃文斯维尔位于俄亥俄河边，是南印第安纳大学（University of Southern Indiana）和埃文斯维尔大学（University of Evansville）的所在地。第四大城市南本德（South Bend）人口刚过 10 万，近年来还呈下降趋势，是著名的圣母大学（University of Notre Dame）和印第安纳大学南本德分校（IU South Bend）的所在地。南本德靠近密歇根湖，受大湖效应的影响，冬季的总降雪量平均可达 2 米。对很多人来说，2 米的降雪量已经很多了，但比起五大湖周围的一些城市，这个降雪量不算很大的。纽约上州的雪城（Syracuse）年平均降雪量高达 3.2 米，是美国名副其实的雪城。从南本德再往南，年降雪量就逐渐变小了。到了印第安纳中部，年平均降雪量只有 66 厘米了。

　　印第安纳千人以上的小镇有一百多个，分布在全州各地。这些小镇的居民多为已经移民好几代的美国人。因为大城市的工作机会比小镇更多，这些小镇的人口在慢慢流失。印城北边哈密尔顿郡（Hamilton County）的几个小镇，特别是卡梅尔（Carmel）、费歇斯（Fishers）和诺波尔斯维尔（Noblesville）则是例外。这几个城镇的人口增长很快，因为大部分美国人都喜欢在大城市工作，但住在近郊的卫星城（如卡梅尔和费歇斯）。这样就可以既享受大城市的繁华和工作机会，又可享受郊区的宁静和高质量的基础教育。

印第安纳：充满希望欣欣向荣的土地

印第安纳，这片曾经了哺育了美洲乳齿象和十几个部落的印第安人的肥沃土地，现在居住着来自世界各地的六百多万居民（包括近两万印第安人）。这些不同肤色、不同民族的人们在这里栖息繁衍，养育后代。独特的地理环境，丰富的自然资源和勤劳的新老移民，让印第安纳成为一片生气勃勃的土地。

印第安纳是个农业大州，其农业在国民生产中占有非常重要的地位。据最新统计（2012 年），其农业总产值已经超过 110 亿美元。其中，玉米和大豆是印第安纳的主打经济作物，产值大约在 70 亿美元。印第安纳的优质玉米和大豆出口到包括中国在内的世界各国，深受买主的欢迎。如果你在中国吃过红烧肉，那么，那头猪可能是印第安纳的玉米喂大的；如果你在中国吃过臭豆腐，那么，那做豆腐的大豆很可能就是在我们附近的大豆地里种植的。随着地球人口的不断增长，全世界对粮食的需求将会越来越大。印第安纳的玉米和大豆在世界上将会越来越吃香。印第安纳，名副其实的美国粮仓和天下粮仓。

尽管印第安纳的农业很发达，但它的工业也不落后。按产值计算，印第安纳的汽车制造业在全美排名第二（排名第一的是北面的邻居密西根）。印第安纳的玉米大豆太多，所以它的生物燃料工业（主要是乙醇和生物柴油）在美国名列前茅。礼来公司（Eli Lilly & Company）是印第安纳最大的公司，也是世界上第九大的制药公司。印第安纳有个叫华沙（Warsaw）的小镇，全世界三分之一的整形外科的材料都是在这里生产的。美国很多州都有叫哥伦布（Columbus）的城市，印第安纳也不例外。哥伦布是著名的康明斯公司（Cummins）总部所在地。1975 年，康明斯的主席访问中国，成为最早访问中国的美国企业家，为康明斯向中国大量出售发动机奠定了良好的基础。据说中国大城市很多高级公交车用的就是康明斯的发动机。

印第安纳面积不大，但有很多有名的大学。圣母大学是一所全美排名前20名的综合性大学。圣母大学不仅有很多优秀的学科，它的橄榄球队更是特别出名。有的美国人这样形容圣母大学橄榄球队在美国受欢迎的程度：即使平时根本不关心体育的天主教徒老奶奶，到了圣母大学橄榄球队比赛的星期六，也会打开电视看看比赛的分数。圣母大学有许多富翁校友，在橄榄球队主场的时候，很多人都会坐私人飞机回母校看橄榄球，成为小镇一景。印第安纳大学是这个州最大的大学系统，共有八个校区。印第安纳大学有许多闻名世界的专业和学科，如音乐教育（在美国能排前三名）和人类性学研究。很多外国人都是先读了金赛的性学报告，才知道美国有印第安纳这个州和印第安纳大学这个大学的。印第安纳大学还是著名的爬梯（party）大学，曾连续好几年名列全美第一。到了周末，附近很多其他大学的学生都会驱车前往布鲁明顿，在这小镇的酒吧里过上一段人生最美好的大学时光。普渡大学在中国非常有名，因为普渡拥有一些知名度极高的校友，如第一个踏上月球的阿姆斯特朗，抗日期间杀日本鬼子最多的孙立人将军以及核物理学家邓稼先。没有邓稼先，就没有中国的原子弹和氢弹。

印第安纳是个体育之州。美国人会说，印第安纳的每一块玉米地的边上都有一个篮球场，印第安纳为篮球而疯狂，而且不管是高中篮球、大学篮球还是职业篮球，都有很多观众。首府印第安纳波利斯是美国大学体育联合会（NCAA）的总部，每年三月初，这里就成为所有美国大学篮球迷最瞩目的焦点，因为大学篮球联赛的68支球队将由临时隐居在印第安纳波利斯某高级旅馆的一个委员会讨论产生,"三月疯狂"(March Madness)随即开始。每年的2月份,300多位大学橄榄球明星聚集在印第安纳波利斯,参加美国职业橄榄球联盟(NFL)的体能测定(Scouting Combine)。这些橄榄球明星竭尽自己所能,指望在每年4月份的NFL选秀大会上早点被选中,一夜之间由穷学生变成千万富翁。印第安纳波利斯500英里汽车大赛(Indy 500)是世界上现场观众最多的体育盛会,满场时可容纳40万人,都和美国一个中等城市的人口差不多了。

印第安纳:一片适合新老移民居住的土地

美国东西海岸的人常常嘲笑印第安纳这个地方在坐飞机的时候往下看看就行了(flyover state),不值得停下来游玩。实际上此言大谬也!

浙江省赠送的一对石狮子屹立在印城动物园的门口
The Stone Lion Statues at the Indianapolis Zoo, gifts from Zhejiang Province

印第安纳虽满眼玉米大豆地,但它绝不是一个封闭守旧的穷乡僻壤。早在 1987 年，当时的印州州长 Roberts Orr 就和浙江省省长沈祖伦签订了协议，印第安纳和浙江省成为姐妹州。当年沈祖伦省长代表浙江人民赠送给印第安纳人民的一对汉白玉石狮子一直屹立在印城动物园的门口（上页图）。为了让其他民族更好地了解中国文化和扎根印第安纳的勤劳智慧的华人，从 2008 年起，印第安纳波利斯市政府在当地华人组织的协助下，每年都举办一次中国节（Indianapolis Chinese Festival）。中国节已经成为外来文化积极融入美国文化却又能保持原汁原味的最好见证。

　　印第安纳大大小小的城市和世界各地的 50 多个城市建立了姐妹城市关系，其中印第安纳波利斯就和八个城市是姐妹城市。印第安纳波利斯在 1978 年就和台北市建立了姐妹城市关系。2008 年 12 月，当时的印第安纳波利斯市长访问浙江省杭州市，正式和杭州建立了姐妹城市关系。2013 年 5 月份，杭州市代表团访问印第安纳波利斯。当时很多当地的华人为杭州代表团义务做导游和翻译，为促进两个城市的合作和交流作了自己的努力。

　　印城北面的卫星城市卡梅尔和费歇斯是华人聚居的小镇。卡梅尔和费歇斯经常被美国的杂志评为最安全和最宜居的城市。2015 年，美国著名的房地产网（Movoto Blog）综合评价了全美的郊区城市，结果卡梅尔和费歇斯分别被评为最安全城市的第一名和第二名。2016 年，美国很有影响力的居家保险公司（SafeWise）评价儿童生活最安全的城市，结果卡梅尔和费歇斯又分别被评为最安全城市的第一名和第二名。

　　卡梅尔不仅治安良好，还有丰富多彩的娱乐和文化活动。每年一次的卡梅尔国际艺术节（Carmel International Art

Festival）都会吸引一大批有才华的的艺术家。位于卡梅尔市中心的表演艺术中心（Carmel Center for the Performing Arts）于2011年初落成，是世界级的艺术中心，许多著名的艺术家都曾在这里演出。卡梅尔除了这些阳春白雪的艺术形式，同时还有老百姓喜闻乐见的艺术活动。卡梅尔和中国湖北襄阳市是姐妹城市，每年秋天，卡梅尔-襄阳姐妹城市委员会都会举办中秋月饼节。月饼节时，台上是丰富多彩的文艺表演，台下是香气怡人的月饼。卡梅尔的华人和其他族裔的居民一边吃月饼，一边看演出，极大地丰富了当地居民（特别是华人移民）的精神生活。每年的7月4日独立日，美国的很多大城市都要游行，庆祝美国从英国独立。卡梅尔也不例外，年年放烟火，岁岁大游行。其中，代表中国文化的龙狮舞每次都受到街道两边观众（特别是小朋友们）的热烈欢迎，多年来一直是卡梅尔独立日游行的一个亮点。

当然，印第安纳也有犯罪率很高的城市和小镇。很多在国内看过美国电视连续剧《罪恶芝加哥》（Crime Story）的人都知道芝加哥是犯罪率很高的地方。其实，离芝加哥不远而且同在密歇根湖畔的甘瑞（Gary）的犯罪率也非常高，在上世纪90年代曾被称为美国的谋杀之都。不过，最近十几年来，盖瑞的犯罪率下降了很多。在2013年福布斯杂志（Forbes）在评选美国最悲惨的城市时，盖瑞排名第19，悲惨度大大地低于排名第一的底特律和第四的芝加哥。

印第安纳加入美国联邦已经整整200年了。印第安纳刚加入美国联邦时，美国的总人口只有现在的百分之三，领土只有现在的大约三分之一。这200年来，美国从一个弱小的北美国家成长为世界上唯一的超级大国。在美国的成长过程中，印第安纳在各个历史时期都发挥了关键的作用,作出了重大的贡献。展望未来,处于美国十字路口和拥有丰富自然资源的印第安纳必将在美利坚联邦这个大家庭里成为越来越重要的一员。

印第安纳最大的华人组织印城华夏文化中心(ICCCI)的龙狮队参加卡梅尔市独立日游行。

Indianapolis Chinese Cultural Center, Inc. (ICCCI) participates in the Carmel annual July 4th parade.

1.3 印第安纳波利斯：印州首府

作者：李维华

印第安纳州退伍军人纪念碑（Veterans Memorial Obelisk）
（摄影：刘健英）

乔·霍西特（Joe Hogsett）是印州首府印第安纳波利斯市（Indianapolis）的第49任市长，他上任时，正值印州建州200年。200年，世事沉浮，我们生活的印城，缘何而来，又经历了怎样的兴衰变迁？又是哪些掌舵人带领着印州佬（hoosiers）一路乘风破浪，稳步前行？

印州首府

十八世纪末，美国向西北的大迁移逐渐完成，各地开始圈地建州。正式建州需要三个步骤，第一步是成立一个由联邦政府任命的州长和三个法官组成的州政府。1800年俄亥俄建州后，印第安纳州的边界开始成形，威廉·亨利·哈里森（William Henry Harrison）被任命为州长，他将办公地设在南部的文森斯（Vincennes）。第二步需要州内白人自由人达到5000，再从其中拥有至少50英亩土地的地主中选出众议员和一个代表团参加国会。虽然他们代表印州利益，但对本州的事务没有决策权。第二步时机成熟时的州长为乔纳森·詹宁斯（Jonathan Jennings），州府也随之搬到他居住的科里登（Corydon）。在全州人口达到6万时，就可以进入最后一步，正式申请建州。1816年，美国政府批准印第安纳正式建州，成为美国第19个州。

建州以后的首要任务之一，就是选择州政府所在地，既州府。州政府决定将州府设在当时没有交通又隶属于印第安人的沼泽地带，当时的反对意见众多，特别是早期拓荒者已定居的南部诸城，如曾是州政府办公地的文森斯和科里登，以及当时印州最大的城市麦迪逊（Madison），都为自己即将失去的各种利益力争。

但是，第一届印州政府在从印第安人手中刚获取的800万英亩的土地上看到了美好的希望。其一，新建的州府可以充分利用印州中部的自然资源；其二，州府建在白河（White River）边，将会享有水路交通的便利；其三，销售联邦政府给予印州的土地可以为市政建筑提供经费。于是，第一任州长乔纳森·詹宁斯带领10位代表，于1820年1月11日来到印州中部勘察。在权衡了各种利弊之后，他们在白河和秋溪（Fall Creek）交界处，在规划中的国家公路（National Road，现Washington Street）邻近处，选择了一片平整的土地，作为未来新州府的所在地。1821年初，新州府被命名为印第安纳波利斯（Indianapolis），意为City of Indiana——印州之城。当时在科里登的州政府决定，五年之内迁入印第安纳波利斯办公。

在美国的50个州府中，印城是不多的几个自始就按规划设计的州府之一。

一张白纸

印城伊始，除了这个名字之外，只有几家在这里定居的农夫和他们的小木屋，别提什么市政建筑和公共设施，甚至连路都没有。

在开始几年中，搬来的几百个拓荒者，或步行、或骑马、或乘马车，披荆斩棘，硬是劈开了通往未来新州府的"路"。这些大部分来自俄亥俄河以南的拓荒者们，怀着各自的梦想，在这片处女地安家落户。这群拓荒者面对的，除了大面积的森林、沼泽和荒地，还有看不见的危险。1821年夏天，秋溪积水，疟蚊肆虐，很多人患上了疟疾。那时人们还不知道疟疾由蚊子传染，仅有的两位医生对此束手无策。深秋蚊灭时，八分之一拓荒者毙命。侥幸活下来的人们，有的搬到高处居住，另一些干脆一走了之。州府，前途渺茫。当年10月9日，州政府开始出售分割好的土地，第一天只卖了在 华盛顿街（Washington Street）南面的一块，售价150美金。一周后，314块地售出，收入7000美金。就是用这些钱，加上8000美金的建设基金，及以后陆续卖地的收入，印州政府开始了新州府的建设。

这片未开垦的土地，就像一张白纸，让印州的先贤们在上面画出了最新最美的图画。州政府选派了三位建筑师设计未来的印城，其中一位亚历山大·罗尔斯顿（Alexander Ralston）曾是美国首都华盛顿的设计师朗方（Pierre L'Enfant）的助手。近两百年过去，印城与国都的相似之处仍然非常明显。在被东、西、南、北四条街廓起来的一平方英里的土地上，整齐对称的街道被由从中心放射出去的四条斜街依次切开，沿着中轴线Meridian街向北，东边宽阔的草坪上，几座高大的纪念碑和喷涌的泉水，默默地悼念着在各次战争中阵亡的印州将士。草坪两边耸立着古老的教堂、政府办公楼、中心图书馆和原州立博物馆。这就是印州人引以骄傲的物质遗产。

黄金时代

印城200年的历史，是美国历史变革的一个缩影，充满了内在与外在的危机，也彰显了一代代印城人的勇敢和坚韧。

州府初建的25年中，仅经过一代人的努力，就把一个不满千人、到处是树桩、以农耕为主的大村镇，打造成了一个有1.9万人口的印州最大都市。国家公路沿华盛顿街横贯东西，州立的主线Michigan Road纵贯南北，中央运河（Central Cannel）也已从西修至城中。1847年，印州的第一条铁路正式通车。与此同时，印城也开始向一个工业化的城市转型。这一切，都印证了印城创建者的远见卓识。同年，印城宣布正式建市，这个过程经历了25年。

在1861至1865年的美国南北战争中，20万印州人走上战场，支持废除奴隶制度，2.5万人为此献出了生命。此间，印城不仅作为印州的决策中心，也因其中心的地理位置而对战事起着举足轻重的影响。以印城为枢纽的铁路网，从200英里增加到2000英里，迎送军队，运输给养。战后，铁路也将印城带进了其发展的黄金时代（1880年至一战前）。运输的便利给制造业提供了发展的机会，也使印城成为物流中心。Kingan and Company、L.S. Ayres、礼来制药公司等相继成立，汽车制造业初建，印城开始修建作为地理标记的几个纪念碑，银行、出版、教育、医疗、娱乐、时尚，一应俱全，印城的人口从2万（1860年）增加到17万（1900年）。

跌宕起伏

一战胜利的欢庆过后不久，3K党的恶势力在印州悄然形成，他们披着"社会运动、爱国、禁酒、家庭和教育"的面纱，实际上以排斥犹太人、有色人种和天主教为其政治目的。十九世纪二十年代中期，3K党在印州横行，印城四分之一的男子都成为其成员，全印州3K党党员达75万。3K党臭名昭著的党魁（Grand Dragon）史蒂芬森（Stephenson），将3K党的党费和其他收入窃为己有，用金钱和暴力基本控制了印州共和党，并操纵了政府的竞选。一时间，印州上空乌云遮日。3K党在居民庭院燃烧十字架，在犹太人教会和天主教堂附近游行，殴打市民和抢劫事件频频发生。1925年4月，史蒂芬森因强奸和谋杀罪被判刑，3K党的噩梦自此告终。

但印城的黑暗时代并未就此结束。1929年10月29日，股市大跌，美国经济大萧条开始。印城刚刚发展起来的经济很快面临绝境。银行关门、商业及工厂纷纷倒闭，建筑业和房地产完全停业，失业率在一年内上升到17%，而且在随后的4年内上升到37%（1933年）。其中制造业受损最为严重，失业率高达50%。在这次经济危机中力挽狂澜的，是印州的第一位民主党州长，麦克纳特（McNutt）。他的主要策略有二：一，落实罗斯福总统的新经济政策（New Deal legislation），修建Lockfield Gardens、女子监狱等公共设施，就业率因此而提高；二，精兵简政，减少政府开支。另外，他还设立州税、社安制度及公共服务组织（Civilian Conservation Corps）。1934年，失业率降至20%，新商户陆续开张，印州经济开始复苏。麦克纳特也被誉为20世纪印州最有影响力的州长。

二战中，25万余印州人参战，其中1万多人战死疆场。战争也刺激了印州的经济，联邦政府与印州签订了价值80亿美元的合同，一切让位于军工生产。印州人的生活完全改变了。10亿美金用来建造20多个军工厂，大多选在受经济萧条影响最大的印州南部，成千上万曾经失业的印州人建设工厂、生产军用物资，为海军制造军用汽车。因为印城的中心地理位置和铁路运输的便利，东北部本杰明·哈里森堡（Fort Benjamin Harrison）军事基地成为全美最大的新兵训练基地，600万新兵从这里走向战场。

虽然二战没有直接威胁到印州，但就在战争行将结束前发生的一件事，至今仍让印州人胆战心惊。1945年7月16日，美国在内华达州（Nevada）试爆了世界第一颗原子弹。当日晨，

"美国印地号"（U.S.S. Indianapolis）巡洋舰在旧金山起航，载着绝密的原子弹零件，驶向太平洋的天宁岛（Tinian）。舰长查尔斯·麦瓦（Charles Mcvay）并不知道，几天前一艘美国的驱逐舰刚在这条航道上被日本潜艇击沉，而且4艘日本潜艇还在附近水域。29日午夜，数发鱼雷从日本潜艇I-58射向"美国印地号"，一颗击中前桨、一颗正中舰身，弹药库爆炸，联系中断，偌大的巡洋舰15分钟后沉没，1197名船员中880位跳水求生。几天后，只有317位被救生还，其余的或被鲨鱼生吞，或葬身于无情的大海。令人匪夷所思的是，这场二战中最惨烈的事件是完全可以避免的，当时，"美国印地号"的航速因为超过了护航舰而没有任何保护；而且，它完全可以达到超过日本潜艇的速度。

和平是以血的代价换来的。

本杰明·哈里森堡州立公园（摄影：张彦涛）
Ft. Benjamin Harrison State Park, by Tony Zhang

与时俱进

二战后的印城跨入了一个崭新的、与时俱进的时代。其变化主要有三方面：

经济基础：战后军需骤减，战时的军工厂转型，或生产日常用品，或改成服务和技术含量高的产业。这一变化，增加了印州工商各业的多元化和灵活的适应能力，在70年代末的油荒及后来因亚洲制造业的崛起给印州制造业带来的冲击中，都被证明是明智之举。

交通运输：二战后，汽车成为主要的交通工具，印城开始安装路灯、停车计时表和单向行车路。上世纪50年代，国会批准了建设高速公路提案，至70年代末，4万英里的跨州高速公路建成。横穿美国东西的70号公路，纵贯南北的65号公路，加上1962年竣工的55英里I-465环城公路，及斜向的I-74公路和建筑中的I-69公路，全部汇集在印城——美中地区的交通枢纽。

市政改革：现在大家已经无法想像，1970年以前印城的政府是如何工作的。当时，在同一片土地上，竟有印城市政府和Marion县政府两套机构。就拿市政府来说，市长及9位常委需管理16个不同的行政机构及下属9个区（Township）。1968年，马里昂郡（Marion）郡长SerVass组织了一个委员会，提议将印城和马里昂郡合二为一（Unigov），并建议在实行前不通过公投或修改宪法（这一做法备受争议）。在共和党竞选获胜后，市长理查德·卢加尔（Richard Lugar）组织了一个40人的委员会，将这一提案付诸实行。1970年1月1日，印城的9位常委和马里昂县的5位常委组成了市郡常委会（City-county Council）。之后，卢加尔市长连任，组成了有29位常委的市郡常委会。市郡一体后，印城的面积从80平方英里增加到370平方英里，人口从30万增加到40万。

今日印城

市政改革无疑对印城的发展起了决定性的作用。在后来的40年里，全美及全球又经历了各种动荡、股市崩盘、经济低靡、恐怖分子作乱，但是印城前进的步伐从未停止。现在的印城，人口82万（亚裔1.7万），生机勃勃的市中心具有职业篮球、橄榄球队的体育企业，多元文化的社区……当然印城也有所有大城市都需要面对的问题。

在印城的历史进程中，特别是市郡合一以后，处在风口浪尖的5位市长，对今日印城的辉煌功不可没。首任市长理查德·卢加尔政的8年期间，奠定了印城的体制，勾画出了发展的蓝图。之后，他连任美国参议员26年，对销毁核武器、生物化学武器做出重大贡献，曾在1996年竞选共和党总统候选人，于2013年退休。1976年上任的市长威廉·H·哈得纳特三世（William H. Hudnut III），在其16年的任期中，着重印城经济发展，大搞建设，重视体育赛事，引资投商，把市中心从"India-NO-place"变成"India-SHOW-place."（意思是，把市中心从"一点没意思"变成"秀场"）。现任市长格雷格·巴拉德（Greg Ballard），在其8年执政期内，注重环境保护，创造性地开发出自行车道、公用混合动力车和Monon Trail等设施。他还发展了印城的多元文化，印城的姐妹城市从4个增加到8个（新的姐妹城市中包括杭州），华人也终于有了自己的中国节。

在我们现在居住的土地上，印城用了近200年的时间，从只有几个小木屋的不毛之地，发展成美国中部的一个欣欣向荣、全美第12大的城市。纵观印城历史，正是一代代勇敢、勤劳、智慧和与时俱进的印城人，在诸位精英市长的带领下，才打造了今天的印城。

（参考书：《Indianapolis, A Circle City History》 Jeffrey Tenuth Published by Arcadia, an imprint of Tempus Publishing, Inc）

下图左至右：首任市长 Richard Lugar（1968-1976）；前市长 William H. Hudnut III（1976-1992）前市长 Greg Ballard（2008-2016）

1.4 印第安纳和印第安人

作者：黄文泉

哈里森堡州立公园（摄影：张彦涛）
Beautiful Fort Ben State Park, by Tony Zhang

印州郡县和地理环境

印第安纳的缩写是 IN。全州从北到南，可以三等分而划为三部分。

北部由 36 个郡组成，这里平坦如一张大饼，海拔高度在 180 米到 300 米之间，之间有好些由冰川引起的冰碛和锅底型凹陷，冰碛地地方就会形成一些小山丘凸起，凹陷的地方就形成了湖泊。北印第安纳农业发达，重工业也发达。西北角跟芝加哥城区相接，成为大芝加哥地区一个组成部分。甘瑞(Gary)以及附近三个郡跟密西根湖相傍。甘瑞的钢铁工业曾经非常发达，从那里经过，进入芝加哥，总是要在黑云压城的状态中走相当长一段。近些年来，如钢铁工业这样的夕阳产业在美国萎缩，甘瑞的天空才晴朗了许多。在印第安纳密西根湖畔地区，沙丘和重工业共存，公园处处，湖光山色。印第安纳的正北部有南本德（South Bend）市，以该市为中心而形成的商业地带颇负盛名，称为密歇安纳（Michiana）地区，从芝加哥开出的通勤车一直开到南本德。东北部的城市韦恩堡（Fort Wayne）是印州第二大城市，又一个交通枢纽。

印第安纳的中部地区由 33 个郡组成。这个地区的主要城市是印第安纳波利斯（Indianapolis）。印第安纳波利斯也是印第安纳州首府，正好居于全州的中心位置。中部的其它城市包括拉菲特（Lafayette）、科科莫（Kokomo）、安德森（Anderson）、里士满（Richmond）、芒西（Muncie）和特里霍特（Terre Haute），等等。中部是全州人口最集中的地区，教育、科研、农业和制造业是这个地区的主要经济支撑点。这里的地势跟北部一样平坦，大都在海拔 180 米到 300 米之间，沃巴什（Wabash）河、白（White）河和蒂珀卡努（Tippecanoe）从中部缓缓流过，森林和农田交织分布在平缓的平原和河谷间。冰川消退时，在这个地区的沙石间冲刷出一些沟沟壑壑，中部靠西的火鸡跑（Turkey Run）州立公园内的糖溪（Suger Creek）就是这种地貌的典型。

印第安纳南部地区包括 33 个郡。冰川没有侵入过这个地区，田野、森林和丘陵成为了这个地区的地势特点。居于西南角的埃文斯维尔（Evansville）是印第安纳南部最大的城市，正好点缀在印第安纳靴子状地图的脚尖处，地处肯塔基州、伊利诺伊州和印第安纳州三州结合部。这个地区的主要城市还有布鲁明顿（Bloomington）。印第安纳大学的主校区就在布鲁明顿，人文风气和艺术韵味滋养了布鲁明顿，使得她格外诱人。哥伦布（Columbus）是个工业重镇，世界五百强康明斯（Cummins）总部就在这里，小城以其别致的建筑风格而成为一处吸引游人的景点。印第安纳南部还有印第安纳第一个州府文森斯（Vincinnes）。1723年，法国皮毛商建起了文森斯，使这里成为皮毛贸易中心，同时也让这个城市成为印第安纳最早的定居点。在东南角，克拉克斯维尔（Clarksville）、杰斐逊维尔（Jeffersonville）和新奥尔巴尼（New Albany）这几个城市虽然跟对岸的肯塔基州大城市路易斯维尔（Louisville）隔河相望，却因为距离接近，而成为其大城区的天然组成部分。

跟印第安纳北部和中部纯粹单一的地理结构相比，印第安纳南部的地理显得要丰富多彩一些。河流、丘陵、平原、森林和地下岩洞分布其间。白河、沃巴什河和俄亥俄河川流不息，向西流入密西西比河。印州佬国家森林（Hoosier National Forest）占地达810平方公里，从空中看去，该森林就像印第安纳南部一条巨大的绿色缎带。位于布朗郡的州立公园占地25平方公里，以其层叠起伏的灿烂秋色闻名遐迩。从布鲁明顿到贝德福德（Bedford）之间有大量的石灰石地带，可列全美前茅。印第安纳很多庄严伟岸的建筑都由石灰石建成。911事件后，五角大楼重建所用的石灰石就来自印第安纳南部。

印第安纳州为温带大陆性湿润气候，冬季寒冷，夏季温暖湿润。州最南端部分区域属于副热带湿润气候，比本州其他地方有更多降雨量。气温南北有差异。隆冬时节，最北端的平均高温和低温为30华氏度（-1摄氏度）和15华氏度（-10摄氏度），而最南端的平均高温和低温为39华氏度（4摄氏度）和

22 华氏度（-6 摄氏度）。仲夏时节全州范围内气温差异较小。最北端的平均高温和低温为 84 华氏度（29 摄氏度）和 64 华氏度（18 摄氏度），而最南端的平均高温和低温为 90 华氏度（32 摄氏度）和 69 华氏度（21 摄氏度）。州历史最高温度为 116 华氏度（47 摄氏度），出现在 1936 年 7 月 14 日，位于柯雷吉维尔（Collegeville）。州历史最低温度为-36 华氏度（-38 摄氏度）出现在 1994 年 1 月 19 日，位于新怀特兰（New Whiteland）。冬季降雪量由北部 1 米深到南部 0.5 米深。北方冷气团经过湖面时吸收大量水气，到湖以南寒冷地面上空时立即落雪，雪深时可埋没公路上的汽车。在一年中，雪期有时超过 6 个月，年平均降雪量 508 毫米以上。农作物生长期北方为 155 天，南方为 185 天。印第安纳的天气有变幻莫测的一面，往往在几天之间，温差可以从冬天走到夏天。这种时候，当地人就会调侃道："这就是印第安纳。"

印第安人

印第安纳州最早的居民非印第安人莫属。大约公元前 8000 年，冰河时期结束，冰川融化后，古印第安人进入印第安纳，并渐渐分化为小的部落。古印第安人是游牧民族，他们围捕大型动物，例如乳齿象。他们用燧石，通过打凿，敲击和切薄打造石器工具。约公元前 5000 年至公元前 4000 年，古印第安人进入下一个时期，这个时期叫旧时期。和之前的古印第安人的不同之处在于，他们用新的工具和技术准备食物。这些新的工具包括不同类型的长矛，有不同槽口的刀具。他们也开发出石器工具，例如石斧，木工工具和磨石。到这个时期的后期，土丘和垃圾堆开始出现，表明他们的定居更加持久。旧时期结束于大约公元前 1500 年，但是也有部分旧时期时代的印第安人持续到公元前 700 年左右。在印第安纳，紧接着的是伍德兰期，各种新的文化产生。在这一时期，随着种植业的大量出现，瓷器和陶器出现。这个时期的安登拉（Adena）人以环形土垒、复杂的墓丘以及高度发展的艺术风格而闻名于世。在伍德兰时期的中期，和普威尔（Hopewell）人已经开始尝试长距离的物资交易。在伍德兰时期结束前，大量的农作物开始培育生产，比如玉米和西葫芦。伍德兰时期结束于大约公元 1000 年。接下来的时期称为密西西比文化时期，从公元 1000 年持续到 15 世纪欧洲人到来之前。在这一时期，大型的定居点，类似城镇出现，例如天使土丘（Angel Mounds）。他们拥有大片的公共区域，例如广场和土丘的平顶，定居点的领导人物居住于此，或者在此举行仪式。印第安纳的密西西比文化在 15 世纪中期瓦解，原因未明。

1679 年，法国探险家拉萨尔爵士（René-Robert Cavelier, Sieur de La Salle）抵达今天的 St. Joseph（圣约瑟夫）河畔的南本德，成为第一个到达印第安纳的欧洲人。之后，他把印第安纳的有关信息传播开来。同时，法国的皮毛交易商也带着毛毯、珠宝、工具、威士忌和武器来到印第安纳，跟土著居民交换皮毛。到 1702 年，在今天的文森斯附近，朱切瑞欧（Juchereau）建立了第一个交易点。1715 年，德·文森斯（de Vincennes）在 Kekionga（今韦恩堡）建造了迈阿密堡（Fort Miami）。1717 年，另一个法国人皮可特·德·贝勒特（Picote de Beletre）在瓦萨比河建立奎亚特农（Ouiatenon）堡，尝试控制从伊利湖到密西西比河的美国土著的交易路线。1732 年，德·文森斯在文森斯建立了第二个皮毛交易点。法国人的皮毛生意渐渐扩大，跟一些印第安部落也开始有了利益冲突。1736年，法国人跟齐卡拿斯（Chickanaws）部落发生了一场战斗，并被击败，德·文森斯被俘，被折磨直至活活烧死。这场战斗史称"印第安人的第一场战争"。不过，几年以后，被印第安人驱逐出去的法国定居者又陆续返回。法国人跟印第安人谁也吃不掉谁，最终竟然形成了互利互惠的关系。法国人只想跟印第安人平和地做生意，获取皮毛，源源不断地把皮毛输送到巴黎，变成绅士和贵妇人身上的皮草，获取丰厚利润。他们在北美的定居人数并不太多，到 1763 年，才不过 7.5 万人，而同期英国殖民地的人数却有 125 万。很多法国男人还娶了印第安女人，组成家庭，印第安女人在家烹调、缝纫、砍柴和整理皮毛，法国男人在外面跑贸易。这种家庭的第二代因为通晓两种语言，成了印第安人和法国人之间谈判经商的好帮手。

法国人跟印第安人的合作给印第安人的生活方式带来了极大变化。印第安人逐渐抛弃了一直使用的石器，开始使用法国人带来的铁器。印第安人还喜欢上了羊毛衣物、武器、彩色的布匹和其它饰物。威士忌也在印第安人的生活中扮演起重要的角色。一些年后，英国人也到达了印第安纳，他们和法国人争夺获利丰厚的皮毛交易的控制权。这种争夺最终导致了 1750 年代的法国人和英国人之间的战争。

在这场战争中，土著印第安人很自然地站在了法国人一边。1763 年，战争以法国人失败而告终，按照巴黎协定，法国丢失了 13 个殖民地以西的土地，从东海岸到密西西比河的广袤土地全都归英国所有。不过，印第安纳周围的印第安人对这个条约并不承认，英国人对皮毛生意并不热衷，而对印第安人的土地更感兴趣。就这样，印第安人跟英国人的关系一直处于紧张状态。1763年，在旁提亚克暴乱（Pontiac's Rebellion）中，土著人摧毁了奎亚特农堡和迈阿密堡。英国王室意识到印第安人是不好控制的，就只好宣布阿巴拉契亚山脉以西的土地为印第安人领地，由印第安人支配。时隔12年，也就是1775年，美国独立战争爆发。

虽然战场主要在东部地区，但乔治·克拉克（George Clark）将军率领军队在阿巴拉契亚山脉西部跟英国开辟出一个很重要的战场。独立战争的一个目标是向西开拓。1763年的英国王室公告和1774年的魁北克条约都限制美国人穿越阿巴拉契亚山脉向西开拓，美国人认为不准他们向西开拓其实是王室的一个大阴谋，目的是限制他们的自由。打败英国人后，美国联邦政府立法颁布建立西北领地，定下了向西开拓的大计。要往西开拓，其障碍不是山川河流，而是印第安人。美国人跟英国人的较量就是在如何管控印第安人上的较量。英国人在西部的大本营在底特律，总督是亨利·汉密尔顿（Henry Hamilton）。汉密尔顿老谋深算，长于鼓动。他在应邀前来的几个部落酋长面前，把自己装扮成印第安人一样，身体涂抹成彩色，高唱战歌，鼓励印第安人拿起斧头，跟美国人干仗。同时，他还给印第安人提供了粮草和武器。克拉克将军虽然只有25岁，却骁勇异常。他认为最好的防御是进攻，最后出奇制胜，打败了汉密尔顿。

克拉克的队伍虽然打的是联邦旗帜，但却由弗吉尼亚州长亨利统辖。克拉克获胜后，亨利州长将印第安纳南部一大片土地奖励给克拉克以及他的部下。克拉克和手下人众就在这里定居下来，并且建立了一个小镇，叫克拉克威尔（Clarksville）。不久，杰斐逊维尔和新奥尔巴尼也相继建立。

今天的印第安纳州那时还只是西北领地的一部分。联邦政府计划以和平合法的方式出售西北领地内的土地。为了确保出售土地的过程容易操作和合法，相关法律在1785年得以通过。这片新的土地通过丈量和划分，公开出售。新土地以6英里为边的正方形划分为一个小镇的单位（Township）。每个小镇单位再划分为36个面积相等的区域，每个区域有640公顷。这36个区域就从1一直命名到36，第16个区域单独划分出来，作为公共学校用地。其余区域都用来出售。这种划界方式一直沿袭到今天。

关于西北领地的法令还包括如何申请建州的若干条款。比如，人口必须达到6万。还规定，西北领地里，任何人不得拥有奴隶，公民拥有宗教信仰和言论自由。

联邦政府关于西北领地的法令是颁布和通过了，但要执行起来，却很艰难。最严峻的挑战是，印第安人对这个法律不认可。他们祖祖辈辈一直在这块土地上耕作狩猎，故而认为这块土地从来就是他们的。而且，土地在他们的眼里不是私有的，而是大家共同享有的公共资源。白人所奉行的私有制跟印第安人的价值观势不两立。在印第安人看来，美国人不仅要夺去他们的土地，而且还要毁灭他们的生活方式。于是，他们开始奋起反抗，不断攻击美国白人定居者，试图把他们赶出这块土地。在美国白人眼中，北美的土地从来就是荒芜的，没有按照上帝的意旨得到充分利用；而且印第安人是原始人，没有资格做这块土地的主人。既然印第安人老是骚扰，妨碍开拓者，就不如以赎买土地的方式或者干脆武力的方式把他们撵走。

独立战争后，五大湖地区的英国人固守城堡，以便保护他们的皮毛生意。他们鼓励西北领地的印第安人组织联军，把美国开拓者们赶出去。德拉维尔（Delawares）、肖尼（Shawnee）、迈阿密（Miami）和坡塔哇塔米（Potawatomi）几个部落于是组成联军，由一个叫小乌龟的迈阿密酋长统帅。

印第安人联军先是击退了由哈默（Harmar）率领的队伍所进行的第一次围剿。后来，西北领地的总督亚瑟·克莱尔（Arthur Clair）亲自率领一支一千人的军队进入俄亥俄河谷地区，对印第安人进行第二次大围剿。无奈他身体羸弱，年岁又高，带领的队伍又多是志愿者，没有受过良好的军事训练，而且装备也差。一个漆黑的夜晚，克莱尔的队伍经过一天的行军，疲惫以极，在野外露营。小乌龟酋长的队伍悄悄围上，潜伏下来。等到黎明，突然发起进攻。克莱尔的队伍猝不及防，损失惨重，死623人，伤258人，而印第安人只损失了150人。此役乃是美国人跟印第安人交手史最惨重的失败。因为这次绝杀，2002年，选择代表印第安纳的25分币上的标志性图案时，小乌龟酋长被排除。

两次打败美国人，印第安人信心大增，决心守住俄亥俄河岸，不让美国人侵入。而英国人也很振奋，答应做印第安人的坚强后盾。遭受重创之后，华盛顿总统大为震怒，决定委派他最信任的将军韦恩（Wayne）作为统帅，进行第三次大围剿。韦恩将军有个诨号，叫"疯狂的安东尼"，意为他是一个拼死战斗的亡命之徒。

1793年，韦恩将军统帅3500人的大军到达西北领地。他虽然疯狂，心思却很慎密。他并不急于决战，而是在俄亥俄的西部（今Greenville）先建了一个堡垒，驻扎下来。韦恩花了整整一个冬天训练他的队伍，准备开春之后，寻机攻击印第安人。就在同时，英国人也在俄亥俄的托利多（Toledo）新建了一个堡垒，命名为迈阿密。

小乌龟派人在韦恩将军的堡垒周围侦查打探，觉得韦恩将军不好对付，于是就召集联军各部落酋长们开会，主张议和。可是这些酋长们不以为然，认为自己的战斗力足够强大，而且断定英国人新建了迈阿密堡垒，会对他们施以援手，帮助他们击退美国人。

开春后，韦恩将军果然带领他的队伍离开了堡垒，向迈阿密堡垒进发。韦恩将军采取稳扎稳打、步步为营的战术，沿途还修建了两个堡垒。印第安人一方聚集在迈阿密堡垒周围，准备迎战美国人。

印第安人选择了一个叫落木的地方跟韦恩的队伍决战。这个地方是一片森林，当时刚好被飓风横扫，很多大树纷纷被拦腰吹断，森林一片混乱。印第安人的统帅认为这里不利于训练有素的军队展开运动，故而认为这是一个最理想的战场。

韦恩将计就计，故意四处放风，要于8月17日攻击落木。印第安人有在战前一天不吃饭的规矩，韦恩明了这点，到了8月17日，也不发动攻击。一直等到8月19日，500多个印第安战士饿得头晕眼花，就离开落木去寻找食品。留守的印第安人饥肠辘辘，衰弱无力。韦恩发起进攻，只花了两个小时，战斗就结束了。韦恩大获全胜。

印第安人溃退到英国人的迈阿密堡垒寻求保护，但英国人拒绝印第安人入内，生怕跟美国人因此发生冲突。韦恩的队伍继续行进，捣毁了毛米（Maumee）河沿岸的印第安人玉米地和他们的村庄。韦恩最后在法国人建立堡垒的地方建立了韦恩堡（Fort Wayne）。

经落木一役，印第安人一蹶不振。小乌龟及其他几个酋长被迫跟韦恩签订了屈辱的格林威尔（Greenville）条约。根据这个条约，美国人从此可以到俄亥俄和印第安纳东南部开拓定居。同时，美国补偿给各印第安人部落价值 2 万美元的物资，每年还分别支付八个部落 500 到 1000 不等的美元。美国人对印第安人奉行了胡萝卜加大棒的政策，格林威尔条约为西北领地带来了 15 年的和平。

1800 年 5 月 7 日，亚当斯（John Adams）总统签署法令，印第安纳领地成立，其面积包括了今天的印第安纳州、俄亥俄州、密西根州、伊利诺伊州、威斯康辛州和明尼苏达州的一部分。威廉·哈里森（William Harrison）被指定为代表印第安纳领地的国会议员。哈里森出生在一个多子女家庭，他在读医学院的时候，因为父亲去世，不再能供他读书，所以他只好辍学。于是美国历史上就多了一个总统，少了一个医生。他到国会要求对印第安纳领地制定新的法律。哈里森最担忧的是领地内的土地定价过高，导致无人问津。国会于是降低了土地的价格。

国会不仅降低了土地价格（大约 1 美元到 2 美元一公顷），还把最低限额的土地购买量从一个单位下降到半个单位（320 公顷），允许人们以赊欠的方式获得土地，可以先付 25% 的首款，以后再分期付清。这个政策跟今天房地产市场通行的分期付款方式类似。这个政策推出之后，前来印第安纳领地定居的人越来越多。国会又决定把原来的印第安纳领地的东部一部分分出去，叫俄亥俄领地；而印第安纳领地则从今天的印第安纳往西延伸到密西西比河。

美国总统亚当斯任命哈里森为印第安纳领地的第一任总督。法国人以前建立的城市文森斯成为领地的首府。哈里森修建了宏伟壮丽的官邸,并把它叫格劳塞兰德(Grouseland)。

1809年,印第安纳领地再次分割,其西部变成了伊利诺伊领地。来到印第安纳定居的开拓者们大都聚居在俄亥俄河沿岸,印第安纳其余的地方则由印第安人占有。哈里森曾经参加过落木战役,是韦恩将军的助手。他积极贯彻时任总统托马斯·杰弗逊的方针,开疆扩土,故得到"杰弗逊的铁锤"的外号。而杰弗逊也对他的种种非法行径诸如蓄奴视而不见。哈里森以娴熟的技巧跟印第安人谈判,先找最弱的酋长下手,谈判成功之后,再以此为诱饵和砝码跟强大的对手谈判;他还利用印第安人各部落的矛盾,谋取渔翁之利;之外,他还采用收买手段,给酋长们好处。最有影响力的酋长小乌龟成为哈里森收买的主要对象。他被邀请到华盛顿去玩了两次,见过总统华盛顿、亚当斯和杰弗逊。甚至还让他拥有黑奴和土地。小乌龟果然被改变了,他脱下了印第安人的传统服装,喜欢上了欧洲人的穿戴,也乐于享受从政府那里获得的年金。白人带来的威士忌也让印第安人喜欢不已,酗酒之后,印第安斗士放下了武器,烂醉街头。虽然哈里森曾经下达过禁止用酒与印第安人交易的命令,但商人们置若罔闻,每年仍旧通过俄亥俄河把成千上万桶威士忌运到印第安纳来,跟印第安人做交易。他签订了各种各样的条约,从印第安人手里获取土地。按照杰弗逊的想法,印第安人一旦文明起来,不再狩猎,对土地的需求就会减少,因而就有宽余的土地让白人定居者们耕作。于是,他制定了针对印第安人的文明改造计划,把各种农具馈赠给印第安人,希望他们放弃狩猎,接受欧洲人的方式,专心农耕。宗教组织也加入了这个文明改造计划,他们派出志愿者,示范印第安人如何耕作。但所有这一切改造印第安人的行动都未能如愿，印第安人没有接受美国人的生活方式。

这样一来，剩下的唯一可能就是把他们赶到西部去。到了1806年，印第安纳南部的土地差不多都被哈里森采取各种手段拿了过来。很多印第安人非常气愤，因为哈里森答应留给他们的领地成为了泡影。肖尼部落（Shawnee）的酋长特库姆塞（Tecumseh）率部参加过印第安联军，亲历了落木战役。他梦寐以求的是建立一个独立的印第安人国。这个主意也得到了英国人的支持。他四处奔走，从一个部落到另一个部落，从一个村庄到另一个村庄，宣传他的独立主张，号召彼此争斗的印第安人团结起来，抵抗美国定居者。

特库姆塞的哥哥普罗菲特（Prophet）是肖尼部落的巫师，住在普罗菲特镇，通晓部落传统宗教的习惯和祈祷仪式等等，传说还预告过月食的来临，很受部落众人的尊敬。部落里的人都相信普罗菲特有超自然的魔力。他坚决站在了哥哥特库姆塞的一边，支持他的宏图大业。

特库姆塞部落的人都渴望着跟酋长一起战斗，为捍卫印第安人的土地而浴血奋战，普罗菲特也发誓要以神奇的力量帮助哥哥，让印第安人的勇士们刀枪不入。他们甚至在一个月黑风高的晚上，在哈里森官邸外隔着窗子，向壁炉的位置开枪暗杀。当时哈里森正抱着孙子在壁炉边休息，所幸飞来的子弹擦身而过。要不然，这一枪就会干掉两个美国总统。他和他孙子后来都当了美国总统。

哈里森决定向普罗菲特镇发起进攻，清剿反抗美国人的印第安人。哈里森部队被打得落花流水，印第安人大多数跟着特库姆塞北上，在加拿大定居下来。

在美国人看来，英国人是印第安人不断骚扰进攻美国定居者背后的黑手，因为他们向印第安人提供武器和装备，还不断唆使印第安人跟美国人不和。俄亥俄河谷的定居者们认为要根本解决问题，就必须向英国人开战，把英国人赶走。1812年，合众国联邦政府在定居者们的强烈要求下，终于向英国宣战。

哈里森放弃了总督职位，率领军队跟英国人作战。战事进行得很不顺利。哈里森的队伍常常是被动防御，而英国人常常从底特律的堡垒里派出队伍，袭击美国定居者。同时，特库姆塞也率领印第安人协同英国作战，不断向定居者们发动攻击。

后来，战争的天平向美国人倾斜。1813年，一个叫佩里（Oliver Perry）的美国指挥官率部向伊利湖的英国军队发起了凌厉攻势，击溃了英国人。英国人对五大湖的控制由此减弱，哈里森率领战士们渡过伊利湖向底特律的英国人发起了进攻。不待哈里森到达底特律，英国人早已逃之夭夭。美国人探听到英国人往东北方向逃窜到了泰晤士河地区，就紧追不舍。一个星期后，哈里森的3000个士兵追上了英国人，发动了一场歼灭战。英国人或者阵亡，或者投降。特库姆塞酋长也在此役中被杀。印第安人的抵抗事业从此偃旗息鼓。接下来，在1820和1830年代，通过协议购买土地，大多数的美国土著居民离开了本州。哈里森因为开拓西部和征剿印第安人被作为英雄写入美国历史。1840年，他在68岁高龄时，竞选获胜，任美国第九任总统，但在任仅仅30天，就因为肺炎、黄疸和败血症而辞世。

前面说过，在美国人来到印第安纳前，法国人就到了这里，用威士忌、武器和工具跟印第安人交换动物皮毛，康纳（Conner）就是其中一个。他在这里生意显然做得很成功，还娶了一个印第安女人作老婆，两人一共生了六个孩子。印第安人失去土地之后，那个印第安女人也带孩子们一起离开了印第安纳，但从中斡旋帮助签订出卖土地协议的康纳却留了下来，另娶了一个白人姑娘，又生了好几个孩子，并成为开拓者中的领袖。印第安人终于没有守住自己的家园，在血液里渗透了扩张激情和算计的白人面前，印第安人苍凉西去。那个印第安女人本来可以跟着她的白人丈夫留下来，但她更忠实于她的部落和她的父老兄弟，她选择了西去，跟随落难的队伍，走向夕阳。

印第安纳的名字中虽然有印第安的字眼，印第安人却消失在历史的深处。当然也有硕果仅存的。最近才发现，也有印第安人改名换姓，从韦恩堡往南，在门罗郡附近悄悄安顿下来。这些为数不多的印第安人居然在印第安纳留下了后人，一直生息到现在。

印第安纳州纳什维尔（摄影：张彦涛）

Nashville, Indiana, by Tony Zhang

1.5 印州反仇恨法的历史

作者：黄念

2017年8月，位于佛吉尼亚州的大学城夏洛蒂镇（Charlottesville）发生了一起令人震惊的种族冲突事件：近千名另类右翼与反种族主义者发生激烈冲突，新纳粹主义社团"美国先锋"（Vanguard America）的一名成员、年仅20岁的詹姆斯·阿列克斯·菲尔斯（James Alex Fields）驾车冲向反种族主义者人群，导致1死19伤。这是近来美国最严重的种族冲突事件。

另类右翼也称另类右派，虽然组成的人群总体上并无确定的政治理念，但他们反对多元文化、反对政治正确，认为平权运动、民权运动和女权运动已经过度。该组织的成员部分信仰白人至上主义，也有人支持反犹太主义、种族主义、排外主义、新纳粹主义等。

此次另类右翼大规模集会的最大推动者之一马修·海姆巴赫（Matthew Heimbach），是新纳粹组织——传统主义工人党（Traditionalist Workers Party）的领袖，印第安纳人。

另一名另类右翼成员——丹尼斯·莫斯博（Dennis L. Mothersbaugh）在集会上殴打他人被捕。他，也是印第安纳人。

这并不是偶然现象，翻看印州历史，很容易发现，印第安纳州这片广袤富饶的玉米地，不仅仅抚育了纯朴善良的印州佬，同样也是种族主义者们的温床。

历史并不遥远

上世纪二十年代，3K党（Ku Klux Klan）的势力在印州悄然形成，他们披着"社会运动、爱国、禁酒、家庭和教育"的面纱，实际上以排斥犹太人、有色人种和天主教为其政治目的。到二十年代中期，3K党在印州横行，印城四分之一的男子都成为其成员，全印州3K党党员达75万。3K党臭名昭著的党魁（Grand Dragon） 史蒂芬森（Stephenson）将3K党的党费和其他收入窃为己有，用金钱和暴力基本控制了印州共和党，并操纵了政府的竞选。一时间，印州上空乌云遮日。3K党在居民庭院燃烧十字架，在犹太人教会和天主教堂附近游行，殴打市民和抢劫事件频频发生。1925年4月，史蒂芬森因强奸和谋杀罪被判刑，3K党的猖狂渐渐消沉。1930年代，马里昂县两名黑人年轻人因为受不了一名白人的歧视而将其谋杀。

到了1946年11月，《印城星报》（Indianapolis Star)报道，声势不及先前的印州3K党东山再起，建立了纳粹政党——哥伦比亚公司（the Columbians Inc.），并将他们的口号赤裸裸地展示在众人面前："你讨厌黑人吗？你讨厌犹太人吗？你有3块钱吗？"是的，3K党想要寻回二十多年前的辉煌。

3K党在印州曾猖狂一时。→

（图源：IndyStar Nov. 8, 1946）

二战中纳粹德国带给世人的阴云还未走远，仇恨组织3K

党的死灰复燃再一次给整个国家带来强烈冲击。

迅速行动，制定新法

当时的印州州长（拉夫·盖茨）Ralph Gates 发出呐喊，"3K 党再次将它的丑陋面目展示在众人面前，他们的偏激让每一个有正常思维的印州人感到厌恶。3K 党必须永远地从印第安纳州消失。"他呼吁制定新法，禁止这些仇恨团体。

盖茨的呼吁立即得到响应，不同宗教协组织、商业协会、退伍军人和劳工团体迅速组成一个联盟，支持立法。《印城星报》头版发表社论《释放心中的仇恨》，拥护"任何制止传播偏见和种族仇恨的法律条款"。

几乎没有受到任何阻力，印州的第一部反仇恨法在印州两会一致通过，1947 年 2 月盖茨签名使其正式成为法律。

该反仇恨法禁止实施仇恨，使得任何图谋、组织或协助宣扬因种族、肤色或信仰而产生的恶意仇恨行为都成为违法行为。同时，也使得制造、倡导或传播仇恨，引发骚乱、干扰交通、破坏财产、破坏和平、制造暴力的行为都将受到法律的严厉制裁——违规者面临两年监禁，1 万美元的罚款。

印州第一部反仇恨法诞生。
图源：IndyStar Feb. 28, 1947

1947年9月，一名男子在艾默生（Emerson）学校组织学生游行示威，以抗议学校接受黑人学生。警察依据反仇恨法，将该男子逮捕。

接下来的一年，依据该法，种族隔离党Dixiecrat党在印州大选中被踢出局。

到20世纪60年代美国民权运动时期，该法多次成功阻止种族主义集会，并多次起诉发表仇恨言论的人。

面临考验，默然消失

1964年，反仇恨法因为一个案例面临考验。南本德（South Bend）的一名美国纳粹党组织者在市政厅进行反民权示威，并散发宣扬种族主义和反犹太主义的宣传册。根据反仇恨法，执法人员对该男子进行了指控。美国公民自由联盟后来参与到该案件中来，辩称反仇恨法侵犯了宪法赋予公民的言论自由和集会权。法官也对该法作出判决："含糊不清，不符合宪法要求。"

印州反仇恨法默然消失。
图源：IndyStar Feb. 13, 1965

之后，在印州的格林菲尔德（Greenfield）郡，有五名白人至上主义者因散布仇恨文字而被捕，在约翰逊（Johnson）郡和安德森（Anderson）郡的种族主义集会也被镇压，但他们最后都被免予起诉。

虽然之后检察官依然依据反仇恨法对仇恨组织的活动执行

禁令诉讼，但检察官们经常败诉而归。到 1974 年，3K 党的头目计划在安德森郡举办集会时，仇恨法已经如此脆弱，以至于市政官员决定不再寻求限制令。

到 1977 年，印州进行大规模的法律改革，反仇恨法成为众多被砍去的法律之一。就这样，美国历史上第一部反仇恨法悄无声息地消失了。

反仇恨法发展到全美

尽管反仇恨法在印州默然消失，但却在全美蔓延开花。

在反仇恨法制定后的几十年里，印州利用反仇恨法成功打击 3K 党势力的效果得到关注。印第安纳州的一名检察官将该法在打击仇恨团体方面的卓越成效介绍给国会，并建议举国效仿。

《1969 年联邦仇恨罪法案》(1969 Federal Hate Crimes Law) 是一部有关仇恨罪的重大联邦法律。根据这项法律，任何人如果因他人"种族、肤色、宗教或祖籍国"而有意对其造成伤害、进行恐吓或者骚扰，都可以遭到联邦当局的起诉。犯罪者面临罚款和最重为一年监禁的刑罚，如果造成身体伤害或者使用凶器，最高刑期可达 10 年，如果犯罪行为涉及绑架、性攻击或谋杀，则可被判处终身监禁乃至死刑。

1990 年通过的《仇恨犯罪统计法案》(The Hate Crime Statistics Act) 要求美国司法部搜集和报告因为受害者的宗族、宗教、性取向或族裔背景而发生的犯罪行为的数据。这是联邦政府第一次把针对同性恋的犯罪列为仇恨罪范畴，但是只是用于统计目的。国会后来又列入了"残障"。按照这部法律，司法部属下的联邦调查局每年都公布全美有关仇恨罪的统计报告。

1994 年通过的《暴力犯罪控制与执法法案》(The Violent Crime Control and Law Enforcement Act)，要求对在联邦政府拥有产权的地点所犯下的仇恨罪加重惩罚。这部法律也把因对"性取向"有偏见而实施的犯罪列为仇恨罪，但是适用范围只限于联邦所辖地域。

美国还在 1997 年通过《校园仇恨罪知情权法案》(The Campus Hate Crimes Right to Know Act)，要求大学校园的治安当局收集和报告有关仇恨罪的数据，仇恨罪范畴包括基于种族、性别、宗教、性取向、族裔或残障偏见的犯罪行为。

2009 年，奥巴马总统在白宫签署了一项法律，把因敌视同性恋者而对其实施犯罪也列为仇恨罪。

目前，美国 45 个州及联邦政府首都所在地哥伦比亚特区都已经通过了针对歧视性犯罪行为的法律，并且仇恨罪立法的保护范围也在逐渐扩大。

在设立反仇恨法上曾走在历史最前列的印州，现在却是全美没有反仇恨法的五个州之一。

历史重演，我们需要重立反仇恨法

根据联邦调查局在 2008 年 10 月底公布的有关 2007 年的仇恨罪数据，美国在这一年里发生了 7624 起出于对某种族、宗教、性取向、族裔/祖籍国、身体或心智残障有偏见而发生的犯罪事件，其中大约半数的犯罪动机是出于种族偏见，18.4%出于宗教偏见，16.6%出于对性取向的偏见，13.2%出于族裔/祖籍国偏见，1%的犯罪事件的动机与仇视残障人士有关。犯罪行为包括对他人实施恐吓、攻击和严重攻击，还有九起谋杀罪，其他仇恨犯罪涉及破坏财产罪。

2015年，在马里昂郡，一名黑人消防员在训练过程中遭到一名白人副长官的歧视；2016年2月，在位于布鲁明顿东部的Nashville街头，一个号称要进行种族清洗的白人男子持斧头砍向一位中国女留学生；2017年，印第安纳波利斯的一个犹太人活动中心受到炸弹威胁。

此外，2017年在美国其他州的种族主义事件更是不胜枚举：2017年1月和2月，在费城和圣路易斯的两个犹太人墓地有100多墓碑被推倒；1月26日晚，华人陈建生在车内被巡逻的社区保安射杀于座位上；2月22日，在肯萨斯的一个酒吧内，一名种族主义者高呼"滚出我的国家"并向两名印度技师开枪；8月15日，3个白人青年潜入纽约柏山墓园，损坏了70座墓碑，并用喷剂在15个墓碑上喷了涉嫌仇恨和辱华的标语；10月，新泽西州爱迪生市（Edison）两名亚裔学委候选人遭到明信片攻击，明信片中写道："中国人和印度人占据了我们的家园！"两候选人照片旁边被打上了"驱逐出境"字样的印章。

1947到2017，70年过去，种族主义再度甚嚣尘上，我们必须马上行动！

2017年8月，《印城星报》头版刊文《让我们一起站起来反对仇恨》（Let's stand against hate, together)。和70年前一样，宗教团体、商界领袖以及其他一些组织迅速组成联盟，联手支持再度制定反仇恨法。11月底，该联盟举行新闻发布会，开始游说活动，期待现在印州的立法人能够向70年前的先贤们一样，果断设立新反仇恨法。

然而，现在的情况远不及70年前那么乐观。反对者表示，反仇恨法以思想定罪，禁止宣扬仇恨言论、组织仇恨集会的规定也违反了宪法赋予人民的言论自由和集会自由权利。

言论自由是宪法保证我们民主的基础，但这并不能成为个人或仇恨团体威胁以至迫害他人的保护伞。印州参议员约翰·鲁克尔斯豪斯（John Ruckelshaus）说："等夏洛蒂镇的战火烧到印州，那时再行动就已经迟了。现在就行动吧！"

2018年1月3日，印州召开立法人代表大会，制定新反仇恨法的提案再一次遭到否决。

70年前，印州州长说，仇恨势力必须在印州消失。仇恨势力必须消失，但这需要每一个有正常思维的印州人为此努力。

我们站在一起，反对仇恨。（网络图）

Let's stand against hate, together

印城士兵和水手纪念碑 Soldiers and Sailors Monument （摄影：刘建英）

第二部分 印州人物

国画，吴泽群：印州廊桥
Chinese Painting by Wu Zequn: A Covered Bridge in Indiana

2.1 印州名人

亚伯拉罕·林肯在印第安纳的故事

作者：王继同

坐落在IUPUI校园内的林肯雕像　（网络图）
A Lincoln Statue at the IUPUI Campus

在跟印第安纳有关的所有名人中，林肯无疑是最耀眼的一颗明星。他在美国南北战争中出任第十六届美国总统，统领人民力挽狂澜，废除了奴隶制度，确立了民有、民治、民享的基本国策，维护了国家的统一。他是第一位共和党籍总统，也是第一个被刺杀的总统，多次在全美名人排名中名列第一。

"我是在印第安纳长大的。"林肯这样告诉人说。

林肯1809年2月9日生于肯塔基州。在他七岁那年秋天，林肯家决定迁居到更适合移民的印第安纳。他们把全部的家当变换成10大桶威士忌和20美元现金，驾着牛车，北上拓荒。当时的威士忌充当着流通货币的角色，一桶40加仑，大约值30美金。经过两个多月的旅行，越过俄亥俄河，他们落脚在一个叫小鸽溪的地方，现属印第安纳州斯宾塞郡。那一天是1816年12月11日，正是印第安纳州宣告成立之日。林肯作为最早的印第安纳人，在这里开始了他人生成长最为关键的14年。

他们新的家园是一片荒芜的丛林，离他们家最近的是一户捕熊的猎人。那里树丛密集，想要通过，必须披荆斩棘，砍踏出一条路来。七岁的林肯开始帮助父亲汤姆伐木建屋，拓荒成田，他们靠狩猎和取树果为生，以后开始种植玉米。

一天，小林肯发现一群火鸡正在逼近他们的木屋，而父亲不在家。他很想自己尝试这个捕猎的机会，问母亲南施他能否使用家里的莱福枪。虽然那支笨重的长枪对一个七八岁的孩子来说，是一个庞然大物，而且搞不好还会有走火的危险，南施还是决定让孩子锻炼一下，同意了他的要求。林肯在屋里费力地架起了那个沉重的武器，透过缝隙，静静地瞄准，然后扣动了扳机，一只火鸡应声倒下。孩子十分激动，冲出屋外，看到那只美丽的大鸟已经中弹而死。母亲南施给了他机会，让他创造了从未有过的经历。多年过后，林肯还能回忆起这事，他当时是如此地被震撼了，以至于后来再也没有对准一个庞然猎物扣动过扳机。

母亲南施是一位善良得有些羞涩的女性，凡事通常尊从丈夫的意见，但是在孩子受教育这件事情上，却变得大胆起来，直抒己见。早在林肯五岁时,她就提出:"孩子必须上学。"汤姆一开始反对:"算了吧,像我们这样的人家,读书不是一件重要的事情。另外他还要在家帮忙,他们很快就是好帮手了。"在南施的坚持下,姐弟们又开始去两英里外的一所学校上学了。但是终因各种原因,事不如人愿,在印第安纳断断续续上了三个学校,加起来总共还不足12个月时间。孩子的教育对南施来说非同小可,她教汤姆阅读和写字,她也要她的孩子能读书写字。一有时间,她就帮助林肯学习,还给他讲圣经中的故事和道理。这些努力让林肯变得热爱知识,追求学问。家里买不起纸笔,他就用木炭在木板上写字,用小棍棒在地上练字,抓紧一切时间看书学习,积累知识。

一个林肯交往多年的朋友,后来发现了林肯上学时的一本写字簿,其中有林肯练字写下的两首小诗:

Abraham Lincoln is my name	亚伯拉罕·林肯是我的名字
And with my pen I wrote the same	用我的笔,我写下姓名在此
I wrote in both haste and speed	我写得流畅而急促
And left it here for fools to read	留下来让世人阅读

Abraham Lincoln	亚伯拉罕·林肯
His hand and pen	他的手,他的笔
And he will be good	他将会很有出息
But God knows when	但上帝才知何时

"今天你学了什么?"林肯放学回家,南施总是要询问他的学习情况。"解放是什么意思?"有一次林肯不知道从哪儿听来了一个新词,天真地问妈妈。"解放?"南施愣住了,凝视着儿

子:"解放就是自由,就是属于自己,而不是像奴隶一样属于别人。这跟肤色无关,是人生而俱有的权利。"林肯严肃地点了点头。母亲无法确定这番话对这个幼稚的孩子会产生什么影响,但是后来的历史证明,她的这番话影响了一个国家的进程,对孩子心灵的震动是无法形容的。林肯以后说过一句话:"我的一切,都源于我天使般的母亲。"有人追问他,"你指的是哪一个母亲?""两个。"林肯肯定地回答。

林肯的第二个母亲是他的继母萨利。生母南施在林肯九岁那年,染上了一种叫牛乳症的瘟疫去世了。她只活了35岁,在有生之年,没有能看到她生的儿子成为美国伟大的总统。人们在她生下林肯的地方,用大理石修建了一座圣堂,以表示对她的感谢。为了维护这个家庭,南施死后一年,汤姆回到肯塔基,跟以前求婚不成、新近成了寡妇的萨利再婚了。萨利带着自己的三个孩子,一牛车家具和一些图书来到了印第安纳。幸运的是,萨利是一位贤明的继母,对待林肯姐弟如同己出,并坚信林肯以后会有出息,给了他许多从父亲那里得不到的理解和尊重。她操持了几乎所有的家务,以让林肯有更多的时间读书学习,还把自己的五本藏书《圣经》、《伊索寓言》、《鲁滨逊漂流记》、《天路历程》和《水手辛巴达》都送给了林肯。林肯过生日时,她还送了一本他盼望已久的《英语缀字课本》作为生日礼物。从这些书籍中,林肯扩大了知识,开阔了眼界。

萨利还不失时机地引导林肯的处人与事。12岁时,因为家境困难,林肯不得不再一次中断学业,去伐木挣钱。伐木很劳累,而工资又很低。工人们在伐倒的树木尾部写上自己名字的首字母,表示这根木头是自己砍伐的,下工时去向老板结账要钱。但是有一天，林肯发现自己辛苦砍伐的十多根木头写上了别人的字母。他很气恼，回家对继母说："一定是那个叫亨德尔的家伙干的，我去他们家找他理论去。"

"孩子，你先别忙，听我给你讲个故事。"萨利看着林肯说："从前有片大森林，有个善良的人叫斑卜，在那里打猎为生。他经常在野兽出没的丛林中安装捕兽夹，捕获猎物。有一天他去收夹子时，发现夹子上只留下动物脱落的毛，猎物已经被取走了。他很生气，但不知道是谁干的。他不会写字，就画了一张很生气的脸，放在夹子上。第二天他又去收夹子，发现夹子旁边有一片大树叶，上面画着一个大圈，圈里有座房子，旁边还有一条汪汪叫的狗。斑卜看不懂什么意思，心想，拿走了我的东西，干嘛还要画幅图呢？他觉得应该跟这个人见面说理。于是他就画了一个正午的太阳，两个人站在捕兽夹旁边，留下了。第三天中午，他又来到了这里，看到一个浑身插满了野鸡毛的印第安人正在等他。他们彼此言语不通，只能通过手势来交流。印第安人告诉斑卜，这里是我们的地盘，你不可以在这里安装捕兽夹。斑卜也告诉他，这是我装的捕兽夹，你不能拿走我的劳动所获。两个人的模样都很古怪，相互看得直乐。斑卜想，与其多一个敌人，还不如多个朋友，猎物不要了，还大方地将捕兽夹都送给了那个印第安人。这样，两个人化干戈为玉帛了。后来有一天，斑卜打猎时遇到狼群追赶，被迫跳下了悬崖。等他醒来时，发现自己正躺在印第安人的帐篷里，伤口上还有印第安人给他涂的药。此后他就成了印第安人的好朋友，生活在一起，共同打猎。"

萨利讲完了故事，微笑着看着林肯说："你说斑卜做得对吗？""他做得很好，这样就少了敌人，多了朋友。""那么你宁愿要朋友还是要敌人呢？""当然是朋友了。"林肯毫不犹豫地说。"对啊，孩子，你要学会宽容别人。这样才能使自己的路越走越宽广。要不然，你在社会上就会到处树敌，很难成功。"林肯很懂事地点点头。做了总统的林肯在他办公室里挂着这样的条幅："宽容比批评更能改变人。"

林肯之所以受人景仰，不仅是因为他对国家的杰出贡献，而且因为他坚强而又宽容、仁慈而又幽默的个人品性，而这些都渊源于林肯青少年时的印州佬（Hoosier）生活。

林肯在读书期间写的第一篇习作，灵感来自看到朋友把残忍当作娱乐。那时候，林肯喜欢和朋友们玩抓乌龟的游戏。每抓到一只乌龟，大家就把煤炭点着，放到乌龟背上燃烧，以此为乐。林肯不喜欢这样，请求大家停止这种残忍的行径，并且光着脚踢掉乌龟壳上的炭火。他的第一篇文章就是呼吁人们不要虐待动物。

另一件事情是发生在林肯家从印第安纳迁移到伊利诺伊的路上。那时候白天天气很热，路上的积雪都融化了。可一到夜晚却非常寒冷，融化的积雪再冷冻上，行路非常艰难；而且一路上要赶着牛群一起走，更是难上加难。因为到处荒无人烟，他们遇到的河流上都没有架桥。如果不想趟水过河，就必须绕道而行。等大家都过了河，却发现一条随行的小狗还留在对岸，急得又跳又叫，但不敢过河。大家都很疲惫，前路又很远，没有人愿意返回去救一只狗。于是大家决定不管它，继续前进。"我不忍心让它留在那里，于是脱下鞋袜，趟着河水到对岸，抱起那只在哆哆嗦嗦的小狗赶上大家。这让我很辛苦，但看到狗能够获救，而且表露出感激的神情，我觉得我付出的是值得的……"

幽默是林肯最显著的性格特征。他说过："幽默是一种润肤膏，它使我避免了许多摩擦和痛苦。"这一点在他读书时期就已经显山露水。有次考试，老师问他："你愿意回答一道难题，还是两道容易的题？""回答一道难题吧。"林肯很有把握地说。"那你说鸡蛋是怎么来的？""鸡生的。"老师接着问："那鸡又是从哪里来的？""老师，这已经是第二道题了。"林肯微笑着说。

林肯在印第安纳的拓荒经历，成了他以后政治生涯中以幽默化解矛盾的丰富源泉。荒野丛林中的轶事就像伊索寓言一样，能被信手拈来，恰到好处地解决问题。在南北战争的关键时刻，战争大臣懈怠工作，延误战事，林肯决定替换他。一些跃跃欲试的共和党议员抓住这个机会，想迫使林肯重组全部的7人内阁。总统静静地听完了他们的诉求，然后给他们讲了一个他早年在印第安纳的故事。

一户农家被一窝黄鼠狼"搞出了太多的麻烦"。老婆叫老公给它们来个一锅端。"在一个月光明亮的夜晚，农夫把弹药装上了猎枪，准备见机行事。"林肯回忆道，"一会儿以后，老婆听到了枪声。再几分钟过去，老公回到了屋内。""运气不错吧？"老婆迫不及待地问。"我躲在木桩后面，"老公说，"枪口指向鸡笼。黄鼠狼远远地跑过来了，不是一只，是七只。我瞄准，屏住气，然后'砰'地放倒了一只。但一股难闻的臭气随之熏来，令人作呕。我想想，其他六只最好还是放它们一马吧。"在大笑之中，这些议员放弃了要求那几个内阁成员也辞职的要求——那会滋生太多的麻烦。

关于林肯的书籍文章汗牛充栋，网上图书馆到处可以查到。这里篇幅有限，仅以林肯一句名言作结："凡成大事者，不能处处计较别人，消耗自己的时间和人家争论，不但有损于自己的性情,而且会失去自己的自制力。在尽可能的情况下,不妨对人谦让一点。与其跟狗争道,不如让狗先走一步,如果给狗咬伤,即使把狗打死,也治不好你的伤口。"

这里一句话道出林肯之所以能成为伟大总统的关键所在,而这些人生真谛正是源于林肯在印第安纳的拓荒者生涯和两位伟大母亲的教育。

陈列在印第安纳州古迹博物馆中的林肯曾使用过的刻有林肯姓名缩写的长柄槌(图源:indianamuseum.org)
Tools used by Lincoln, displayed at the Indiana State Museum and Historic Sites

祖孙总统——哈里森

作者：王继同

在印第安纳的发展史上，威廉·亨利·哈里森（William Henry Harrison）的影响是巨大的，几乎无人能跟他媲美。他最终也因在印第安纳的成就当选第九届美国总统。

1800 年，那是印第安纳正式成为美国第十九个州的 16 年前，27 岁的威廉·亨利·哈里森被任命为印第安纳这块领地的总督。他把家搬迁到当时印第安纳的首府文森斯，跟上千的法国人和印第安人的后裔

William Henry Harrison
The 9th President of the United States

住在一起。几年之后，他在沃布希（Wabash）河弯上建了一座取名"松鸡场"的豪宅，占地 300 英亩，一切都模仿他童年居住的种植园，包括厅室、卧房、烟囱和球馆，也包括拥有黑人奴隶。

威廉·亨利·哈里森1773 年 2 月 9 日出生于弗吉尼亚州一个贵族家庭。从他祖父的祖父到他父亲，都叫本杰明·哈里森。本杰明·哈里森一世从英格兰移民美国，1632 年定居弗吉尼亚，当了州委员会公务员，并成为弗州最大的土地拥有者之一。以后几代本杰明·哈里森也都在州里身居要职。父亲曾任州长，代表弗州签署了 1776 年的《独立宣言》，是美国的开国

元勋之一。威廉·亨利·哈里森是七兄妹中最小的一个。他从小身材单薄,文静害羞。镇上人常常因此捉弄他。他们把五分和一角的硬币扔在他面前,让他二者选一。威廉·亨利·哈里森总是不紧不慢地捡起那个五分的。于是大家都嘲笑他傻。"威廉,难道你不知道一角钱要比五分钱多吗?"有位老妇人可怜他说。"当然知道!"威廉抿嘴一笑:"不过,要是我捡了那个一角的,他们还会再扔钱来打趣我吗?"

威廉·亨利·哈里森毕业于汉普顿悉尼学院,以后又去宾夕法尼亚大学学医。1791年他父亲突然去世,按照当时风俗全部遗产由他大哥继承,这迫使他弃医从戎以独立生活。从那段生活经历中,他学到了很多有关印第安人和西部事物的知识。当时才18岁他,竟然能以月薪两美元的报酬招募到一个连队的80名士兵,让他们冒生命危险,跟随他同印第安人作战。1794年,在确立美国控制西北领地的伐木之战中,威廉·亨利·哈里森晋升为安东尼·韦恩将军的副官。从此以后,他越发不可收拾,一不小心做到了总统。

新总督一到文森斯就被很多白人移民对原住民的暴行惊怒了。在那些新开发地区，白人移民无所顾忌地残杀印第安人，没有任何惩罚，好像只是在清理家门。威廉·亨利·哈里森下令逮捕那些杀人犯，并将他们绳之以法。但是，对印第安人的屠杀还在在继续，暴民甚至冲进监狱释放了所有的被捕囚犯。满街流传的口号是"死了的印第安人才是好印第安人。"法难责众，总督最后不得不决定顺应民意，不再追捕杀害原住民的白人移民。新官上任的第一把火无功熄灭。

但是另一件事情，跟原住民巧取豪夺土地，威廉·亨利·哈里森却做得得心应手。从1803年开始，他周旋于领地上特拉华族、迈阿密族、帕塔互米族和肖尼族等原住民部落酋长之间，诱使他们签订了1809年的韦恩协议，同意出让三百万英亩的土地以换取给他们的年金。威廉·亨利·哈里森是个谈判高手，善于洞察人心，总是能找到那个最容易的突破口，化敌为友，再让他去说服更难对付的人。只要需要，送礼、贿赂、威胁都是他的家常饭。虽然当时的协议以后没能执行，但是这些土地最终还是变成了印第安纳和伊利诺伊两个美国的州。

搅黄这桩美事的是肖尼族酋长特库姆斯。他驳回了威廉·亨利·哈里森的所有提议，阻止任何部落单方割让土地。两个西部强人会面多次，次次火药味甚浓。1810年在威廉·亨利·哈里森的豪宅"松鸡场"的一次谈判中，特库姆塞直言哈里森撒谎，气得哈里森直接对他拔刀相指。

语言不再起作用之时，便是武力到来之际。在接下来的三年中，哈里森跟他的老对手打了两次大仗。一次是1911年底，威廉·亨利·哈里森趁特库姆塞外出招兵买马的时机，攻占摧毁了肖尼人的大本营先知城。这一仗史称"伐木之战"（Battle of

Fallen Timbers）。

另一次是 1813 年秋的泰晤士河战役，哈里森大败特库姆塞参与的英国印第安人联军，收复了一年前投降英军的底特律城堡。特库姆塞战死，哈里森成了英雄。

借助于这些资历，威廉·亨利·哈里森 1940 年在俄亥俄州当选第九届美国总统。不幸的是，次年 3 月 4 日总统就职那天遇上寒流，新任总统因此严重伤风，引发致命肺炎，一个月后就去世了。尽管未能实施他的治国纲要，但他还是作为一个优秀的军事指挥家为人们所铭记。他是迄今为止在位最短的美国总统。

威廉·亨利·哈里森 22 岁时娶了独立战争名将约翰·西姆斯的女儿安娜为妻。他们一共生了十个孩子，但是其中八个没有活过四十出头，最长寿的是约翰·斯科特·哈里森，活了 74 岁。他生于印第安纳的文森斯，成了美国历史上既是总统的儿子又是总统的父亲的唯一之人。他儿子本杰明·哈里森（右图，维基百科图）是印第安纳的唯一一位从本州当选的美国总统。

Benjamin Harrison
The 23rd President
of the United States

小哈里森总统 1833 年 8 月 20 日生于俄亥俄州北本德（North Bend），毕业于迈阿密大学牛津分校，做过律师和参议员，南北战争中参加联邦军，获将军头衔。第 23 届总统选举之日夜里，小哈里森显得若无其事，在竞选结果宣布以前就早早地上床睡觉了。第二天上午，一个夜里给他打过祝贺电话的朋友问他为什么睡得这么早。小哈里森总统解释说"熬夜并不能改变结果啊！"虽然很多美国人对小哈里森总统评价不高，但是在他的四年任期内（1889年3月4日-1893年3月4日），还是制定了著名的稳定时局、防止社会动荡的《谢尔曼反托拉斯法》，并召开了第一届泛美会议，成立了泛美联盟，扩大了美国的影响。小哈里森1901年逝世，享年68岁。

乔治·罗杰斯·克拉克将军
——文森斯之战

作者：王继同

那是 1779 年 2 月 23 日下晚，太阳已经落山，暮霭迅速吞噬着这片被东海岸人称作西北地区的古老大地。乔治·罗杰斯·克拉克（George Rogers Clark）带领着一支由 170 个自愿者组成的远征突击队，越过沃巴希（Wabash）河，潜进了印第安纳西南的文森斯（Vincennes）镇。那时正是美国独立战争爆发时期，华盛顿指挥的国家大陆军在东南部与英国军队艰难

George Rogers Clark

鏖战。西北地区的战争全由当地民兵自己处理。而英国方面则由魁北克副总督亨利·汉密尔顿（Henry Hamilton）指挥，以底特律为基地，占据着印第安纳境内的文森斯、伊利诺伊境内卡斯卡斯克亚（Kaskaskia）等各处的城堡。他们挑唆支持印第安人骚扰突击白人移民，试图阻止美国力量西进。乔治·罗杰斯·克拉克向当时统管西北领地的弗吉尼亚州长帕特里克·亨利（Henry Patrick）主动请缨，组织一支秘密的远征军，先拿下以前法国人建立的英军城堡，并向底特律进攻，铲除英国人的大本营，从根本上阻止了印第安人骚扰的根源。早在 1978 年春季，趁英军回调魁北克之际，克拉克曾未费一枪一弹就占领

了文森斯和卡斯卡斯克亚等城堡。那里的法国居民都宣誓乐意效忠美国。汉密尔顿得知消息后，大为恼火，带着一支红衫军，加上当地印第安人和一些法国志愿者，夺回了文森斯，并准备开春时挥师西下，收复卡斯卡斯克亚等据点。

"我们要么退出这个地区，要么突击汉密尔顿先生。机不可失，时不再来。"克拉克写信给帕特里克·亨利说："善于行事的人已经创造了奇迹，也许我们还会有运气。"

1779年2月6日，克拉克的远征军从卡斯卡斯克亚出发，他们长途跋涉180英里，为美国去夺回英军手中的文森斯。气温出人意料地变高，冰雪在融化，加上不时地下雨，河流涨水泛滥，地上到处是积水，给这支远征军带来了超乎寻常的困难。特别是临近文森斯的最后几天，部队人疲马乏，浑身潮湿，粮食几乎告罄，士气低落。克拉克显示出无畏的勇气和卓越的领军才能，一边严明军纪，一边晓之以理、煽之以情，带领部队奋勇前行。他模仿印第安人的做法，跟前后的人耳语几声，然后转身抓起一把黑土粉，加水调和，涂抹在脸上。一个红发黑脸、六英尺高的大汉，口中低嚎出一声印第安人作战时使人毛骨悚然的呐喊，大步踏进冰冷的雪水之中。他没有说一句话，他的部队跟着他踏进了齐腰深的积水。

进入文森斯镇后，克拉克把部队分成两路，占据了所有要害点，对城堡形成包围之势。镇上居民很多是法国人，他们赞成美国人的行为，既不抵抗美军入境，也不向城堡里的英军报警。克拉克让人在城堡入口前筑了一条200码的战壕，他的人可以匍匐前行到离城堡30码的地方，近距离开火。一百几十个人的部队进镇，汉密尔顿竟然毫无察觉，直到子弹射进城堡窗口，击伤了他的一个士兵，才发现城堡遭到围攻。城堡筑在高地上,向外望去,不见对方的人影,到处布满敌军的旗帜。凭他的经验,他判断他面临着一千人的部队的进攻。他命令大炮开火,但除了附近几处房屋被击毁以外,美军毫发无伤。反倒是窗眼里被塞进了炸药,炸哑了大炮。双方的激战持续到第二天早晨才停了下来。克拉克传话给城堡,要他们投降。汉密尔顿拒绝了这一个要求。战斗又继续了两个小时后,汉密尔顿提出停火的条件。这次克拉克拒绝了他,命令在30分钟之内无条件投降,否则他将摧毁整个城堡。30分钟没到,汉密尔顿又提出双方休战三天。克拉克再次加以拒绝,但同意跟他在镇上的教堂里谈判。

但是就是在会谈之前,一件让克拉克留下骂名的事情发生了。他的部下捕获了6个英方阵营的人,其中4个印第安人、2个法国人。他们不知道美军已入驻文森斯,误闯美国阵地。克拉克放走两个法国人,把其余四个印第安人押到阵前,用战斧劈死,然后分尸剥皮,扔进河里。他用白人西进移民被残杀的方法报仇雪恨,也给会谈前的汉密尔顿一个下马威。2月25日上午10点,汉密尔顿带领红衫军,衣着整齐地走出城堡,向克拉克的杂牌美军投降。美利坚的国旗升起在这座城堡上。

文森斯之战虽然规模不大,但确是美国独立战争中西部第一个重要的胜利。消息传到美英两国首脑那里的时候,他们正在法国巴黎进行和平谈判,争论新建立的美利坚合众国西部边界的划分问题。克拉克的胜利帮助美国迫使英方在1783年的巴黎条约中做出了重大让步,把美国西部边界一直推到了密西西比河,而不再是以前讨价还价的俄亥俄河(Ohio)或者沃巴什河;使得美国的国土不再局限于东海岸,而是包括了今天中西部大片地区。因为这一点,乔治·罗杰斯·克拉克最终以"西北领地之父"成名。

1784年，文森斯之战的五年之后，克拉克建立了以他的姓命名的、文森斯之后第一座印第安纳城镇，卡拉克维尔市（Clarkville）。市区的土地是政府分封给克拉克及其部下的奖励品，表彰他们对国家的贡献。

乔治·罗杰斯·克拉克1752年11月19日生于弗吉尼亚的夏诺茨维尔（Charlottesville），离托马斯·杰斐逊总统家只有两英里半远。他是10个兄妹中的老二，6个弟兄中5个在独立战争中投身从戎，报效国家。最小的弟弟威廉·克拉克没能赶上独立战争，但后来成为美国西进中最功勋卓著的刘易斯/克拉克探险队两个领队之一。乔治·罗杰斯·克拉克19岁到22岁时做过三年土地勘测员，以后当兵，到30岁已经功成名就，获准将军头衔。但那以后，他开始走下坡，陷入债务和酗酒方面的困境，还因残杀印第安人被骂为"屠夫"。1818年2月3日，65岁的乔治·罗杰斯·克拉克死在他肯塔基州路易斯维尔（Louisville）的妹妹家中。他终生未婚，也没有留下任何罗曼史记录。

特库姆塞兄弟

作者：王继同

Tecumseh, sketched in 1915

特库姆塞（Tecumseh，右图，百度百科图），北美历史上最著名的原住民英雄，印第安人肖尼族首领，以骁勇善战，追求在中西部地区建立印第安部落盟国著称。相传1768年他出生的时刻，一个神灵的凶猛猎豹，闪耀着流星的光芒，从黑暗的天空呼啸而降。周围的人立刻感悟到，他们正在见证一个天命不凡之人的诞生。那是在俄亥俄州西部的一个印第安人村庄。四周毛榉古树参天，胡桃橡树林立，黄樟散发着甜香，随风送出。因为天生负有大神使命，他从小就必须超群出众，带着厚重的期翼成长。成人后的特库姆塞瘦挺而精干，有着远超当时印第安人平均高度的五尺十寸的身材，以及一双自命不凡、似能洞悉人心的淡褐色双眸。

他有个神通广大的弟弟，叫坦斯克瓦特瓦(Tenskwatawa)，是个印第安勇士，也是部落的精神领袖，党代表。他能未卜先知,成功地预言了许多令人匪宜所思的事情,包括1806年的日食和1811年的地震,被人们尊称为"先知"。先知犯过错误,输掉了一场输不起的战斗。特库姆塞还有一个哥哥叫契克斯卡。三兄弟的父亲是受族人敬重的肖尼族酋长。1774年在一次与外来白人移民的战斗中阵亡。临终前他嘱咐14岁的长子契克斯卡:一定不要跟白人移民媾和,一定要培养两个弟弟成为勇士。14年后,28岁的哥哥又在一场突袭夜战中战死。亲人的死亡加深了特库姆塞对白人的仇恨。他继承父兄的遗志,担当起捍卫家园的重任,领导了多次与美国军队的作战,23岁那年曾大败入侵的圣克莱尔(St. Clair)总督。以后他与弟弟一道发起复兴自卫运动,号召印第安人革除酗酒陋习,停止向白人割让土地,发扬本土宗教,组建原住民各部落联盟国。

1808年特库姆塞兄弟率众迁移到印第安纳地区,在北部的蒂珀卡努(Tippecanoe)河畔安营扎寨,兴建了一个被称作先知城的城邦作为肖尼人的家园。特库姆塞继续从事他结盟印第安部落抵抗白人移民扩张的事业。

"为什么印第安人连最后的安身立命之处也快要保不住了呢?就是因为他们缺乏团结,而且没有武器。只有从加拿大森林到墨西哥海湾的全体印第安人部落团结一致,拿起武器,才能挡住白人移民进攻的浪潮,并且打败他们。"特库姆塞这样开导原住民同胞。

特库姆塞和他的兄弟走家串户,深入部落进行秘密串连,经过三年的努力,许多部落酋长和军事长官都和*特库姆赛*取得了联系。他们仿照白人的做法,在军事上创建了原住民的部队,一度人数达四千之多,形成了一个部落防御联盟。政治组织则采取共和国形式的"红色民族同盟"。

特库姆塞提出任何一个部落或部落中的一部分不经全体印第安人同意，都不能转让土地的所有权。这和美国政府设立的印第安纳领地的总督哈里森推行的政策，"土地所有权属于狩猎其土地的部落，部落有权出卖土地给任何人"，产生了严重的对立。特库姆塞在土地问题上的坚持，迫使哈里森最终放弃了跟部分第安人部落谈成的300万英亩土地购买协议。

特库姆塞虽然在意印第安人部落之间宣扬民族主义，对西进的白人却坚持按照文明规则办事，他不希望通过战争来复仇，争取以平等地位和白人谈判，保障本民族的长远利益。但是几次谈判不成之后，著名的蒂珀卡努战役打响了。

1811年12月，哈里森总督率领一千多人的部队到达了先知城。兵临城下，坐镇指挥的先知认为与其坐等挨打，不如先发制人，拂晓前出其不意地突袭美军为上计。而此时特库姆塞正外出鼓动结盟招兵买马。得知消息后，他认为在建立印第安人联盟之际，放弃先知城以保存实力更好。弟弟坚持了自己的计划。结果，哈里森老谋深算，早有预料，部队枕戈待旦，大打反击战，打得先知的人马落花流水，连先知城都被夷为焦土。特库姆塞返回先知城后，发现家园已经面目全非，族人四散，先知威望扫地。弟弟数日斋戒和祷告后，向哥哥忏悔，祈求宽恕，并预言自己会比兄长活得更长。特库姆塞宝宝心里苦但宝宝不说，**他**没有生气，原谅了弟弟，并且放回了一个俘虏，让他带给哈里森总督一个口信。这就是所谓世界四大著名诅咒之一的特库姆塞诅咒。相传的诅咒是这样说的：老哈里森会成为美国总统，但他会死在任上。继他之后，每隔20年，在每个尾数为0的年份当选的总统都会在任上死去。他们的死会让人们记住印第安人的牺牲。

以后特库姆塞联合英国人一同跟美军作战，在1813抵抗老对手哈里森的泰吾士战役（Battle of The Thames）中战死疆场，惨遭分尸剥皮。战前他似乎预料到他会战死，慷慨陈词后，散发了自己的财产。特库姆塞活了45岁，终其一生，他都是一个以争取印第安人的利益为己任的无畏勇士，一个天生的印第安原住民英雄。先知在哥哥死后又活了23年，死于1836年11月，这印证了他的预言。特库姆塞死后，哈里森是这样评价他的："一个稀罕的能颠覆现定规则的天才。如果不是毗邻美国，（当时美国的国土只局限东海岸地区 --作者按）也许他将成为一个墨西哥或者秘鲁之类国家的缔造者。"2011年印城创建步行者购物中心，选评印城英雄人物，特库姆塞位列前十，老哈里森总统却名落孙山。

特库姆斯诅咒的应验

1840年哈里森当选为第九任总统，就职一个月即因肺炎病故。以后每隔四届以0为年尾数上任的总统均已被刺或者病疾身亡。

1860年上任的林肯1865年4月14日遇刺身亡。

1880年当选的加菲尔德总统，第二年7月2日被刺，9月19日死于伤口引发的并发症。

1900年麦金利获得连任，1901年9月6日遇刺，8天后去世。

1920年哈定当选总统，1923年8月2日在纽约因食物中毒去世。

1940年罗斯福打破传统第三次当选总统，1944年因为世界大战的继续，他第四次当选总统，第二年4月12日在任内突然中风死去。

1960 年肯尼迪当选，1963 年 12 月 22 日遇刺身亡。

1980 年里根入主白宫，第二年 3 月 30 日遭到枪击，但死里逃生。

这个应验了 120 年的诅咒被打破了。

Fishers, Indiana, by Tony Zhang （摄影：张彦涛）

霍奇的星与星尘

作者：李明洁

霍奇在事业巅峰时期的签名肖像照，伦敦 Rimis 照相馆摄于二十世纪中叶。由印第安纳大学传统音乐档案馆（Archives of Traditional Music, Indiana University Bloomington）提供。

Hoagy Carmichael at his prime, taken by Rimis Studio in London in 1950s

"有时候我也不晓得,为什么独守清夜,那首歌会萦绕心头,仿佛鸳梦重温,昨日重来。那时爱多新鲜,每个甜吻一如灵感。然而,时光已逝,星尘遥遥,惟有一曲相慰"。这种曼妙感伤的歌,真是要人命。乐声响起,人心就塌陷。每个生离过、死别过的人,谁会没有"一首关于爱之歌的歌"呢?

就这样,霍奇·卡迈克尔(Hoagy Carmichael)的《星尘》(Stardust),在人心里最柔软的地方,为他搭起了作为天才音乐人的纪念碑。1927 年他不会晓得,自己吹着口哨的原声版会辑入"格莱美名人堂"和美国国会图书馆的"国家有声遗产名录",会被美国国家公共电台列入二十世纪最重要的"百首名曲"。《星尘》与霍奇的其它三首代表作《全心全意》、《我心中的乔治亚》和《你的亲昵》,至今仍是被翻唱和翻录最多的美国流行歌曲。

恐怕二十八岁的霍奇,跨过印第安纳大学门前的印第安纳街,撞开对面"书角(Book Nook)"酒吧木门的那一瞬间,不会晓得,这对他的绮丽人生将是何等华彩的一刻。"书角"酒吧虽然已经改换门庭,那台据说敲击出《星尘》第一个音符的钢琴的位置已被转播球赛的大屏幕所替代;但它还是不动声色地坐落在原址,斜对着印第安纳大学法学院严正的石灰岩拱门。1920 年,霍奇应父母之命入读法律系,1926 年获得法学学士学位。在佛罗里达当过短暂的执业律师,最后还是一头撞回了伙伴们聚集的"书角"。1940 年,红透了半边天的霍奇写下《医生、律师、印第安纳的爷们》,曲调诙谐调侃。如果时空有表情,法学院该是愠怒还是大度?印第安纳大学该是尴尬还是得意呢?

霍奇自称"只受过半截教育",弹出《星尘》时还不识谱,这位后来的钢琴师、歌手、作曲者和好莱坞影星，年少时并不晓得，人生起点的灰色并不是命运的漫漫长夜。霍奇的原名是Howard Hoagland Carmichael，1899年出生时母亲用铁道工友Hoagland的名字为他命名，寄望于他以后能混个火车上的工作。然而，这个出租车司机和酒吧琴师的儿子，早就知道生活坚硬的道理。1918年，他三岁的妹妹乔安娜（Joanna）染病夭折，"我们没有钱请医生把她照顾好，她是贫穷的受害者。那时我就发誓我的生活再也不要因此断送。"他第一次赚到五美元是在1919年的九月，自传里记下了当时的心路："萨迪阿姨用了两个小时做的蛋糕只能卖五十美分，妈妈用九十四天做一床被子，都能得奖了，却连入围的机会都没有。我在舞会上弹钢琴只用三个小时，就赚到了五美元，还可以一边吹口哨。这叫我琢磨，该去更多的舞会赚更多的美刀。"但他不晓得的是，三十六岁初到好莱坞，会是一周一千刀天价的合同等着他。

霍奇在妈妈身边学会钢琴，和同学组建过乐队。二十世纪二十年代，从南方新奥尔良来的爵士先锋要奔涌到芝加哥去，他的大学所在地布鲁明顿（Bloomington）恰恰就在路中间。《星尘》录制于斯塔尔钢琴公司（Starr Piano Company）的吉耐特录音棚（studio of Gennett Records），这个"早期爵士乐的录制摇篮"就在校园东北一百公里处的里士满（Richmond）。在那里，霍奇遇见了毕克斯·拜德贝克（Bix Beiderbecke），他不晓得的更大幸运是，不到三十岁就死于肺炎或者酗酒的拜德贝克，及时带上他去了趟芝加哥，把他介绍给了路易斯·阿姆斯特朗（Louis Armstrong）。听完霍奇小心翼翼弹奏的《搓衣板蓝调》，"爵士乐之父"斩钉截铁："下周来芝加哥录音乐会吧，就你主唱，你这个精怪！"

霍奇终于有了真正的舞台，淋漓展现出他的所谓风格。你在里面听得出拜德贝克的有韵谣曲，也感受得到阿姆斯特朗的即兴摇摆，当然总是有他自己随手常奏的琶音和弦，或者进行曲风里夹杂对白。你完全没有办法命名它，"民间小调、艺术歌曲、乐府"？都有点像又不那么像。他的曲调，无所谓结构，永远随意甚至吊儿郎当，如荡漾不拘的流水；但又一听就是他，有点藏不住的通脱自喜，包裹在欲说还休的小清新、小慵懒和小俏皮里，夹杂着乡村音乐的甜美感伤以及城市爵士的疯狂趣味。

专攻印第安纳地方史的历史学教授吉姆·麦迪逊（James Madison）直白地指出：战后二十年代，是年轻人摆脱传统文化的时代，"教堂再也管不住越剪越短的头发和越升越高的裙摆。好莱坞、热歌劲曲、轻佻女郎、后座性爱、违禁私酒，不一而足；而新一代的民谣歌手卡迈克尔却在这片娱乐新天地里光彩夺目"。他的歌与曲，吟唱那些"拂晓、哦银河、懒骨头、小老太、西瓜天气、五月的清晨、当爱出了错、月光的灼伤、来得快去得快的爱恋、这里就没人能爱了吗"，是年轻人各种时刻的各种绝配，给多少心上人配了乐的"酷之又酷实在是酷的夜晚"。更为重要的是，他将大乐队演奏的乐章用吉他、钢琴谱写出来，将音乐欣赏的习惯从剧院和马戏团的现场转移到舞厅、草地尤其是可以听黑胶唱片的室内，"大众流行音乐"终于成为了现实，直至二十世纪后半期摇滚音乐进入唱片业主流，霍奇一直是承上启下、当仁不让的关键人物。之后，他携新婚妻子移居洛杉矶，进军好莱坞，叱咤于电台电视台等当时的新潮媒体。霍奇不仅赚到了远超生活所需的金钱，而且自我成就，上升为二十世纪上半叶流行文化的天皇巨星。

1948年电影《夜歌》剧照，霍奇在其中饰演小乐队的头儿，他的大多数电影都能看得出他的身世和经历。由印第安纳大学传统音乐档案馆提供。

Hoagy Carmichael act in 1948 film "Night Song"

老一辈

只要想想邓丽君和陈蝶衣，新一代只要想想史蒂夫·乔布斯（Steve Jobs）和周杰伦，就不会对这样的天才传奇感到陌生。出身贫寒、辍学自立、天赋和勤奋；从坎坷到传奇，有天助和人助，有完美和梦想。然而，他们最最紧要的，是没有忘记初心和自己的来路，所以才对人情世故有切肤的懂得和把握，才能"凡有井水处，皆能歌柳词"。毕克思（Hoagy Bix Carmichael）说，在他父亲的"人生经纬里，印州少年对生活的巴望企盼和西岸巅峰时期的无所不有，一直都在拉锯战。父亲终究没有忘记印州的童年，没有忘记那个在布鲁明顿旧房子的地下室里，没日没夜苦练钢琴的单薄少年。"说到底，霍奇一直都住在他幼年的心里，认可自己是茫茫尘世的一粒"星尘"——平凡、微小，转瞬即逝，他们在俗世里和我们一样，曾经跌爬滚打过。这也就是为什么面对着邓丽君、陈蝶衣、乔布斯和周杰伦的巨星盛名和巨额财富，平民百姓不会有羡慕嫉妒恨，倒是可能怀有宽宏的理解和隐隐的疼惜。

2008年印第安纳大学为霍奇塑了真人大小的雕像，每一天真的是每一天，都有人在他的帽子或者手边放上鲜花。我起初很好奇，这是个怎样的男人？后来看到照片，玉树临风、倜傥风流，眼睛性感撩人。去年十二月初，霍奇冥诞，格莱美梅开二度的印大教授西尔维·麦克奈尔（Sylvia McNair）登台，献唱了她认真地说是如今最喜欢的霍奇的歌《我没有你也过得挺好的》："当然，是挺好。除了细雨柔柔，从树叶上滑落。我会记起，在你的臂腕颤抖。我记得，当然是记得的。不过，没有你我也过得挺好的。如我所愿，我忘了你，当然是忘了。除了听到你的名字，或者有人笑得和你太像。但是让我忘了你吧，如我所愿。"看着这位走过半生重又单身的女人，若无其事地在爵士曲调里即兴辗转，徜徉在似乎是别人的故事你的故事或者我的故事里。

那一刻，我的心里，泪如雨下。

霍奇有多少善解人意，就有多少因为懂得所以才有的怜悯。理查德·萨德哈尔特（Richard Sudhalter）为霍奇做传《星尘的旋律》，评价说"伟大的歌曲无动于衷于时间和时尚的变化。它只和永恒的事物相关：青春和光阴、生与死以及对家园的渴望。实际上，都是因为爱情。"我们愿意把爱情理解成广义的生命，这样我们会在前人的传奇里读到亲爱的自己，在他者私人化的记忆里重温自己的欢愁。熟悉邓丽君的人，听过苏打绿的人，会明白"恰似你的温柔"为什么是"无以伦比的美丽"；了解陈蝶衣和他的《我有一段情》，也就明白平凡人世的阴晴圆缺和诚挚惆怅，"我的心里只有你没有他"。

霍奇出身卑微，据说也爱攒段子、也爱财，人情练达，强势有洁癖。但是他活得具体而认真，奋力追逐着生活的完美和梦。很多时候，我们不会确证地知晓人生的走向。霍奇大多数时候也不晓得，但是他在形而下的生活浊流里，永远记得仰望、歌唱、抓住形而上的美好星空；才不至于在那么容易陷落那么容易失望的尘世里失望和陷落，才能从星尘升到星辰，从星辰回到星尘。

愿，命运成全平凡的我们。

也能这样。

印第安纳大学校园内电影院门前的霍奇·卡迈克尔铜像。

A Statue of Hoagy Carmichael in front of a movie therater at Indiana University Bloomington Campus

（印第安纳大学传统音乐档案馆 Suzanne Mudge 女士和 Rachel Caswell 女士提供了资料和导览帮助，特此鸣谢。）

2015年元旦初稿于布鲁明顿瑞雪之夜，元月8日修订于印地安纳大学雅各布斯音乐学院图书馆

2015年1月27日首发于《文汇报》"笔会"版，网址：
http://whb.news365.com.cn/bh/201501/t20150127_1626857.html

这个世上谁在性的外头？

作者：李明洁

布鲁明顿（Bloomington），字面意思是：花开的地方。除了银装素裹的冬天，一直妩媚着。这座大学城，准确地说，就是为印第安纳大学而设的城池，阡陌交通，鸡犬相闻。音乐系、戏剧系，花儿与少年，满坑满谷。听音乐会、看戏剧是这里的日常，不因别的，实在是地界太小，甚至没有像样点的饭馆和商城之类。雇来帮忙的花工，喜欢赤膊干活，倒是说过，镇上唯一热腾腾的世俗享受是个小小的脱衣舞店，怎奈经营不善，很快就倒闭了。

直到秋日迟迟，撞见了一个特展，《金赛研究所藏罗伯特·梅普尔索普摄影展》。巨幅的黑白大片，同性恋、性虐；仿佛"香闺侯爵"萨德的《索多玛120天》，做成了幻灯片。观者三三两两，窃窃私语，闲庭漫步；唯我环顾，导览的清俊酷哥于是微笑："我有什么可以帮到你吗？"

这是我第一次知道那位因《人类男性性行为》和《人类女性性行为》而赫赫有名的金赛，就生活在中西部这座略显逼仄的围城里；他创立并至今以他的名字命名的美国最早最大的性学研究所，就在校园中央那座森然的莫里森大厦内。印州标志性的石灰岩建筑，和典型的印州人一样，相看两不厌，庄重、朴质、也古板。

研究所占据着大楼的两层楼面，教授们的研究室、工作坊、图书馆和档案馆，门户相对。对外开放的其实只是两条走廊、上下楼梯和两间展室。但却是，曲径通幽处，禅房花木深。墙上密集地悬挂着与性相关的照片、印刷品、绘画，尺度颇大。中国的明清春宫画就有多幅。墙角的展柜里有些情趣用品、情色药品之类，来源地从日本到希腊，从法国王室到非洲部落。当时展厅里是一个与催情食物相关的小展览，配合的是学校那个学期的教学主题"饮、食与思（Eat、Drink and Think）"。我试图理解墙上专有名词甚多的壁报，似乎都是近年来研究所的代表性课题。一个谈婚外情，说是由感情导致的婚外性关系会比单纯的婚外性行为更容易有内疚感；一个是在蒙古的调查，关于更年期和死亡率的相关性；一个是在非洲裔美国人中做的避孕套的使用感受调查；一个是讲，家有儿童对妇女经期潮热现象的缓解；还有一个讲的是女性经期的荷尔蒙如何影响自身对男性容貌和性格的判断。初步的感受是，内容是敏锐的话题，方法是经典的套路；好奇和小心成就了明正的讨论和谨慎的研习。两条走廊走转头来，恰似一个个鲜活的学者样貌——广泛地学习，恳切地提问，求真恳切，严谨踏实，倒还真是"博学而笃志，切问而近思"了。

中国好几所名校的校训都脱胎于《论语》中的这两句话，其实后面的一句恐怕更要紧些，所谓"仁在其中矣"。"仁者爱人"，这些倒真真切切是关于人的学问。然而，真要人面对自身，却并不是件容易的事。查阅档案，发现当年金赛遭遇了传统力量的猛烈狙击，印大校长威尔士（Herman B Wells）以大学"学术自由"之旗帜，肉搏以卫，我们才得见今天的研究所。饮食男女，人之大欲。如果人，不能面对人自己的问题，不能在道德、法律、甚至宗教之前，严肃地科学地探索性的真相，那么，所有的规训乃至规则，都将是"无本之木"。在这个意义上，金赛的最感人之处，就在于他"志笃而问切"，老老实实地追求过真理。

金赛研究所内景　Inside the Kinsey Insitute

我找到《纽约时报》1956年8月金赛离世的第三天发表的评论，抄录下来："不管人们对他的发现反应如何（包括对其中一些结论的无道德原则的利用），必须承认的事实是，他首先是、最终是、一直是一位科学家。任何与性相关的研究都是极其复杂的，因为这一领域深深地受制于道德戒律、习俗禁忌、个人的或是群体的训导以及长期的行为模式。这些内容就其自身而言可能是好的，但是却无益于科学、实证地接近真理。金赛博士以分析和精细接近了它，他的研究谨慎而全面。他的离世是一个严重的挫折，我们热切地希望由这项研究唤起的科学精神不要遭受类似的损失。"从发黄的报刊上抬起眼，仿佛看见金赛和威尔士，这两位真男人，在表面妖娆的布鲁明顿，曾经那样生猛、刚毅，行进在头阵。

邻居老太太妮塔，在大学多个部门工作过，八十八岁了，这座城里几乎没有人不认识她。披头士风靡的时候，妮塔是少女,至今还是殿堂级粉丝。中年上海女士唱这类英文老歌,绝对胜过美国中青年土著。她常盼我去,一起唱"嘿,朱蒂(HeyJude)"什么的。那天我说,嘿,妮塔,我去看了金赛研究所哦。她扬起瘦削清雅的脸,比一贯的孤高更高傲地说:"金赛博士是我们这座城的骄傲。""是吗?""当然是,你应该去看看他的家才对,我带你去"。

隔壁,就三个街口。红砖房,秋叶满地,我趴上窗口看,里面似乎长久没有人住了。妮塔好像对我说,也可能是对她自己说,我年轻的时候,看他的书呀,看他的书呀。妮塔,有四个孩子,有过四段婚姻,现在一个人。她喜欢和我聊天,我们常一起散步、听音乐会,她总是劝我,"你还这么年轻,应该再找个男人,对身体和精神都好"。妮塔的孩子个个出色,其中一个是《纽约客》的专栏作家,写过极畅销的《人民的历史》,他的女友参与了去年奥斯卡最佳纪录片奖《第四公民》(CitizenFour)的创作。颁奖礼那几天妮塔逢人便说"他的女友"。我问,他们结婚了吗?妮塔认真地盯着我:"在一起是必要的,可是为什么要结婚呢?"

金赛故居
Kinsey's Residence

起先,与我同租一幢小楼的是一对年轻夫妇。女的是比我矮小很多的德国女子维布卡,博士后,在哲学系开课"理智与情感"。我去听过,反复讨论"发乎情"的激情动因与"止乎礼"的理性逻辑。有一次她告诉我要去纽约开康德的研讨会，顺便换义肢。我才惊悉她生下来就缺一只脚，可是她攀岩、开车、穿优雅的及脚背的长裙。这个发现无疑非常具象地加深了我对德国哲学的崇敬。暑假后有一天，听见抽泣，竟是离婚。哲学解决不了两地分居，估计还加重了找工作的压力。那个也学哲学的美国男人终于在加州高就，搬走了家具和书籍，也擦去了晚间楼上的疯笑声。

我去安慰她。不料她破涕而笑，那我也养个孩子就会一切都好啦。没有男人，哪有孩子？你说痴话。不哇，我去精子库买，我的人生我做主。我从来没有那么炽烈地看她，这个我一直以为柔弱的女人。她真的很美，挺拔的五官，像极了希腊雕塑里的智慧之神雅典娜。不过我更愿意，像雅典城的公民们一样，把雅典娜称作守护生命城邦的战神。

城边的玫瑰山上，有金赛的墓地。还有一位名仕是二十世纪上半叶美国流行音乐巨子霍奇·卡迈克尔（Hoagy Carmichael），这位美国的邓丽君有一首情歌《我没有你也过得挺好的》，最后一句不敢听完，"你是怎样的男人，我是多傻的女人"。圣诞节前，我和维布卡，两个傻掉了的女人，捡来花园里的松果和松枝，扎了小花环约着去。一百多年的墓园，古朴恬静，很多人特意来，瞻仰印第安纳州著名的石灰岩树干形墓碑。我们找了好几圈，那些醒目的、有艺术造型的、有显赫的墓室的，都不是。快要放弃时，她举着苹果手机，在维基的帮助下，找到了霍奇；不远处，对着金赛。

一个在虚构的故事里吟唱爱情的歌手，一个在真实的人生里研究性爱的学者。墓石上，都只有姓名。两个女人，阶段性地没有了爱和性，在缘悭一面的两个男人面前穆立良久。

金赛的墓石旁边，是他的妻子的墓石。我看了电影《金赛》，才知道这段师生恋就发生在这座校园里，还知道他们夫妻与助手之间微妙错综的经历。那天电影十周年纪念，台上心理系、政治系和金赛研究所的教授们，讲"金赛的遗产"。台下坐着金赛的家人，大女儿安（Ann Kinsey）和外孙女文迪（Wendy Corning）。安说，小时候很怕别人知道自己是金赛家的，就说父亲是也姓金赛的葡萄酒厂的老板。文迪如今是妇产科医生，也说，拍摄电影时，家人都有些担心那些敏感的题材。倒是如今已经七十多岁，从服装设计师的岗位上退休了的安说，拍吧，妈妈以前总说"不会有事的"。电影落幕，黄昏里微雨蒙蒙，我上前问候，安问我，中国人知道我爸爸吗？我说知道啊，我就看过他的书呢。文迪搂着妈妈，说了两遍，真好，真好！这个消息对我们家人很重要，那里有那么多的人呢。

当天的第二个收获是，电影之前放映了一部资料短片，介绍金赛研究所，我发现里面被采访的图书馆和档案馆的馆长是亚裔。

散场的时候我堵住她，问候几句，发现供职于这样主流研究所的周馆长是上世纪八十年代从大陆来的，随即表达了访谈的请求。但是，好事多磨，周馆长很忙，又很忙，又或者其他。我表明了身份，说明了意图，提供了《文汇读书周报》样报，等等等等，然后痴痴地等在电邮的后面。两三个月后，我决定到金赛研究所新的展会上去堵截，才有了前面的文字。所谓精诚所至，周馆长在了解了是为《文汇读书周报》而写作之后，反复校对了文稿，在签署了文献照片申请书和购买版权协议后，竟破例慷慨地赠予了正版文献的使用版权。对于文迪所说的"那里的那么多人"和金赛的家人，这个消息可能也是比较重要的吧。

2014年布鲁明顿的冬天，积雪覆盖校园，很厚很久。我的春节大礼，是女儿来探我。当年第一志愿填报文物和博物馆学系的学生，现在发梦，想去芝加哥看博物馆群。系里的行政秘书克里斯知道我有哮喘，劝我们不要在严寒的季节去"风城"。我告诉他已经提前订好了灰狗长途车票，他说："好吧，那你过一个星期一定来我的办公室一趟吧。"等待我们的，是克里斯亲手编织的两条厚厚的羊毛长围巾。他说因为腱鞘炎，花了比较长的时间，不然会快些。实在是愕然。临行密密缝。这样的人和事，多少年，久违了，久违了。女儿和我，紧紧地拥抱了他。

克里斯高大帅气，有一双永远在笑的眼睛，喜欢我带给他的双喜牌香烟和大白兔奶糖。他性格温和，办事细心体贴，是系里的大管家。美国的学术活动都伴随各类招待会，食品饮料、会场人员、招呼引荐，克里斯举重若轻。他带来的小点心也总是被最先扫光。有一次我恭维他说夫人在家一定很享福。他说，哦不，我的伴侣也很能干，他在家里也做很多事情，我忙他就做饭，还照顾猫狗。他一直说的都是"他"，我想我听得很清楚。眼睛有些湿，我说，你们的感情真好，你们的生活真是丰富快乐啊，我好羡慕。这句话发自肺腑。有人两情相悦，有人耳鬓厮磨，有人一粥一饭，有什么比这更浪漫的吗？

但比浪漫更坚硬的问题却是现实。与谁会有化学反应，可遇不可求；是幸运，或者更准确地说是命运甚至劫数。狭路相逢之后，我们能做什么？又或者我们不能做什么呢？

七街是校区的主干道，学校重要的机构大都设在那里。

Fess大道（所谓"坦白路"）西，是路德派基督教堂；路东，有一个"男同性恋、女同性恋、双性恋和变性学生支持服务中心"，常见有外籍学生出入，更多见到的则是中国留学生在铭牌前留影。这情形颇有意味。想起春天的时候，印第安纳州通过同性恋婚姻法案的第三天，我碰巧在市里的法院邂逅了一场结婚仪式，类似我们民政局的结婚登记。新人是一对白人女性，一方是父亲陪同，一方是男性友人相伴。她们是大学时代的同学，从十七岁就开始在一起，一直在等合法化的这一天。法官询问"你是否愿意与她结为一体、爱她、安慰她、尊重她、保护她，像你爱自己一样；不论她生病或是健康、富有或贫穷，始终忠于她，直到离开世界？"两个女声清晰而肯定："我愿意。"旁边的摄影师把我也拍进镜头，还希望我说两句祝福的话，我就告诉她们：在中国的传统里，我们祝愿有情人终成眷属，更祝愿新人白头偕老。

这一年，因为金赛研究所，我参加了不少活动，学习了不少东西，好像陷入了"金赛的围城"。所以最初，就用它做了这篇访谈札记的题目。因为涉及到朋友可能的私隐，为慎重起见，请也认识他们的女儿帮我看看。女儿直率地问："妈妈是不是又要掉书袋？《围城》，围城？城里的人想出去，城外的人想进来？可是谁会在性的外头呢？一个人，就算不在性的体验里，难道就没有与性相伴的困惑或者焦虑了吗？"

时代是进步了的。对于性，新一代有比我们更坦诚、真实和勇敢的态度。想起访谈时，周馆长的最后一句话："性，是人人的专利。"年近九旬的老者，引金赛为傲，鼓励后来者不惧尝试、永远投入；身有障碍者，独立、理性，自主构画着下一代的来临；同性的恋人，一面全力争取，一面温和甜美地生活。

他们并不是我着意找来的特例,而是我在这座围城中最亲密的友人。

是的,这个世上,谁在性的外头?

2015年梅雨,上海苏州河畔。

为金赛逝世五十九周年而作,也为刚到天上去了的妮塔而作。

致敬你们丰富而勇敢的人生。

（本文首载于《文汇读书周刊》2015年7月27日。）

美国印第安纳大学的"男同性恋、女同性恋、双性恋和变性学生支持服务中心"

Gay, Lesbian, Bisexual, Transgender Student Support Services at Indiana University

印州造就的精英人物：丁韪良

作者：王辉云

丁韪良 William A.P. Martin（网络图）

印第安纳与中国有着密切联系，一个重要原因是印第安纳州拥有众多深受华人学生追捧的高等院校。例如普渡大学和印第安纳大学，都位居全美中国留学生最多的大学之列。印第安纳实力雄厚的高等教育机构为中国现代化培养了大批人才，中国铁路建设的一代宗师，与詹天佑齐名的萨福均，有"东方隆美尔"之誉的抗日名将孙立人，"两弹元勋"邓稼先、在孪生质数猜想上取得了重大突破的数学家张益唐等各行各业的精英人物都有着深厚的印第安纳背景。

说到印第安纳在中国走向现代化过程中发挥的重要作用，有个不得不提及的人物，那就是曾任京师大学堂首任总教习的丁韪良（上图，图源：维基百科）。这个相当于北京大学首任校长的人物，当然不是寻常之辈，其社会影响力之大，在中国由传统向现代转型过程中绝非一般人所能及。但是，不太熟悉丁韪良的人恐怕会问，这跟印第安纳有什么关系呢？

说起来，丁韪良跟印第安纳的关系那可不是一般二般，因为印第安纳是他的老家，他是个地地道道的在印第安纳出生的美国人，人家的英文名字叫William A.P.Martin。虽然出生在印第安纳，可丁韪良的一生又和中国产生了不可分割的联系。他一生中的绝大多数时间不但都在中国度过，而且亲身经历并参与了中国社会转型期发生的许多重大历史事件，死后也葬在了中国。难能可贵的是，作为一个美国人，他在中国没把自己当外人，一辈子勤勤恳恳，殚精竭虑，为中国的社会进步做出重大贡献。毫不夸张地说，他在当时的中国是一个不折不扣的精英人物。只不过因为意识形态的原因，他的事迹在过去的几十年里被人们刻意遗忘了，甚至故意抹黑了，以至于很多人对这位为中国现代化做出重要贡献的友邦人士缺少了解，甚至一无所知。

1827年，丁韪良出生在印第安纳南部小镇利沃尼亚（Livonia），父亲是个牧师，他们全家都是虔诚的基督徒。受家庭影响，他从印第安纳大学毕业后，又进入新阿尔巴尼（New Albany）长老会神学院研读神学，毕业后回到家乡当牧师。如果丁韪良没去中国传教，印第安纳可能会多出一个杰出的本地牧师，而中国则会失去一位古道热肠的国际主义战士。

为什么一个印第安纳的年轻牧师会跑到中国传教，并将自己的一生贡献给那个遥远的东方古国呢？这不得不归功于十九世纪早期在说英语的国家里发生的宗教大复兴，这一运动导致宗教活动蓬勃发展，也促进了海外的传教活动，于是，英美国家的不少传教士离开家乡，到世界许多国家和地区去传播基督信仰。因此，十九世纪被称为传教的伟大世纪。

成长于宗教大复兴的时代，胸怀为上帝传播福音的伟大理想，在美国第一波海外传教热潮的激励下，丁韪良毅然做出他一生最重要的决定：前往中国传教。

到中国传教无疑是个光荣而艰巨的任务。由于历史和文化的差异，此前基督教在中国的传播一直不太理想。基督教传入中国最早的确切记载是唐太宗贞观十年（636年），被称为"景教"的聂斯脱里派（Nestorianism）基督教经由波斯传入中国。但由于其内部争斗和未能深入民间，影响相当有限。

屋漏偏逢连夜雨，在中国还没站稳脚跟的基督教又撞上排斥外来宗教的厄运。公元845年，唐武宗笃信道教，下旨禁止从印度传入的佛教等其他宗教，于是，尚未扎下根来的基督教在中国便终止了传播。此后，相对于中国本土的儒教和道教、以及外来的佛教，基督教在中国的发展很长一段时间内停滞不前。

自鸦片战争中国门户被打开以后，西方传教士才得以大量进入中国传教，以天主教和新教为主的基督教各宗派才开始在中国有了初见规模的发展。然而，这次基督教声势浩大地进入中国，恰好是跟在西方列强的坚船利炮的后面，因此在中国也多少沾上点儿侵略者的宗教的嫌疑，也使西方传教士在中国人的集体意识中被打上征服者的烙印。

1850年，23岁的丁韪良带着新婚妻子和哥哥一起前往中国传教。他们在广州刚一下船，便遭到当地民众的围攻。可见当时中国的一般百姓，对洋人和洋教还是相当排斥的。面对这种局面，丁韪良并未退缩。像当年去爱尔兰传教的圣徒派垂克一样，他选择留下来向异教徒传播福音。他们在广州略作停留后，即乘船北上，开始了在中国漫长的传教生活。

尽管中国的门户已被西方列强的坚船利炮打开，但清政府对西方文化的抵制依然非常强烈，对传教士更是戒心重重。碍于与列强签订的条约，又不能禁止西方传教士入境，因而，只允许他们在五个开放的通商口岸传教。丁韪良在中国早期传教的地方便是五个通商口岸之一的宁波。

在中国传教，不会中文是万万不行的。对大多数西方传教士来讲，学中文是一大难题。面对这一挑战，不少西方传教士知难而退。虽然丁韪良也面临同样的问题，但他不仅勇于接受挑战，而且还做了充分的准备。丁韪良具有高于常人的语言天赋。来中国之前，他已基本掌握了法语、德语、拉丁语、希腊语和希伯来语等几门外语。到宁波后，学习中文成了他的当务之急。在学习过程中，他还发明了一种注音方法，即用拉丁字母稍加变通，创造出一套音标。使用这种方法，他很快就学会了宁波话，不久便能用流利的宁波话传道。为了推广这一发明，他在1851年1月与人合作，用拉丁字母编出一种用于书写"宁波话"的拼音系统。

说到汉语拼音，近代从西方国家来华的传教士和外交官所做的贡献是不可抹杀的，马礼逊（Robert Morrison）、丁韪良、威妥玛（Thomas Francis Wade）等人都是筚路蓝缕的开拓者。威妥玛拼音系统曾经在汉语拼音之前在国际上广泛应用，至今，港台许多人名地名依然使用威氏拼音。从丁韪良在学习汉语过程中能够发明出用于书写"宁波话"的拼音系统这件事可以看出，这个年轻的传教士不仅热爱自己的本职工作，而且具有创新精神。他不仅是个颇有使命感的传教士，而且还是个能文能武的人才。

丁韪良在宁波10年，除传教活动外，还分别参与了《天津条约》和《北京条约》的签订。由于丁韪良通晓汉语，1858年中美谈判期间，他应邀担任美国公使列维廉（William B. Reed）的译员，参与谈判并起草了《天津条约》。

在宁波传教期间，丁韪良笔头甚勤，随时记下一些传教心得，几年功夫，便积少成多，汇集成书，名为《天道溯原》。丁韪良在这本书中尝试着将儒家道德伦理与基督教思想相融合，论证两者并行不悖。此书的读者对象是中国高层人士，丁韪良意欲先让中国的官员和知识阶层接受他的理论，然后再由他们影响民众接受福音。因此，他在担任美国代表团译员，以及后来在北京工作时，都尽量找机会把此书赠送给清政府高级官员。

没成想，《天道溯原》出版后立马成了畅销书。自1854年至1912年间，先后再版达三、四十次之多，并被译成日文和韩文，广为流传。由于丁韪良"学土音，习词句，解训诂，讲结构。不数年，而音无不正，字无不酌，义无不搜，法无不备"。在宁波传教这种基层锻炼使他的汉语和神学理论水平得到空前提高。1860年，丁韪良偕全家回美国度假期间，获拉菲特学院（Lafayette College）神学博士学位。尽管他没有在校读学位，但这个学位与现今那些在职读博或从党校获得文凭的官员的学位相比还是很有含金量的。

按说在中国传教10年才回美度假，丁韪良理所当然的应该好好歇息一下，但他却一直没闲着。在美国期间，他到处巡回作报告，在全美各地宣传自己在中国的经历，呼吁美国的基督徒支持中国的传教事业。

丁韪良把自己的心放在了中国，太平洋彼岸的东方古国才是他魂牵梦绕的地方。

1862年夏天，丁韪良夫妇带着两个最小的男孩，从纽约乘船再次来华。我们知道，1860年第二次鸦片战争之后，对西方传教士进入内陆的禁令已经解除。于是，他决定前往北京建立教会并开办学校，以便实现他的远大理想。此后，除了几次短期离开外，直到1916年去世，丁韪良都住在北京。

总结在宁波10年的传教经验，丁韪良意识到要在中国传播福音，必须走利玛窦等人的路子，那就是通过教育传播现代知识来传播基督教。为了使中国人相信，基督教可以促进中国的现代化，丁韪良立志从教育入手，通过教育向中国人传播现代科学知识和基督信仰。1864年5月，他在老朋友、中国海关总署任总税务官的英国人赫德（Hart, Sir Robert）的支持下，开设了一所走读学校，旨在培养学生成为基督徒，然后派出去做传教士。这所学校后来发展成为崇实中学，丁韪良即为首任校长,并担任此职20年之久(1865-1885年)。这就是现今位于交道口大街的北京第二十一中学的前身。

移居北京后不久,丁韪良开始着手翻译美国人惠顿(Wheaton)所著的《万国公法》(Elements of International Law),这本书在当时是最新和最为通用的国际法蓝本。早在作为美国公使列维廉的翻译参加《天津条约》谈判时,丁韪良就亲眼看到过清朝大臣耆英与列维廉因外交礼节而产生争执,感到清政府太需要了解并掌握国际法了,因而萌生了翻译、介绍西方国际法的念头。

丁韪良的这一想法得到美国驻华公使蒲安臣(Burlingame H. Anson)的鼓励和支持。由于清政府也非常需要这方面的知识,闻讯后立即责成总理衙门与丁韪良商谈,经过谈判,双方很快达成协议,使翻译出版此书成为一个跨国合作项目。

在清政府的大力支持下,在中国助手的无私帮助下,丁韪良旋即开始《万国公法》的翻译工作。当然,在没有翻译软件,外语人才稀缺的清朝末年,人手再多,也不见得能帮上多少忙。因此,主要的翻译工作还得由丁韪良一人来干。他高超的汉学水平和丰富的法学知识为翻译此书奠定了坚实的基础。

为翻译此书,丁韪良不但系统钻研了海量的中国典籍,成了不折不扣的中国通,而且还成功地打入了京城上流社会。恭亲王奕䜣、李鸿章、曾纪泽、张之洞、郭嵩焘等当时中国的政治与文化精英,都成了他的座上客。有次聚会,喝酒划拳,吟诗唱和之际,恭亲王惊叹其驾驭中国语言和文化的能力与学识,赠给这个西方大儒一个'冠西'的雅号,意为其中学之功,雄冠西儒。此后,便有所谓丁韪良,字冠西之说,这就是他字号的来源。

《万国公法》译完后，受到恭亲王等人的激赏。恭亲王下令由总理衙门专拨银两付印出版。该书对近现代中国政治思想产生了深远影响。丁韪良在书中创造了很多新的中文词汇，如权利、主权、法院、人民、国体、自治、章程、政治、选举、司法、国会、制宪等，使中国人开始了解西方世界，懂得诸如民主、平等、自由、权利、法治、选举等重要政治和法律制度、观念，为中国开启了走向世界的大门。《万国公法》在出版后第二年，日本开成书局就把它翻译过去，并在日本先后翻印了五次。日本"明治维新"之后，该书成为日本大专院校法学课的教科书。

《万国公法》出版后很快派上了用场，当年德国人在中国领海内截获一只丹麦商船，发生纠纷，总理衙门这回找到了对己有利的依据，援引《万国公法》中有关条例据理力争，最终迫使德国将截获船只移交中国。此后，总理衙门将《万国公法》颁发各省督抚备用。

成功翻译出版《万国公法》后，丁韪良名声鹊起。1865年3月，在美国驻华公使蒲安臣和英国驻华使馆参赞威妥玛（Thomas Wade）的推荐下，丁韪良受聘担任京师同文馆教习，教授英文；1867年，同文馆又决定聘请丁韪良开设国际法课程。1869年，清廷任命丁韪良为同文馆总教习（1869-1894），同时担任清政府国际法顾问。同年，他辞去了长老会的教职，全身心地投入到同文馆的工作中。他在同文馆总教习任上与恭亲王奕䜣和总理衙门的洋务派大臣们交往密切，不仅在办理外交方面给这些洋务派献计献策，而且在建设中国新式教育方面立下了汗马功劳。

这一时期的丁韪良似乎从传教士华丽转身，踏上了传统中国的"学而优则仕"之路。

经过两次鸦片战争的失败和太平天国之乱，清朝的一部分官员开始认识到西方列强坚船利炮的威力，提出"师夷长计以制夷"的策略。朝廷为解除内忧外患，实现富国强兵，也不得不打破"华夏中心"的观念，放下身段，学习西方文化及先进的技术。曾国藩、李鸿章、左宗棠、张之洞这些比较有实际工作经验的封疆大吏，思想也比较开放。他们知道要跟鬼子斗，先得跟人家学造洋枪洋炮不可。在他们的领导下，中国沿海各省率先按照西方发达国家的工业技术和商业模式，通过官督商办等模式，开始建立近代工业，尤其是军事工业。因此可以说，洋务运动是中国向西方学习，走向现代化的第一步。而主持这类工作的官员或者与此有关的人员，则被称为洋务派。

京师同文馆也是洋务运动的产物。洋务运动初期，与外国交涉和联系日益频繁，急需翻译人才。在恭亲王的倡议下，清同治元年（1862）创办了京师同文馆，专门培养外语翻译人才。

丁韪良就是在这一历史转折时期进入同文馆的。他认为一个外国人若要帮助中国现代化，最好的办法就是为中国培养人才。

京师同文馆是相当于北京外国语学院的中国近代第一所新式学堂。同文馆内的教习均为洋人，专门训练外交官和翻译人才。最初，同文馆设英文馆（相当于系），后增设法文、俄文。1867，又设天文和算学馆。"但此后两年之中，领袖无人，创始诸人也都不复再存奢望，同文馆遂趋衰落"。为了扭转颓势，1869年，朝廷启用丁韪良为总教习，振兴同文馆。

为了突破同文馆发展的瓶颈，丁韪良按照美国的教育模式对同文馆进行了整顿和改革，先后增设了德文、格致（当时对声光化电等自然科学的统称）、化学等馆；扩大了教师和学生队伍；增开大量新课，如算学、格物、化学、医学、机器制造、西洋史地和万国公法等科；设立实验室、图书馆、博物馆和印书处，并对学制和教学方法进行了大胆改革。

在丁韪良的不懈努力下，同文馆无论是在组织管理，还是在教学内容和教学方法上，都具有近代欧美学校的特点，培养了近代中国第一批具有双语能力的外交官、外语教师和翻译。1876年后中国陆续在外国设立常驻使馆，同文馆为这些使馆提供了大量的译员。也有不少毕业生进入政界，担任要职，还有两位当了皇上的英文教师。洋务派中的要员如户部尚书董恂、刑部尚书谭延襄、曾两度出任民国外交总长的陆徵祥等，都是同文馆毕业生。

京师同文馆不但为中国的现代化培养了大批人才，还翻译出版了许多近代西方有影响的著作，为后来清廷废除科举制度、建立新型教育体制提供了宝贵的经验。

鉴于丁韪良在中国所做的贡献，1870年，纽约大学授予他名誉法学博士学位；1885年（光绪十一年），清政府授予他三品顶戴官衔。

丁韪良在京师同文馆担任总教习职务长达25年，连同先前应聘为英语和国际法教习，他在同文馆任职时间竟长达30年之久。1901年，同文馆并入于1898年创建的中国第一所具有现代意义的大学——京师大学堂，而京师大学堂的首任西学总教习就是丁韪良。

十九世纪末，中国的现代化进程依然步履维艰，多灾多难。丁韪良不但见证了这一历史进程，而且侧身其中，发挥了独特的积极作用。

如果说洋务运动是中国向西方学习，走向现代化的第一步，其指导思想是"中学为体，西学为用"，模仿西方还主要局限于器物层面的话，那么，戊戌变法则又前进了一大步，即在政治制度的层面进行改革。

甲午战争中拥有亚洲最大战舰的清廷北洋水师全军覆没的严酷现实使中国有识之士认识到，中国要富强，不仅要学习西方的先进科学技术，而且要在政治上效法西方，对传统的政治体制进行改革。1898年，在康有为、梁启超、杨深秀、谭嗣同等人的鼓动下，光绪皇帝实行变法，史称"戊戌变法"。这个由慈禧太后默许、光绪皇帝领导的变法涉及到政治、经济、教育、军事及官僚制度等多个层面，目标是使中国走上君主立宪的道路。然而，由于变法的改革措施过于激烈，危及了清廷保守派的既得利益，也惹怒了实际上掌权的慈禧太后，因而导致这次变法仅经历了103天便告夭折，史称"百日维新"。

戊戌变法开启了中国走向现代化的制度改革的先河。尽管这次改革运动未能成功，但有一个改革成果——也是唯一的改革成果——京师大学堂得以保留下来。京师大学堂能够在戊戌变法失败后幸存下来，与丁韪良是分不开的。

1897年1月，70高龄的丁韪良返美国治病后再次回到北京，赶上了轰轰烈烈的维新运动。

1898年春，维新运动再现高潮，光绪皇帝顺应时代潮流，经慈禧太后同意，于6月11日颁布了《明定国是诏》，戊戌变法正式开幕。值得注意的是，不过400字的《明定国是诏》，却有三分之一的篇幅谈论京师大学堂，并特别强调："京师大学堂为各行省之倡，尤应首先举办"。随后，光绪皇帝批准由梁启超代为起草的《奏拟京师大学堂章程》，任命自己的老师，吏部尚书大学士孙家鼐为管学大臣，创建京师大学堂。

孙家鼐奏请皇上任命丁韪良为京师大学堂总教习，理由是"丁韪良在中国日久，亟望中国振兴，情愿照从前同文馆每月五百金之数，充大学堂总教习"。李鸿章也一起力荐，光绪皇帝遂当面批准丁韪良为京师大学堂首任西学总教习，并给他晋升二品顶戴。

京师大学堂作为新政之中重中之重的"第一号工程"，管学大臣孙家鼐是不敢怠慢的，从选校址到招募教员和学生，不数月，筹建中的京师大学堂已初见规模。谁成想，京师大学堂尚未开学，便发生了戊戌政变，转瞬之间，京城血雨腥风，光绪皇帝被囚瀛台，康梁亡命海外，谭嗣同等六君子喋血菜市口，刚刚颁布的新政毁于一旦。然而，复辟后的慈禧太后"罢新法，悉复旧制"，却独独留下了京师大学堂。

为什么慈禧太后在戊戌变法夭折后仍然保留京师大学堂呢？史家对此有各种解释。研究北大历史的学者如肖东华、李云、沈弘都认同这样的说法，即"戊戌政变发生，旧党保持朝政，新政多被废除，独京师大学堂赖孙家鼐之力得以保全"。

戊戌政变后保守派重臣强烈要求慈禧太后取缔京师大学堂，孙家鼐属于帝党，自然处境维艰，当面抗争无济于事。但在这关键时刻，丁韪良仗着自己外国人的身份，拜见慈禧太后宠臣、直隶总督兼北洋大臣荣禄，告诉他朝廷建立京师大学堂可是件大事，各国媒体都有报道，西学教习也都下了聘书，现在要是取缔大学堂，咱这脸可就丢大了。丁韪良在中国混了这么多年，深知中国统治者好面子，所以才这么说。果不其然，荣禄把这话儿带给老佛爷慈禧，还真奏效了，这才使京师大学堂幸免于难。丁韪良在《北京围城》一书中，提到过他拜见荣禄之事，夏孙桐在《书孙文正公事》一文中也提及，京师大学堂大难不死有"赖荣文忠（荣禄）调护"，证明了荣禄还是接受了丁韪良的意见并且传达给了慈禧太后。

丁韪良为什么能在这关键时刻找到荣禄这样的关键人物呢？有些学者认为，丁韪良作为一个外国人，如果没有高人指点，虽有二品顶戴，在此动乱时刻，也断然不会了解朝廷盘根错节的关系。宋晓东认为，给丁韪良面授机宜的人是孙家鼐。在《孙家鼐：创建京师大学堂立头功》一文中，宋晓东指出，"戊戌事变"发生前夕，孙家鼐与丁韪良仍有往来。9月11日，伊藤博文抵达天津。14日，伊藤博文应光绪皇帝之邀入京。16日，孙家鼐和顺天府尹胡燏棻宴请伊藤博文，有两人作陪，一个是李鸿章，另一个就是丁韪良。因此，宋晓东得出结论，是孙家鼐以顶头上司的名义，建议丁韪良去游说荣禄，最终使京师大学堂得以逃过一劫。无论如何，在这种艰难时刻，只有丁韪良是最合适的人选，换任何人，包括孙家鼐，可能都玩不转。

1898年12月31日，京师大学堂正式开学。在隆重的开学典礼上，丁韪良率领所有西学教习向孔子灵位鞠躬致敬。此举在当时影响巨大，曾引起在京的传教士强烈不满，但丁韪良并不认为有何不妥。作为传教士，他和利玛窦一样，都属于那种眼界开阔思想开放的人，对中国文化采取接纳包容的态度。在他看来，尊奉孔子为"至圣"，理所当然；中国基督徒继承传统文化，遵守祭祖仪式，无可厚非。他甚至对佛道亦持开放态度。当时大部分西方传教士都不接受他的这种观念。然而，丁韪良坚持自己的立场，赢得了中国知识份子的广泛认同。

京师大学堂开学的第二年，美国普林斯顿大学授予丁韪良名誉法学博士的学位。

晚年的丁韪良已然成为一名学贯中西的学术精英，他的言论在东西方政学界都有相当的分量。为了追求理想，他除了传教外，还四处发表演讲，并著书立说，尽力向西方读者介绍中国。在20世纪之交的那个时代，在中国软弱无能且国际地位降至谷底的时代，丁韪良为中国所做的一切，受到中国朝野人士的高度赞扬。

1916年12月17日，丁韪良因患肺炎在北京寓所与世长辞，享年89岁。美国驻华使馆人员出席了这位为中美关系做出重要贡献的老人的葬礼，黎元洪总统称他为"泰山北斗"，也派他的秘书前来参加。丁韪良与妻子合葬于北京西直门外的外国公墓里，长眠在他所挚爱的中国的土地上。

丁韪良将他的一生贡献给了中国。除传教、办学、教学外，他终其一生，笔耕不缀，据不完全的统计，共出版了中文著译42部、英文著述8部，并且在各种报纸杂志上发表了大量文章。公平地讲，这位集传教士、教育家、翻译家、作家和外交家于一身的印第安纳人应该说是中国人民的老朋友，中国近代教育的先驱，中西文化的桥梁。

丁韪良在中国生活了60多年（1850-1916，大约有4年时间不在中国），期间历经太平天国、第二次鸦片战争、洋务运动、戊戌变法、义和团运动、民国建政等重大历史变迁。身为传教士，丁韪良的使命本是传播基督教信仰，但因他多年从事教育、翻译等实际工作，并长期担任北京同文馆和京师大学堂的总教习，使他有意无意之中在中国近代政治、教育和外交等方面，扮演了一个重要角色。

然而，由于中国近代历史的风云变幻，特别是中华人民共和国成立以来，丁韪良便成了一个备受争议的人物。中国大陆学界从政治角度出发，给他扣了许多骇人听闻的大帽子，如"反动的美国传教士"、"帝国主义强盗"、"披着宗教外衣的帝国主义分子"……等等等等，无不带有强烈的意识形态色彩。丁韪良反义和团运动的言行，尤其为人诟病。

1900年，中国爆发义和团运动，拳民受朝廷保守派默许鼓励，涌入京城，攻击外国使领馆。丁韪良主持的学校及京师大学堂都成为被攻击的目标。5月，义和团甚至在京师大学堂门口张贴告示，威胁要将学校里的师生全部杀光。在义和团包围使馆区时，丁韪良已率领京师大学堂的外国教习们避难于英国公使馆。73岁的丁韪良并亲自持枪参与巡逻和保卫工作。

亲眼目睹北京城里的惨烈屠杀，特别是妇孺被杀的场面，使这位老学究的心灵受到极大刺激。他在《北京围城》一书中曾写道："在长约八周的时间里，我们因希望渺茫而深感倦怠，我们的防卫力量每日皆有减损。我们仓库中的存粮也将告竭，若是救援的力量再延迟两星期才到来，我们恐将遭遇不测"。

八国联军攻克北京后，丁韪良最先跑出去看的是令他牵肠挂肚的京师大学堂。而让他看到的场景是："清兵或拳匪已经打碎了屋里的每一件家具，并且把我所有的藏书，以及大学堂的所有图书收藏，其中包括中文善本书，全部扔到了井里和水池里"。这位一生在中国推动国际法的学者，亲自体验了中国人无法无天所造成的后果。

在义和团事件落幕后，他强烈要求清政府赔款和惩治支持义和团的官员，认为义和团虽起源于下层社会的排外风潮，但其所以能不断蔓延，主要还是受到巡抚毓贤、端王戴漪和慈禧太后等朝廷保守势力的推波助澜造成的。因此，他提出"以华制华"的主张，"先请皇帝复辟，另举西使中之贤者一人，入军机处，赞襄新政"，其目的就是要增强代表清政府中开明与进步的力量，即以光绪皇帝为首的维新派。为此，他还主张列强扩大在中国的势力范围，建议美国占领海南岛，以保证中国走向西方式的现代化道路。

无论如何，丁韪良对中国和中国文化所执宽容、理解、客观的态度始终没有动摇。他在1907年出版的《中国的觉醒》（The Awakening of China）一书中，回顾中华文明几千年发展的历史进程时，着重介绍了他亲身经历的1902至1907年间清政府所推行的新政和改革，表达了对于中国光明未来的极大期盼。他认为，只要宪政和改革的势头继续保持下去，中国社会注定会发生翻天覆地的变化，而中国的强盛和融入国际社会的那一天也必将能够到来。

然而，中国对丁韪良的评价一直受到意识形态的影响。在过去很长一段时间内，中国官方学术界对丁韪良这样重要的历史人物不是刻意回避，就是简单否定。譬如，在北京大学中文版的校史中，在历任校长的名单中，就见不到丁韪良的名字，只是在近年北京大学英文版的官网上，有篇文章才把他作为北大首任校长加以详细介绍。近年来，介绍丁韪良的文章在中国大陆官方媒体开始多了起来，学术界对其评价也渐趋客观。

印第安纳人对丁韪良的评价就比较简单，尽管他把自己的一生贡献给了中国而不是印第安纳。在结束这篇文章的时候，请允许我引用丁韪良母校印第安纳大学1917年4月刊登的美国前国务卿福斯特（John Watson Foster）以校友身份发表的文章中的一段话，"印第安纳大学这位伟大的校友具备我们毕业生中很多人从事的政治家、牧师、律师、教授、作家、学者和士兵的多种品格,而没有人像他那样,在他所服务的人们中受到如此荣誉和称赞"。

这一评价是多么恰如其分啊!

冬天的秋溪 Fall Creek in winter, by Dan Russell

乔治进了名人堂

作者：李维华

图：乔治手捧名人堂奖杯与妻子幸福合影
George and Lynda McGinnis with his Hall of Fame Trophy

一天，我正在家聚精会神地工作，先生突然在客厅里大叫起来。我想一定是发生了什么大事，还没等我过去问，他就跑了过来，先让我保证在周六之前不许告诉任何人，然后才激动地告诉我：乔治终于进了名人堂啦！

乔治·麦金尼斯（George McGinnis），是印城人人皆知的大名人，印城步行者前篮球明星。他家和我家只隔一座房子，是我们这个只有六家人的小邻里（Court）中唯一的黑人家庭。在我们小邻里的年度圣诞派对上，他们夫妇俩总是最靓丽的一道风景。因为乔治和我先生经常在一起看球，两人就成了邻居加"球友"。

爱打篮球的男孩儿

乔治出生在阿拉巴马的一个小城，哈普斯维尔（Harpursville）。那里的黑人很多，但都很穷。乔治的爸爸妈妈分别有 13 和 12 个兄弟姐妹，他们都是几代的佃农，即从有钱人那里租地种棉花，靠收获后的分成勉强养家糊口。爸爸不想让乔治和姐姐再过这样的苦日子，乔治四岁时，便带着他和姐姐来到印城。乔治一生都感谢爸爸的这个决定。

初到印城，乔治一家落脚在离市中心不远的黑人小区里。不久，爸爸发现邻居的小孩子们都喜欢打篮球，树上、门框上……，球框到处可见。7 岁时，乔治和爸爸从电视上观看了一场让他终生难忘的篮球赛——1958 年印州高中篮球决赛。那时的印州还在种族隔离的时代，克里斯普斯·阿托克斯（Crispus Attucks）高中是印城的一所黑人高中，学校的设备十分简陋，篮球队平时只能在学校的舞台上训练。但球员们在教练的精心指导下发奋图强，战绩卓著，在这一年打入决赛。乔治和爸爸亲眼见证了那一场在印州篮球史上最激动人心的比赛——克里斯普斯高中在激烈的鏖战中战胜对手，赢得州冠军。整个黑人社区沸腾了，所有的黑人孩子都去打篮球，这其中也有乔治。从 8 岁开始，乔治每天只要一有时间就打篮球，妈妈叫他回家吃饭，他说："再给我一个小时！"他的运气不错，10 岁时身高已达 6 英尺。

乔治一家的生活十分贫困，爸爸很辛苦，同时做两份工作，全家只有一辆破旧的汽车。爸爸很喜欢看乔治打篮球，说："也许你打好篮球，挣了钱，可以给我买一辆车。"后来，乔治和他的球友们都上了华盛顿高中（Washington High School），他们在球场上的配合得心应手，成为印州历史上最有名的高中篮球队之一。1969 年是乔治高中的最后一年，他平均每场得 32.8 分，整个赛季共得分 1019 分（印州历史上在一个赛季中得分过千的高中生只有三位），他的球队保持不败纪录（31-0）。在季后赛中，George 越战越勇，在争夺冠军的最后 4 场比赛中累积了 148 分。他们的球队在决赛中就像当年的 Crispus Attucks 高中一样，赢得了州冠军，乔治也成为那一年的印州篮球先生（Mr. Basketball）。在之后的印州明星队和肯塔基明星队比赛时，乔治一人独得 53 分，还抢了 30 个篮板！但，这场比赛却是爸爸最后一次看他打球。

　　三个星期后，一件不幸的事改变了乔治一家的命运。乔治的爸爸是一个建筑工人，在礼来公司的高层建筑上工作时，手脚架倒塌，他摔了下来，不幸去世。乔治一家的生活突然没了着落，17 岁的他，晚上打完球后经常吃不饱饭。但乔治把对爸爸的怀念化作打球的动力，希望自己有一天可以挣钱，帮助妈妈养家。乔治在高中时身高达到 6 英尺 8 英寸，他不但打篮球，也打橄榄球，而且都打得非常好。毕业时，他是美国历史上第一个篮球和橄榄球两项运动的全美第一梯队(All American)球员，500 所大学为他提供奖学金。虽然给他提供橄榄球奖学金的大学比篮球的多，但乔治最后还是选择了到印第安纳大学打篮球。

篮球明星到成功企业家

　　乔治也创造了印第安纳大学的篮球纪录。那时新生还不能代表校队打球，乔治到二年级才参加十大联盟（Big Ten）篮球比赛，这一年，他场均 30 分、14.7 个篮板球，又是两个第一。不过，乔治在球场外的生活并没有改变，大学篮球训练经常到很晚，食堂已关门，别的同学有钱买吃的东西，而筋疲力尽的他却只能饿着肚子上床。那种感受，他多年后仍记忆犹新。爸爸去世前一年，花了 8 千美元买了第一所房子。但因为家里没钱，房子将有被没收的可能。为了养家，为了能让母亲有栖身之地，乔治上完大学二年级后，决定打职业篮球。当时，美国有两个职业篮球协会： NBA 和 ABA（American Basketball Association），两个协会都把乔治列为首选人物，但他选择了一年前的 ABA 冠军——步行者（Pacer）。乔治第一年的年薪是 3 万美金，比较美国当时的平均年薪（1.1 万美金），这是一大笔钱了；另外，他还获得了 1 万 5 千美金的签约奖金。拿到钱后，乔治做的第一件事就是用这 1 万 5 千美金给妈妈买了一所新房子。他想给妈妈一个惊喜，于是找了个借口把她带到了新房子里。当他把钥匙交到妈妈手里时，妈妈流下了激动的泪水。多年来，乔治一直是母亲的骄傲，现在年近 90 的母亲仍住在那所房子里。乔治为能够照顾母亲感到自豪，他知道爸爸一定会为此感到高兴的。

乔治打了 11 年职业篮球，其中六年他被选为全明星（All Star Team）队员。步行者队在 1972-3 赛季获得 ABA 冠军后，大部分老队员都退休了，球队处于青黄不接的时期，几乎所有人对他们在下一个赛季（1974- 1975）都不再看好。但这却为乔治的脱颖而出提供了绝好的机会，在这个赛季他场均得分 29.8，达到了他职业篮球生涯的顶峰。最令他难忘的是和丹佛掘金（Nuggets）的一场比赛，他独得 48 分，还抢了 30 个篮板，连他自己也难以置信，觉得好像球框变大了，随便一投就能中。在季后赛中，乔治越战越勇，每场平均得分 32.3 分，篮板球 15.9；尽管步行者在决赛中失利，乔治成为本赛季的最佳运动员。

图：乔治曾多次登上媒体封面
George on the cover of Sports Illustrated

1982 年，乔治结束了他的职业篮球生涯，于两年后回到印城，开始了他新的事业。最初，他是几个大公司的发言人，参与了很多慈善活动；同时也是高中篮球赛的解说员，还是 NCAA 篮球决赛的副主席。1992 年，乔治和太太琳达（Lynda）自己创业，成立了公司，为汽车制造业提供工业原料，丰田、本田、礼来公司、福特公司、康明斯等都相继成了他们的长久客户。虽然，乔治夫妇都没有机会读完大学，但他们边干边学，努力不懈。现在公司有 300 多个员工，在美国的 3 个州都有分公司，还为康明斯公司从中国进口材料。

虽然乔治从没有到过中国，但他的中国粉丝不比美国的少。他说中国人对美国篮球的历史可能比美国人知道的都多。在步行者的球场外，乔治常被中国球迷认出，他还经常收到中国球迷的来信。

人生课堂

我一直好奇，这个来自南部农场、在未成年时就失去父亲、母亲只上到小学四年级的穷男孩，是怎么成长为印城人引以为傲的篮球明星，而且还在退役之后自学成为一个成功的企业家的呢？乔治告诉我，他只是一个一般的学生，不过在他喜欢的事情上会多下些功夫而已。可是怎么下功夫，下什么功夫呢？这里面一定有很高的学问。

刚上高中时的乔治，就像一棵向上猛窜的小树，几乎比所有人都高一头，但心智尚未成熟。他在球场上表现出罕见的篮球天赋，对不如他的队友傲气十足；输球后则像小孩子一样满脸不高兴，甩手就走。他的这种态度很快被体育教练克里夫·罗宾逊（Cliff Robinson）注意到了。克里夫及时喝住他，要求他尊重对手；而且即使输球，也要和对方握手。久而久之，乔治学会了自持，赢不骄，败不馁。

在高中，乔治的篮球越打越好，他自己觉得很好玩，但并没有任何目的。他的篮球教练比尔·格林（Bill Green）慧眼识珠，告诉他，如果自己努力不懈，就有可能成为优秀的职业篮球运动员。那时乔治还只是一个 16 岁的男孩，突然有了新的目标，他更加卖力的训练，而且在持之以恒的努力中更加自信。在步入职业篮球生涯时，乔治只有 21 岁。

乔治爱打篮球，离开年轻的同伴和校园生活后，每天周而复始的训练和比赛，加上伴随高收入而来的各种诱惑，乔治开始陷入困惑。幸运的是，他的情绪马上被他的第一个职业篮球教练鲍比（Bobby Slick Leonard）看出来了。细心的鲍比经常在打完球后邀他一起吃晚饭、聊天、倾听他的苦闷，也在谈笑间给他鼓励，指点迷津。他们成了蓝球场外的好朋友，友谊延续至今。

然而让人不可思议的是，对乔治的篮球事业影响最大的并不是他的篮球教练们，而是他的高中橄榄球教练，鲍勃（Bob Springer）。原来，乔治从小就表现出很高的运动天赋，别人需要练习很久的动作，他轻而易举就可以做得很好。不过没了挑战，也就没有了动力，乔治开始偷懒。集体训练时，他告诉教练，我累了，不用练了。别的教练告诉他休息一会儿，可是鲍勃看穿了他的心思，督促他继续训练。起初，乔治很生气，但鲍勃不迁就他，告诉他进步是无止境的，要学会超越自己。慢慢地，乔治体会到了教练的用心良苦，也学到了人生中最重要的一课——努力付出，超越自己。而且乔治不仅真的超越了自己，而且从用心训练中得到了乐趣。他的学习成绩提高了，心智也开始成熟了。此后多年，他与鲍勃的关系一直很好，就像父子一样，即使在成为职业运动员之后，乔治也每周都和他联系，一直到四年前鲍勃去世。

乔治不仅是个优秀的篮球运动员，退役后做公司的发言人时他也很成功。他说这要感谢高中时的讲演老师——艾莉（Ellie Droogo）。别看这位东欧老太太个子矮矮的，但却非常很严厉，如果谁说话不得体，她绝不放过。她告诉乔治，你要是想当一个运动员，就要先学会如何说话；也许有一天，你会在电视上讲话，可你得先让人知道你想说什么。每次辅导，她先让乔治把想法写下来，再帮他用最有效的方式表达出来。她在乔治身上花了大量的时间，有时还让乔治到她家去上课。乔治上大学以后，老师仍对他放心不下，逢年过节都会给他寄包裹，就像他的第二个母亲一样。乔治成为职业运动员以后，师生两人一直经常保持联系，直到她去世。

乔治感恩几位教练，他们教会他如何打球，也教会他如何做人。乔治把他的成功都归功于人生路上遇到的这几位恩师；不过我想，这几位恩师应该桃李满天下吧，而他却能成为群星中异常夺目的那颗，想必与他自己用心、吃苦耐劳、持之以恒以及善于感恩的态度是分不开的吧。

灵魂的伴侣

在一个深秋的风轻月明的傍夜，我和先生到院子里赏月，远远看见乔治家的花园里那个高大的身影和娇小的琳达，夫妻俩手拉手，相拥而坐。打过招呼后，他们带着椅子，到我家外面的院子里坐下，和我们一起赏月聊天。这个夜晚让我想起童年时和邻里小伙伴们一起度过的那些个夜晚，一样的纯净美好而且充满让人回味的故事。

乔治五岁时就认识了长他两岁的琳达，而且两人是幼儿园的同学。到了10岁，乔治已经是一个6英尺的大男孩，可是因为长得太快，他很瘦，动作也不太协调。就在这一年，他对琳达说，将来我要和你结婚。可是琳达答道，走开，傻乔治！高中时，两人堕入爱河，开始正式交朋友。在一起不久后，乔治决定带琳达去玩漂流，琳达二话不说就跟着去了。但两年后，乔治才知道，琳达根本不会游泳！我问琳达怎么敢去，她说，因为我爱他！乔治告诉我，从1972年开始，两个人从来没有分开过。说到这里，他凝视着如水的月光，声音变得柔和了。

篮球是乔治一生的最爱，他为此付出了自己的青春和才华。退休后，篮球不再是他生活的中心，而且似乎离他越来越远。那时篮球明星的收入与现在的无法相比，乔治退役时只有32岁，他该如何养家？时间如何打发？他的事业和生活都陷入了低谷。对此，琳达看在眼里，急在心上。从丹佛回到印城后，她通过自学获得了房地产执照，但最初的努力并不顺利。在一次推销会议上，琳达忽然想到，很多大公司都需要原材料和各种物品，为什么不能做个供应商呢？乔治对她的想法虽然半信半疑，不过还是决定试试看。乔治负责到各大公司游说、拉生意；琳达则把剩下的活都包了。她每天晚上从书本上自学各种知识：会计、人事、进货、储藏……她承担起了所有责任。琳达成了乔治的合伙人，帮助他完成了从篮球明星到企业家的成功转变。乔治说自己很幸运，琳达教他要有耐心、要倾听他人的意见。琳达不仅是他的好妻子、最好的朋友，更是他灵魂的伴侣。

乔治和他的妻子琳达　George and Lynda McGinnis

感言

对于进名人堂的感想，乔治说，"生活中没有捷径，只有不懈的努力，才有成功的可能。"而后，乔治谈谈地说，他非常想念爸爸，他不能为爸爸做任何事情，但爸爸却给了他一切。2007年，乔治在步行者篮球场接受开拓者（Pathfinder）奖，以表彰他多年来对社区青少年体育活动做出的杰出贡献，特别是那些失去了父亲的黑人男孩。乔治不但为他们提供了物质上的帮助和精神上的指导，也成为这些孩子的奋斗目标。

2.2 华人移民

印地华人移民小记

作者：杨旭暠

如今美国的很多城市都庆祝中国的农历新年，宛然已经成为美国流行文化的一部分。不过最早在美国庆祝新春的历史，得追源到150多年前的旧金山华裔移民。

美国华人庆新年

据记载，第一位中国移民是在1815年抵达美国的。虽然他的名字没有被记录下来，不过他的工作是加利福尼亚州蒙特里市的厨师，那时该地区仍然是西班牙殖民地。到1849年，已有大约325名中国人住在美国。由于淘金热的兴起，在短短三年后，这个数字达到了25000，大多数人在北加利福尼亚从事开采黄金的工作。1860年代，由于修建横贯美国大陆的太平洋铁路，又有大批华工被招募过来。至1880年，估计在美国的华人高达25万。

1870年代，经济的衰退使得这些华人受到当地白人及来自欧洲国家的白人移民的排挤，由此催生的1882年出笼的"排华法案"迫使他们离开自己的家园和工作。不少人开始向东部和中西部城市及地区迁移，诸如纽约、芝加哥等地。然而，随着时间的推移，这些地方对华人的偏见也开始加深，有些人不得不进一步向附近的小城市迁移。

1880年代，印第安纳州有了第一批定居的华人。他们主要从事餐饮、洗衣等服务类行业。当时中西部的当地人，主要从事传统的农业生产，因此他们之间并没有形成非常尖锐的竞争关系。当时华人从事的这些行业，特别是洗衣业，普遍被认为是女人的工作，为当地白人所不耻，他们无论多么贫寒交迫也不会从事这项工作。这个工作每天得工作十几个小时，对英语也没有什么要求。到1900年，据估计，在美国工作的华裔中，有近25%在从事洗衣店业务；据记载，第一批到达印州的十个华人中就有八个是在从事洗衣店工作。这些华人战战兢兢，艰难地在夹缝中生存着。位于印城南伊利诺街的1873年5月才开张的"李华洗衣店"（Wah Lee's laundry），同年8月就被市政部门因违反防火规定而处罚。至1878年，印城共有五家华人洗衣店注册登记。1880年人口普查的数据显示，印城的十四名出生在中国的华人中，有十二人在从事洗衣行业。

根据1899年的当地政府的记录，当时在印第安纳波利斯注册的中餐馆仅有五家。在1910年，43个中国出生的印第安纳波利斯居民中有11个在餐馆工作。（1930年中餐馆共有五个，到1940年，这个数字缩减到四。）

1910年，在整个印州注册的华人有273人，其中印第安纳波利斯的华人数目是43，并在后来逐步减少至1930的39，1940年的20。

屈指可数的华人在当时非常传统的中西部人眼中不过是一些挣钱寄回家的"过客"而已。

1889年9月28日印第安纳波利斯报纸[1]将本地的中国移民

---

[1] Farewell to Pang Jung, Chinaman Going Home with a Vast Fortune, September 28, 1889, Indianapolis News, predeccesor of IndyStar

描述为"一些耐心积累财富寄回中国的临时居民"。该文还说，"在印第安纳波利斯的 21 个中国人，都在从事洗衣服务。他们都迅速积累财富；攒够了，他们就可以回到自己的国家，享受舒适的生活。按照他们现在攒钱的速度，达到他们的目标用不了很久。一个印第安纳波利斯银行在过去六个月中曾受理了一个中国人寄回家 12000 美元的业务，之后又有一个来自路易斯维尔的中国人，来这个城市汇了 1200 美元。据估计，与中国有业务往来的人每年从印第安纳波利斯送往中国的钱不少于 15000 美元。

1902 年，本地有着 150 年历史的著名的"皇冠山墓园"（Crown Hill Cemetery）——美国第三大公共墓地，一个不寻常的中国式葬礼把被谋杀的中国洗衣工 Doc Lung 的案子送上了当地报纸的头条（下图）。

1902 年 8 月 6 日，《印城新报》第 3 页
August 6, 1902, Indianapolis News, Page 3

被印城报界称为"本地历史上最诡秘之一的谋杀谜案"发生

在1902年5月5日清晨,"龙德洗衣"的店主Doc Lung在其位于印城印第安纳街 207 号的店中被杀。当日上午因洗衣店没能正常开门,邻居打电话通知了警察局。警员通过窗户爬入后,发现该洗衣店店主的头几乎被割断。杀人者同时洗劫了所有的钱财。这个案子由于受到随后发生的印城医学院医生结伙盗墓案的干扰,最终也未能抓获元凶。

以中餐馆老板梅振基为首的印城华人协助警方破案,他们极尽全力,并为这位华人同乡安排了传统的中国式葬礼。这位惨死他乡的华人洗衣工的葬礼受到了众多人士的围观,新闻报刊报道了诸多细节,以满足更多人的好奇。

华人有"魂归故里"的传统,不论死在如何边远的地方,也要想方设法把尸骨送回家乡埋葬。在没有条件的时候,通常是先将尸体埋葬,以后亲友再将骨灰送回家乡。如今皇冠山墓园龙德的坟墓已是无处可寻,他的尸骨是不是早已远渡重洋回到了家乡?

华人在印城最引起轰动的事件,不能不提大清皇太子溥伦亲王访印。溥伦亲王受慈禧太后钦差,率团出席在圣路易斯举办的世博会后造访印第安纳州。

梅振基和他的妻子在1897年3月搬到印第安纳波利斯,当时他们在印第安纳

1903年1月31日,《印城星报》第26页。
The Indianapolis News, January 31, 1903, page 26

132

波利斯报纸上登载宣传他们的马萨诸塞大街茶馆的告示。在1903年，印城报纸曾描述他的妻子为"印第安纳波利斯唯一的中国女人"。

到了1900年12月，他在印第安纳大街上开了一家中餐馆，在1901年5月把餐馆移动到东华盛顿街506号，也是在这里举行了接待溥伦亲王及印城社会各界名流的欢迎宴会。

经历了百多年的漂泊、迁徙和艰辛，印州华裔主要从事简单体力劳动，经营杂货店和洗衣店的历史，被1929年开始担任礼来公司药理研究主任的陈克恢博士（K.K.Chen）打破。陈博士直到1963年还留在礼来任职。作为在印城的中国人，即使是礼来公司的研发部主任，生活也极为不易。在印城居住的四十来年中，陈克恢夫妇经历了各种形式的种族歧视。陈氏夫妇曾因为亚洲人面孔而遭到房东拒绝租房给他们的待遇。

1943年12月13日，中美两国作为第二次世界大战的盟国，富兰克林·罗斯福总统最终废除了"排华法案"。中国移民及其家庭开始转向新的职业。尽管如此，华人主要从事洗衣房行业的状况一直持续到上世纪60年代。在1920年的城市目录中，大概有30家华人洗衣房；1940年为26家；1949年，14家；1955年，5家；到1960年，仅剩3家。印第安纳波利斯的中国移民故事再次突显了这座城市的种族多样性变革。

第二波中国移民潮随着1965年"移民法"的进一步改革开始。根据2006年的人口普查，美国130万中国出生的人中有85%是自1980年以后移民来美的。其中一半以上的人已经入籍成为美国公民。印第安纳州的华人人口从1970年的2500人，到40年后的2010年大约12000人，一跃成为印第安纳州外国移民总数第二的族裔，并活跃在印州的各个领域。

印州帕克县的一个农场仓库（摄影：张彦涛）
Park County Barns, Indiana, by Tony Zhang

印城华人维权运动先驱：梅振基

作者：杨旭昺

2016年2月，印城的华人自发在市中心纪念碑中心（Monument Circle）组织了声援纽约梁警官案件的游行示威活动，揭开了本地华人集体维权历史新的一页。这使人联想起百年前本地一位著名华人维权先驱梅振基先生（Moy Kee）。

接待贝子溥伦，一举成名

梅先生的辉煌始于1904年在美国路易斯承办的世界博览会。西太后出资六万两银子（约当时的40万美元）派员组团参展，被西方社会普遍认为有可能继承皇位的贝子溥伦率清帝国代表团出席了世界博览会，之后又率员驾临印第安纳波利斯。为了迎接溥伦亲王的访问，印第安纳波利斯市政府和企业家做了充分的接待准备，并专门为此组织了准备委员会，由企业家威廉姆斯（William Fortun）牵头负责。印第安纳州议会组织欢迎仪式，并燃放烟花；当地女子学校的创办者Sewall女士邀请溥伦在学校的毕业典礼上发言，并给学生们颁发毕业证书；还有乘车环游市区、观看骏马高台跳水等活动。参予组织接待的人士当中，有一位被当地人称为"唐人街华人市长"的梅振基先生，他承担了翻译和接待工作，并在自己位于东华盛顿街506号的饭店里设宴款待溥伦和他的随从人员。溥伦应邀参加了由市长和其他社会各界名流参加的欢迎宴会，在红灯笼高悬和用彩带装饰一新的梅氏饭店（Moy Kee），亲王兴致之下，赠礼品于与会嘉宾并宣布：授梅振基五品顶戴花翎。一时间梅先生可谓名声显赫，成为本城家喻户晓的著名人物。其夫人也一度成为社会关注的名人，他们经营的饭店更是因此从当时城中仅有的五家中餐馆中脱颖而出。

然而在这辉煌光环之后，这位梅先生却有着不同寻常的身世和经历，以及后来坎坷的命运。

梅振基在自己中餐馆中接待贝子溥伦
Prince Pu Lun holds flowers at the entrance of Moy Kee's Chinese Restaurant. Stereograph by Monroe George courtesy of the Library of Congress, Stereograph Collection

维权先驱，与黑暗势力不断抗争

本城一位积极参与华人社区活动的雅各布斯（M.Jacobs）女士曾以当年溥伦亲王访问时赠送的红丝绸礼品为线索，开展了对梅振基先生身世的查询和调研。

梅振基（右图），出生于1847年，祖籍广东；1861年随叔父来美，曾居加州三藩市和圣克拉门托，并在当时的州长斯坦福家做过工；后经纽约、华盛顿、芝加哥等地，于1897年定居印第安纳波利斯，以经营中餐馆为生；瘁于1914年。

Moy Kee, "the Hoosier Mandarin" in Traces, Fall 2013, page 48

据雅各布斯女士研究的信息，由美国著名华裔移民史研究专家苏思纲所著的《梅氏三雄》（D. Seligman's article "Three Tough Chinamen" Earnshaw Books Ltd., 2012）一书，详细地讲述了来自广东台山的三兄弟在20世纪初期与当时美国对华人的歧视作斗争的真实故事，揭示了早期华人移民的艰辛奋斗和维权经历。

《梅氏三雄》一书中，讲述了从台山来美作苦役的梅振基的远房堂兄梅甲长经过重重努力成为联邦政府移民翻译，在1900年代初期欲娶白人女子为妻，却被华盛顿市政当局拒绝；

他的远房堂兄梅振魁力争读完宾州医学院,却因排华法案不能被授予纽约行医执照,只能为华人看病的种种坎坷和不公正待遇。梅振基在定居印第安纳波利斯之前,也曾在纽约开华人教堂,经历了禁止向华人传教和教授英文,以及被控偷盗入狱的遭遇。在纽约期间,梅振基曾直言不讳地在报刊上发表对美国歧视华裔移民政策和社会不公正现象的愤慨。在《纽约论坛报》(New York Tribune)的一篇文章中,他愤怒地写道:

"我们对美国这个'自由人的国家'抱有高于任何其他国家的期待,但我们在这里遭受到的却是可耻的待遇。美国的公正人士们是否至少应该意识到,我们一直不停地在被追杀和迫害,财产被用武力掠夺,贫寒的家被人当面焚毁,我们被羞辱和驱赶……难道这都是我们应该得到的待遇吗?中国佬很有忍耐性,虽然我们可以忍耐一时,但不会忍耐一世……"

尽管面对厄境,梅振基依然为维护自己的正当权益而不懈地抗争。他于1880年递交美国公民申请,1886年被库克郡(Cook County)地方法院以1882年通过的排华法案为由驳回申请。但Moy不懈地坚持上诉,于1894年发起并成立了"华人协会"。他利用自己的影响力带动上百名华人同胞发起了"Bring pressure to bear on Congress to the end that the rights and privileges of citizenship may be granted to the Chinese."运动,向臭名昭著的排华法案发起挑战。终于在17年后的1897年,经马里昂郡(Marion county)巡回法院裁决,梅振基成为美国公民。

然而,黑暗的势力是强大的。美国联邦政府于1909年强行拘禁了梅氏夫妇,并对他们展开调查。尽管他们得到印城各界人士的声援,甚至当时的市长塞缪尔·柄还写了一封信给塔夫脱总统请求赦免,但仍然无济于事,最终在1911年,梅振基被正式取消公民身份。由于不明确的某种原因，清廷政府也于同年取消了他的五品官位。1914年，因心脏病，梅振基在他苦心经营了27年的梅氏饭店中去世。当时的印城各报对整个事件进行了报道。梅夫人随后携其尸骸返回中国，这位在美国拼搏了53载、当时被誉为"印第安纳波利斯的唐人街市长"、本地最富有居民之一的梅振基先生最终长眠于故乡台山。

谨借五月的亚太裔传统月，缅怀这位为美国华裔移民维权奋斗的先驱——梅振基。

（本文的主要内容和图片出自苏思纲《印第安纳波利斯的唐人街市长》一文，部分图片来自美国国会图书馆档案资料和互联网。）

印第安纳秋天的田野（摄影：张彦涛）
Corn field in the Fall, Indiana, by Tony Zhang

2.3 华人精英

普渡大学的杰出中国校友

作者：王辉云

印第安纳不但出了个丁韪良，也为中国培养了一大批精英，他们在诸多领域为中国的现代化做出了突出的贡献。中国铁路建设的一代宗师萨福均、抗日名将孙立人、"两弹元勋"邓稼先、数学奇才张益唐等人均是普渡大学的校友。

萨福均

萨福均：中国铁路建设的一代宗师

在中国铁路建设史上，萨福均（左图，网络图）与詹天佑等人一起，被誉为全国四大"技监"（总工程师），他在中国早期铁路建设中的突出成就，长期为圈内人称道。

萨福均出身名门，其父萨镇冰是中国近代海军第一批赴英国格林威治皇家海军学院留洋的学生，在甲午战争中指挥过日岛保卫战，战后曾任北洋海军提督。武昌起义时，拒绝镇压起义军；民国时期入阁任海军总长，是近代风云人物之一。萨镇冰思想开明，重视子女教育。在他任海军最高领导人时，将自己的女儿嫁给了普通士兵，只因为他看上未来的姑爷勤奋好学、人品好。对于自己的独子萨福均，更是精心培养，鼓励他留洋学技术，成为对国家和社会有用的人。

1886年出生的萨福均，早年随父亲到上海学习英文，考入圣约翰书院。1903年赴美国读中学，1905年又去日本学日文，第二年，便被美国普渡大学录取，学习铁路工程。四年寒窗，获土木工程学士学位。他是普渡大学首位中国毕业生。据当年的普渡年鉴所记，萨福均在普渡学习期间，是个品学兼优、非常活跃的人物。他还是普渡大学的国际俱乐部和网球俱乐部的积极分子，深受教授和同学们的喜爱。

1910年，萨福均毕业回国后不久，便应总工程师詹天佑之邀，赴任粤汉铁路实习工程师。詹天佑对这个年轻人格外器重。为让他尽快挑起重担，几乎每半年就给他调换一次工作，以便熟悉修建铁路的全部技术流程。在詹天佑的调教下，萨福均也非常争气，迅速成长为一名出色的工程师。

萨福均真正在铁路界崭露头角，是因为他对云南铁路的贡献。话说1910年滇越铁路修成后，法国人就打起了云南个旧锡矿的算盘，提出修建支线，改善个旧大锡出口的运输状况。为了国家资源不再被外国人染指，1912年3月，个旧地区工商业主李光翰、朱朝瑾等人三度联名上书云南都督蔡锷，要求民间集资，修建个旧至蒙自、建水、石屏的铁路。这一倡议得到蔡锷的大力支持。于是，成立官商合办的个碧石铁路公司，并先后聘请美籍工程师多莱和法籍工程师尼复礼士负责勘测路线。尼复礼士提出，该路属县与县之间的交通，运输量不大，用1000毫米轨距的米轨不合算，故改用600毫米窄轨，可节省工料40%

左右。这一方案被公司采纳。

1918年，萨福均应个碧石铁路公司邀请至云南，担任鸡街至临安段总工程师。萨福均通过了解当地的实际情况，认为个碧段的窄轨通车后运输能力低下，满足不了当地经济可持续发展的需要，也不利于将来与滇越铁路联轨。因此他大胆建议，鸡街至临安乃至以后延伸至石屏，其线路路基、桥梁、涵渠、隧道均按1000毫米轨距标准设计，轨道仍按600毫米轨距铺设，便于以后扩改米轨。铁路公司的股东们一听，这也有道理啊！于是，便举手通过了萨福均的建议。事实证明，萨福均很有远见，他的这一建议在50多年后为云南铁路省了一大笔钱。1970年，蒙自至石屏段的铁路扩为米轨仅用了10个月时间，迅速实现了滇南地区客货运输的直通。

萨福均不仅在云南造福一方，他对胶济铁路的贡献更为令人称道。1922年，华盛顿会议通过决议，要求日本将青岛和胶济铁路交还给中国；2月4日，中日两国签订《解决山东悬案条约》及《附约》。此时，萨福均作为鲁案善后督办公署第二部（胶济铁路部分）评价委员，参与了接收胶济铁路的工作。接收过程中，萨福均利用自己的专业知识在铁路资产评估中维护了民族和国家的利益，受到北京政府嘉奖。

胶济铁路收回后，萨福均出任铁路局工务处长。这条铁路年久失修，破损严重。到任后，萨福均立即组织人员对胶济铁路所辖线路、桥梁和建筑等彻底调查，并亲自带领工程技术人员按标准规范该修的修，该换的换，使这段铁路保持完好状态。当时正是军阀混战时期，山东政局动荡，人事变动频繁，但萨福均不问政事，坚持吃技术饭，走"白专"道路，经过4年的全线更新和维护，使胶济铁路成为贯穿山东腹地的交通大动脉,为持续推动青岛经济繁荣做出重大贡献。

抗战爆发以后,为了铺设一条从西南向外与国际联系的通道,民国政府决定修建滇缅铁路,当时中国几位著名的铁路和桥梁专家都参与了滇缅铁路的建设。1937年,交通部公务司司长萨福均调任滇缅铁路局局长,主持了滇缅铁路工程,任副局长的张海平也是他的普渡大学校友。只是由于战局的变化,滇缅铁路建设半途而废,让位于后来修建的滇缅公路(即"史迪威公路")。

经过在铁路战线三十多年的摸爬滚打,萨福均成为詹天佑之后中国铁路界屈指可数的技术权威。1943年8月,中国政府同法国绝交,并从法国人手中接管滇越铁路,萨福均主持了这项工作。抗战胜利后,萨福均赴南京任国民政府交通部技监兼路政司司长职务。1945年4月,他发表了长文《三十年来中国之铁路工程》,以自己从事铁路工作30余年的经验,回顾了中国铁路的发展历程,并对中国铁路建筑标准及各种规范的制定等专业问题进行了总结。

虽然萨福均在事业上如鱼得水,但国家却不太平。抗战胜利后爆发了国共内战。短短几年功夫,国民党军队兵败如山倒,国民政府最后迁至广州。1949年,国民政府败退广州前,任命萨福均为交通部常务次长。但萨福均未接受任命,选择留在了中国大陆。

中华人民共和国成立后,萨福均任西南军政委员会交通部副部长兼西南铁路工程局副局长。主持修建成渝铁路,负责技术问题。这条铁路于1952年7月1日建成通车。此后,他便离开了技术岗位,调到中央人民政府铁道部参事室当主任。1955年2月7日,萨福均在北京病逝,躲过了后来的政治运动,得以善终。

抗日名将孙立人

孙立人 General Sun, Li-jen（网络图）

另一位普渡大学校友孙立人，也是土木工程系的，应该说是萨福均的学弟。只是这位学弟后来的发展与一门心思搞技术工作的萨福均截然不同，他从普渡大学毕业后，立志从军报国，便又考入维吉尼亚军校。抗战中，他曾率中国远征军入缅甸，以能征善战闻名，有"丛林之狐"的美誉。虽然他的名声比萨福均大多了，但后来却成为政治斗争的牺牲品，令人不胜唏嘘。

1900年，孙立人出生在于一个书香世家。父亲孙熙泽考取过举人，出任过山东登州知府、山东全省高等审判厅厅长、国会议员、北京中华大学校长。

高干家庭出身的孙立人少年聪慧，年仅十四岁便以安徽省第一名的成绩考取清华庚子赔款留美预科，和闻一多、梁实秋、吴文藻、梁思成等人为同学。

1924年，孙立人从清华大学土木工程系毕业，紧接着就考取公费留学。直入普渡大学三年级，仍修土木工程专业，因此，第二年便拿到了学士学位。在普渡毕业后，他在一家美国桥梁公司只工作了短暂一段时间后，考入有"南方西点"之称的美国维吉尼亚军校，从此成为职业军人。

学成归国后，孙立人的父亲本想把他引荐给自己的朋友冯玉祥，却被他拒绝了。他不愿走后门，坚持凭自己的能力，干出名堂来。然而，当时的军队里，黄埔系如日中天，保定军校派等其他各军阀也都自成一派。你一个外来的海归，高不成低不就，要想找到合适的位置，难！折腾了很长时间，孙立人才在财政部税警总团找到一席之地。

抗战时期，孙立人参加了"八一三"淞沪会战；而真正让他名声大振的则是中国远征军在缅甸战场的表现。1942年1月，席卷中南半岛的日军将矛头指向缅甸，打算彻底掐断外界援助中国的运输通道，同时以缅甸为跳板进军印度，实现和纳粹德国会师中东的计划。在美国总统罗斯福的斡旋下，中英两国达成共识，中方出3个军到缅甸，与英军一起抵抗日寇，保卫滇缅公路这条生命线。

中国远征军进入缅甸不久，孙立人便打了一个漂亮仗。4

月19日，新38师师长孙立人仅率一团人马，在仁安羌与7倍于己方的日军作战，救出英军七千余人和被日本人俘虏的传教士、记者约五百人。这一仗让中国远征军打出了威名，也打破了"日本皇军不可战胜"的神话，更使孙立人获得"东方隆美尔"的美誉。根据英缅军总司令亚历山大建议，孙立人获颁"大不列颠帝国司令"勋章。

随后，孙立人率军抵达印度兰姆伽集训。他被授予了更重要的职务，先后担任新一军副军长、军长。在印度东北部比哈尔邦的兰姆伽小镇上开始练兵。

在第二次缅甸战役中，孙立人率领新38师和新1军，在自然条件极为恶劣的缅甸北部，与日军5个精锐师团连续作战17个月，所向披靡，最终打通云南境内的滇缅公路。日军王牌山地师团18师团几乎被全歼，撤退时慌不择路，竟把师团司令部关防大印都丢给了中国军队。这是整个抗战期间日军最狼狈的一次失败。

几经鏖战，1945年初，孙立人和卫立煌率领的两支远征军在云南芒市胜利会师，并举行了史迪威公路的通车仪式。至此，中印公路、中印油管开通，为中国抗战奠定了坚实的物质基础。

抗战中，孙立人战功赫赫，名声远播。在盟军取得决定性胜利之际，艾森豪威尔将军邀其赴欧洲战场考察。在德国时，他曾与二战名将巴顿将军会晤。在英国期间，英国女王授予他第二枚"大不列颠帝国司令"勋章，以表彰他在北缅甸横扫日军5个师团的卓越功勋。考察欧洲战场后，孙立人又应美军总参谋长马歇尔将军邀请赴美访问。

这一时期的孙立人处在人生巅峰。然而，随着美国调停国共两党建立联合政府的努力失败后,国共内战随之爆发。孙立人奉命奔赴东北战场,曾率新一军打得林彪的东北野战军节节败退。尽管打仗是一把好手,但由于和顶头上司杜聿明将军闹矛盾,孙立人很快被蒋介石免去一线作战的职务,任命其为陆军副总司令兼训练司令,派往台湾凤山训练新兵。

美国对华政策随着国共内战形势的演变发生了极大变化。在蒋介石兵败大陆之际,美国政府曾打算"弃蒋保台"。1949年前后,美国政坛弥漫着"台湾地位未定论",国会与政府关于美军执行托管台湾的争论不绝于耳。1949年后,随着国民党政权败退台湾,美国加紧了这一步骤。与此同时,美国军政人员频繁与孙立人接触,引起蒋介石的怀疑。但迁台初期,为笼络美国,争取美援,尚需得到孙立人及留美派的支持,所以在1950年3月1日,蒋介石任命孙立人为陆军总司令和总统府参军长。

现已解密的若干美国文电显示,1950年初,美国驻台北武官确曾建议美方要求蒋介石离开台湾,另由亲美人士接管台湾的领导权。由于孙立人是少数接受美国军事教育,也未加入国民党,又是一贯坚持军队国家化,反对任何党派插足军队的将领,孙被美国"弃蒋保台"派视为接替蒋介石的最佳人选。

冷战初期,东亚局势瞬息万变,韩战爆发后,台湾重新被划入美国在远东的战略防卫圈之内,其战略地位得到提升,蒋介石也因此受益,巩固了自己的地位。在这种形势下,孙立人的地位便岌岌可危了。

1955年,台湾岛内爆出"孙立人兵变案",8月20日,蒋介石以"纵容"部属武装叛乱、"窝藏共匪"、"密谋犯上"等罪名,革除孙立人总统府参军长职务。事后,总统府组成了以陈诚为主任的9人调查委员会,查处此事。孙被判处"长期拘禁",直到1988

年5月才解除长达33年的"监护"。对于少年得志文武双全的孙立人来说，这个结局是很难想象的。其实，他的命运正是那个时代中国政治的写照。在没有实现军队国家化的政治环境中，即便像孙立人这样的职业军官，也无法在变化莫测的政治泥潭中全身而退。

幸亏孙立人长寿，在蒋经国去世后的1988年，被软禁33年后，恢复自由。1991年11月19日，孙立人将军在台中市逝世，台湾百姓争相涌向街头，送葬队伍长达一公里，与蒋氏父子去世时的送葬队伍不相上下。

"两弹元勋"邓稼先

邓稼先，1950年8月20日 摄于美国·普渡大学
获博士学位   Purdue University

Dr. Deng, Jiaxian at his graduation from Pudure University　　（网络图）

核物理学家邓稼先是中国核武器研制的奠基者，为中国在上世纪六十年代加入国际核俱乐部做出了重要贡献，被称为"两

弹元勋"。他也是普渡大学的著名校友。

1924年，邓稼先出生于安徽怀宁县的书香之家。父亲邓以蛰是早期留学生，获早稻田大学文学博士，后又入哥伦比亚大学学习哲学，曾在多所大学任教，与朱光潜、宗白华并称北京大学三大美学教授。邓稼先出生8个月以后，随母亲来到北平（即北京）后考入北平崇德中学，与高他两班的杨振宁成为校友。

邓稼先少年时正赶上日本人占领北平。1940年5月，邓稼先辗转抵达昆明。1941年邓稼先考入了国立西南联合大学，又和杨振宁成了同学。抗战时的西南联大名师云集，赵忠尧、王竹溪、郑华炽、张文裕等著名教授都在那里任教，使好学上进的邓稼先受益良多。

抗战胜利的1946年，邓稼先以优良成绩拿到了毕业证书，并在昆明参加了中国共产党的外围组织"民主青年同盟"。由于积极参加中共领导的反蒋民主运动，邓曾经上了国民党特务的黑名单。他大姐夫郑华炽当时是联大教务长，和校长梅贻琦关系较好，悄悄地把他的名字从黑名单里划掉了，使他得以随着南渡北归的大潮，返回北平，受聘担任了北京大学物理系助教。在北大学潮期间，他曾担任过北京大学教职工联合会主席。

邓稼先在北京大学教学期间，结识了他班上的女学生许鹿希，后来成为他的夫人。此时的邓稼先是个怀有救国救民崇高理想的有志青年，为了多学知识，他于1947年通过了赴美研究生考试，并于翌年秋天进入普渡大学研究生院攻读理论物理。他学习成绩突出，不足两年便读满学分，并通过论文答辩，获得博士学位。只有26岁的邓稼先，意气风发，前途一片光明。

1950年10月，他放弃了去英国剑桥大学继续深造的机会，毅然海归，一心想着报效祖国。回到北京后，同王淦昌教授和彭桓武教授一起投入中国近代物理研究所的建设。

1958年8月邓稼先调到新筹建的核武器研究所任理论部主任，负责领导核武器的理论设计。由于工作的保密性质，作为物理学家，他的名字在同行中销声匿迹，就连他的发小杨振宁都不知道他哪儿去了；作为丈夫和父亲，他选择了牺牲家庭，服从大局，没想到一干就是二十八年。他的夫人许鹿希后来在接受采访时提及当年他们面对这一两难选择时的无奈。邓稼先接到调动工作的命令后跟她说："做好这件事，我这一生就活的很有价值。他这么说以后，我当时就感觉到他已经下决心了，后来他突然说一句，就是为它死了也值得，他说这话以后，后来我就哭了，我说你干吗去，做什么事情要这么样子，下这个决心，当然那个时候我不知道"（见《邓稼先传》）。邓稼先的报国之心，令人动容。

20世纪50年代末60年代初，中苏关系紧张，苏联单方面终止两国签订的国防新技术协定，撤走全部专家，拒绝向中国提供原子弹数学模型和有关技术资料。在没有资料，缺乏试验条件的情况下，邓稼先挑起了探索原子弹理论的重任。邓稼先选定中子物理、流体力学和高温高压下的物理性质这三个方面作为研制中国第一颗原子弹的主攻方向。选对主攻方向，是邓稼先为中国原子弹理论设计工作做出的最重要贡献。

1962年，邓稼先和其同事拿出了原子弹理论设计方案，为中国核武器研究奠定了基础。

1964年10月，中国成功爆炸的第一颗原子弹，就是由邓稼先最后签字确定的设计方案。他还率领研究人员在试验后迅速进入爆炸现场采样,以证实效果。原子弹试验成功后,邓稼先立即组织力量探索氢弹设计原理、选定技术途径,组织领导并亲自参与1967年中国第一颗氢弹的研制和试验工作。

中国能在那样短的时间和那样差的基础上研制成"两弹一星",与邓稼先等一大批海归科技工作者无私忘我的努力工作是分不开的。1966年,中国爆发"文化大革命"。按说,像邓稼先这样的人物应该受到国家的保护。然而,现实很遗憾。文革刚开始,邓稼先并没受到冲击,他还能和其他科学家继续搞业务工作;但是,随着运动的深入,形势就变得匪夷所思了。邓稼先的夫人许鹿希当时在北京医学院教书,被打成"黑帮分子",批斗侮辱将她弄得精神几近崩溃。邓稼先的二姐忍受不了造反派无休止的批斗而自杀。回到家中的邓稼先看到的是家里四壁贴满的大字报以及伤心的妻子,孩子也为了避免被伤害送往祖父家;与邓稼先同为原子弹研制负责人的研究院副院长彭桓武被造反派揪斗;爆炸专家钱晋因为一次试验失败被造反派当作特务暴打致死。

1971年, 造反派横行于邓稼先所在的核工业部第九研究院,许多建立过大功的科学家蒙冤被整,邓稼先和于敏等人也被集中到青海基地遭受批斗。

许鹿希在一次接受采访时曾说,文革时很多人遭了殃。当时有两个口号:"会英文的就是美国特务,会俄文的就是苏联特务",可见迫害之烈。年轻的一批搞光后就轮到高层的了。因为不能在北京搞,他们就把邓稼先调到青海的"221基地"去,组织了一批士兵和工人去斗他,理由是有两次核试验没有达到预期效果,抓住科学测试的失误上纲上线,目的就是要把负责人邓稼先搞掉。就在这危急的时刻,杨振宁要见他。周恩来命令把邓稼先召回了北京，使其侥幸得救（见《邓稼先传》）。

　　杨振宁和邓稼先不但是发小，杨邓两家也是世交。杨振宁比邓稼先大两岁，所以在中学、大学及国外留学期间，都曾给邓以指导和帮助。尽管杨振宁当时没有和邓一起回国为新中国贡献力量，而且他的选择至今还遭到一些"爱国者"们的责难，但他的美国籍和诺贝尔奖获得者的身份，在那个危难时刻，却救了自己的铁哥们。因此，许鹿希感叹道："我尽管不信佛，但是对这件事情总觉得冥冥之中上天有个安排，让杨振宁来救邓稼先一命！"（见《邓稼先传》）。

　　杨振宁的出现，周恩来的表态，使邓稼先的境况有所好转。1972年，他被任命为核工业部第九研究院副院长。1979年，中国大陆迎来科学的春天，邓稼先升任核工业部第九研究院院长。这一年，在一次航投试验时出现降落伞事故，原子弹坠地被摔裂。邓稼先深知危险，却一个人抢上前去把摔破的原子弹碎片拿到手里仔细检验。身为医学教授的妻子知道他接触了摔裂的原子弹碎片，在邓回北京时强拉他去检查。结果发现在他的小便中带有放射性物质，肝脏破损，骨髓里也侵入了放射物。为了事业，他已把自己的生命置之度外。

　　邓稼先不仅注重科技实验，也同样重视理论研究。他和周光召合写的《我国第一颗原子弹理论研究总结》，是一部核武器理论设计开创性的基础著作，成为培养核武器科研人员入门的教科书。

　　尽管文革中遭受过磨难，晚年的邓稼先时来运转。1980年，邓当选为中国科学院院士；1982年，获全国自然科学一等奖，并当选为中共第十二届中央委员会委员；1986年6月，被任命为国防科工委科技委副主任。

1986年7月29日,邓稼先因癌症晚期大出血去世,时任国务院总理赵紫阳参加了邓的追悼会。1999年,在中华人民共和国成立50周年之际,邓稼先被追授"两弹一星"功勋奖章。

一鸣惊人的数学奇才张益唐

Dr. Yitang Tom Zhang

张益唐(左图,网络图)是大器晚成的数学奇才。他一夜成名,引人围观。看了有关他的报道之后,才知道他和我还是校友,都是85年从北大到普渡大学留学的,同时期在两个学校上学,按说应该有缘相识,但由于两个学校都太大,所学专业又不沾边儿,我们至今都没见过面,但他在我心目中比陈景润还陈景润。

张益唐1955年出生于上海,幼年在上海外婆家长大,是个既聪明又好学的孩子。四岁时便开始阅读长篇小说《林海雪原》,而且能够说出大多数国家的首都在哪儿。在清华大学任教的父亲回上海探亲时发现自己的孩子有这么好的记性,怕耽误了可惜,在他13岁时,父母把他接到北京,进入清华附中读中学。当时中国正在轰轰烈烈地搞文化大革命,其父想培养他的愿望显得非常不合时宜。没多久,他便随母亲去了江西的"五七干校"。从干校回到北京后，由于受父亲"历史问题"的影响，他没能就读高中。虽然不能读高中，但他对知识的渴求几近疯狂，买不起书就经常到书店去看书，华罗庚的《数论导引》就是他在西单新华书店里读完的，因为那时候他买不起这本书。上大学之前，他的兴趣广泛，并非对数学情有独钟。

1978年第1期《人民文学》发表了作家徐迟的报告文学《哥德巴赫猜想》，一时间洛阳纸贵。数学家陈景润成了当时耀眼的明星。追星不是当代年轻人的专利，青年张益唐也属于那个时代的追星族。这一追，他在当年就追进了北京大学数学系。北大数学系1977年没招生，所以，他应该算作北大数学系恢复高考后的第一批学生。

4年的北大学习让张益唐打下了坚实的数学基础，毕业后，又师从数论专家潘承彪教授读了3年硕士。在这期间，丁石孙曾建议他今后选择代数几何作为研究方向，他没多想便答应了。后来，代数几何学家莫宗坚访问北大，便招了张益唐为自己的博士研究生。

1985年，作为莫宗坚的研究生，张益唐入读普渡大学数学系。张益唐在普渡的研究课题是雅可比猜想，91年以《雅可比猜想与域扩张的阶》（"The Jacobian Conjecture And The Degree Of Field Extension"）的论文获得博士学位。雅可比猜想是数学界的重要难题之一，张益唐对这个难题发动攻击，无疑引来很多数学家的关注。如果顺利攻下这个难题，张益唐可能当年就成为令人瞩目的数学家了。然而，命运同他开了一个不大不小的玩笑。据坊间传说有几个专家在反复排查他的证明时，发现他的证明里的一个引理是其导师莫宗坚的一篇已发表的成果，而莫教授的这个成果却是错的。后来，张益唐和他的导师莫宗坚都公开否认了此种说法。虽然没能全部解决雅可比猜想，但他对部分解决这一数学难题仍然做出了贡献，因而，普渡大学授予其博士学位。

有关张益唐毕业后未能找到专业性工作似乎成了一段公案。张益唐未能正式发表自己的博士论文，而且由于性格的原因，和导师的关系闹得很僵，在他找工作时，莫宗坚没给他写推荐信。莫多年后发文说，没写推荐信是因为自己不知道给张益唐推荐现成的工作是不是合适的选择，他指望张益唐能靠自己的本事去找工作，而不是依靠导师的推荐。由于张益唐走后就再也没去找过他要推荐信，他只是将其理解为张益唐不想马上找工作。莫宗坚回忆他从张益唐临走前的眼神里看到了一个躁动不安的灵魂，一个下定决心要顶着雷电冲击高峰的探索者。而张益唐对此却不愿多谈，那段时光对他来说不堪回首。

从普渡大学毕业后的张益唐很长一段时间没能如愿找到与数学有关的专业性工作。与陈景润不同的是，张益唐兴趣广泛，生活能力强，而且非常超脱。虽然他从来也没抛弃过自己的数学梦，但人毕竟不能活在梦中。为了维持生活，他不得不干一些杂活儿，到餐馆打工，送外卖，浪迹江湖。"六四"学运后，张益唐加入了海外民运组织中国民主联盟，朋友遍美国。他的民运朋友胡平、冯胜平、齐光等人都在他不如意时给了他很多帮助。后来北大校友，曾任中国民联主席的吴方城邀请他到自己开的赛百味（Subway）当会计。曾经的北大数学才子落到这种田地，使他很长时间不愿回国，也不愿与老同学交往。还是他的北大同学得知他的境况后，帮他在新罕布什尔大学谋得一份教职，才又重新回到学校。

1999年，张益唐在新罕布什尔大学先做助教，后做讲师，一年只上四门课，既无行政工作的负担，也没申请研究经费的压力。教几门数学课，对于张益唐来说是小菜一碟，学校的环境对一个一门心思要在数学上有所建树的人来说，已经足够了。

在新罕布什尔大学期间，张益唐又回到了他感兴趣的数论研究。然而，攀登科学高峰，光凭兴趣而无毅力是决然不行的。张益唐曾经在素数的有界距离问题上埋头苦干了两三年而一无所获，在他感到非常疲倦的时候，甚至有点儿"担心这个问题没有解决办法。"

2012年7月3日，幸运之神终于光顾了张益唐。一筹莫展的张益唐到科罗拉多州的好友齐光家做客，本来打算休息一阵，散散心。这天在齐光家后院抽烟，漫无目的地转悠，像往常一样边走边想事，突然间，他想到了能够撬动孪生素数猜想的灵感，找到了别人没有想到的特别突破口。回去之后的几个月，他一直在反复检查和验算，终于完成了论文《素数间的有界距离》("Bounded Gaps Between Primes")。

2013年4月17日，张益唐把论文投给世界数学界最负声誉的《数学年刊》（Annals of Mathematics）。5月21日，张益唐的文章便被接受。《数学年刊》审期一般为2年，但审稿专家们确定张益唐取得了一个意义重大的成果（证明了孪生素数猜想的条件弱化版），只用3个星期便决定采纳他的论文，似乎创造了一个记录。这是因为张益唐采取了最复杂的一种思路，但表现出清晰的思路和娴熟的技巧，不但取得了在当时几乎不可能完成的突破，其在学术圈中默默无闻的身份也令审稿专家们感到诧异。

张益唐在孪生素数研究方面所取得的突破性进展，是证明了孪生素数猜想的一个弱化形式。在最新研究中，张益唐在不依赖未经证明推论的前提下，发现存在无穷多差小于7000万的素数对，从而在孪生素数猜想这个此前没有数学家能实质推动的著名问题的道路上迈出了革命性的一大步。

这个革命性的步伐到底有多大呢？外行人可能不太清楚。那就让我们看看内行人是怎么评价他的。普林斯顿高等研究院教授、2014年沃尔夫奖得主彼得萨那克（Peter Sarnak）在谈到张益唐的成果时说："他所做的事看起来都遥不可及……张益唐对技巧理解得足够深刻，所以他才能够修正Bombieri-Friedlander-Iwaniec的工作，跨越这个门槛。这是他对数学最重要的贡献。他将Bombieri-Friedlander-Iwaniec对素数分布的分析技巧演进成研究任何种类的素数的工具。始于十八世纪的理论因他而得到了进一步发展。"

主流媒体很快报道了张益唐的事迹。成名后，他被破格晋升为新罕布什尔大学数学系正教授，获得终身教职。

2013年12月2日，美国数学学会宣布将2014年著名的科尔数论奖颁给张益唐；

2014年2月13日，张益唐获得瑞典皇家科学院、瑞典皇家音乐学院、瑞典皇家艺术学院联合设立的Rolf Schock奖中的数学奖。

2014年7月4日，张益唐当选为中央研究院第30届数理科学组院士。

同年9月，张益唐获得该年度的麦克阿瑟奖（俗称"天才"奖）。

英国著名数学家哈代说，数学比起其他技艺和科学来，更像是"年轻人的游戏"，没有哪一个重大成就是50岁之后提出来的。然而，张益唐以永不放弃的精神改变了这一说法。他曾引用杜甫的诗句形容自己的学术生涯，"庾信平生最萧瑟，暮年诗赋动江关。"

印第安纳的华人，如灿烂的群星，流光溢彩，绚丽夺目。

参考书目：

1. 尚儒： 《萨福均：新中国西部铁路拓荒者》
http://www.xzbu.com/2/view-3476824.htm

2. 默少克： 《孙立人 悲情将军的史诗》
http://www.nfpeople.com/story_view.php?id=664

3. 陈怀临： 《邓稼先传》
http://www.valleytalk.org/wp-content/uploads/2008/07/djx.pdf)

4. 罗昕 邢春燕 王心怡编译： 《纽约客》专访华人数学家张益唐，这个牛人取得了什么成就？

用科学方法研究中药第一人：
陈克恢

作者：李维华

因对中药青蒿素抗疟作用的研究，屠呦呦荣获2015年医学诺贝尔奖。消息一出，中药的研究再度成为海内外人士热点议题。然而，鲜为人知的是，应用科学的方法研究中药的第一人并不是屠呦呦，而是位于印第安纳州首府的礼来药厂的第一任研发部主任，曾经在印城生活了40多年的陈克恢博士。

与中药结缘

陈克恢（右图），1898年2月26日出生于浙江农村。5岁时，父母请人教他识字，读四书五经，写八股文，以备科举考试。父亲不久去世，舅父周寿南将陈克恢视同己出。周寿南是一位中医，幼年的陈克恢经常在他的中药房里读书玩耍，目睹舅父看病开方，再到那个有无数小抽屉的柜子里，照着药方称出一些草药，放

Dr. K. K. (Ko Kuei) Chen

在一起，或用纸包好，或用水煎好，很多病人，药到病除。耳濡目染，陈克恢对中药的兴趣慢慢滋长。

1905年科考废除，陈克恢开始上公立小学，学习历史、地

理和算数。父亲去世后，家道中落，他放学后不得不去擦洗村里被煤油熏黑的街灯，用赚来的钱交付学费。由于学业出众，他离开了家乡，到上海教会办的圣约翰高中上学。1916年中学毕业后，陈克恢考取了当时美国用庚子赔款成立的留美预备学校清华学堂奖学金，成为三年级的插班生。两年后，陈克恢赴美国威斯康星大学，又从三年级上起。对中药由来以久的兴趣，促使他选择了药学专业，他的导师Edward Kremers为了满足他研究中药的愿望，从中国进口了300磅肉桂叶和200磅肉桂枝，教给他用蒸馏的办法提取肉桂油。这就是他发表的第一篇学术论文，署名K. K. Chen。1920年，陈克恢从威斯康星大学药学院毕业；之后，他又继续研习，获得生理学博士学位。

从麻黄到麻黄素

虽然陈克恢对中药最早的研究始于美国医学院的实验室，但他一生中最著名的麻黄素研究，是1923至1925年间在中国的协和医学院完成的。在积贫积弱、军阀混战、民不聊生的中国，用科学的方法，提取中药的有效药理成份，可以说是一个奇迹。

在威斯康星大学求学那几年，他一直把在中餐馆打工挣的钱寄回家，让在上海的弟弟买人参，给母亲治病，虽然他心里并不相信昂贵的人参对患病的母亲会有任何帮助。1923年，陈克恢刚刚开始上威斯康星大学医学院，就得到母亲病重的消息。他赶回家乡，坐火车送母亲去北京协和医院治病。经妇产科主任诊断，母亲患的是宫颈癌，经过镭针的放射治疗，母亲的病得以缓解。

这件事，不仅使母亲延长了10年的寿命，也成为陈克恢事业的转机，及中国用科学的方法研究中药的起点。母亲回乡后，陈克恢高兴地接受了协和医学院的聘书，任药理系助教，开始了他一生中最著名的麻黄素的研究。一次饭间，舅父又和他谈起了中药的效用。陈克恢请舅父列出十味毒性最大的中药，结果麻黄位于榜首。舅父说，麻黄是多年生的植物，古长城边就有，在中国已有五千年的历史。陈克恢随即到协和医学院附近的中药铺买了些麻黄，在系主任Carl F. Schmidt的支持下，用在Kremers实验室学到的植物化学研究方法，用几种不溶性溶剂，在短时间内从麻黄中分离出左旋麻黄碱。之后，他在一篇老文献中，得知日本学者长井长义（Nagayoshi Nagai）已于1887年从麻黄中分离此碱，命名为ephedrine（麻黄素），但文中只提道麻黄素可以扩大瞳孔。陈克恢和Schmidt医生一起，用动物实验研究麻黄素的药理作用。他们发现，将麻黄素（1-5mg）静脉注射给麻醉了的狗或毁脑脊髓猫，可使其颈动脉压长时间升高，心肌收缩力增强，血管收缩，支气管舒张，也可使离体子宫加速收缩，对中枢神经有兴奋作用，滴入眼内引起瞳孔散大。这些作用都和肾上腺素相同，所不同的是口服有效，作用时间长，而且毒性较低。1924年，他在最有权威的药理杂志上报告了这一发现。

礼来公司第一任研发部主任

陈克恢在协和的另一个收获，是遇到了他的终身伴侣和事业上的助手，当时的医预学生凌淑浩。1925年，凌淑浩考取了清华学堂的留美奖学金，进入 Western Reserve 医学院学医。同年，陈克恢回到威斯康星大学医学院，完成了第三年的医学课程后，转学到霍普金斯大学医学院，成为著名药理学教授阿贝尔（John J. Able）的助教，同时在该校医院临床实习。1927年，他获医学博士学位，并晋升为副教授。在霍普金斯大学医学院药理系工作的两年中，陈克恢给学生上药理课，并继续研究麻黄素和蟾蜍毒素（toad venom）。1928年，凌淑浩获得医学博士学位，到皮茨堡做妇产科住院医。1929年7月15日，陈克恢和她在巴尔的摩结婚。

婚礼刚一结束，这对新婚夫妇就坐进他们双门纳什车（Nash），开了四天，到达印城（Indianapolis）。他们并不是到印城度蜜月，而是因为陈克恢接到了美国最大医药公司之一的礼来公司的聘书。公司总裁，礼来父子（J. K. Lilly, Sr.& Eli Lilly）请他担任公司的第一任研发部主任。其实，礼来公司早就开始关注陈克恢对麻黄素的研究了。他的文章在几年前刚发表时，礼来公司就从中国订购了几百磅麻黄，并于1926年开始销售麻黄素。可是对于陈克恢来说，加入制药公司，就要被美国药理学会除名，而且，还可能意味着终止他对中药的研究。

礼来父子对陈克恢承诺，他将享有完全的学术研究自由，特别是对中药的研究。公司还可以通过上海的办事处购买未加工的中草药。当陈克恢和凌淑浩夫妇在参观实验室时，指出一些设施短缺和实验室不符合标准，Eli先生一一记下，并让他们列出清单，立即订购。在等待仪器设备和装修实验室的同时，Eli还给这对新婚夫妻四个星期的带薪休假。虽然陈克恢当年加盟礼来的初衷已无从得知，但礼来父子对他中药研究的鼎力支持和善解人意，及开始大规模的、用现代科学技术研究中药的前景，如此诱人！

1929年，陈克恢博士（第一排左七、右上角）与礼来公司职员合影。
Dr. K. K. Chen, (7th from the left) with colleagues at Eli Lilly & Co.

毕生研究中药

果不其然，礼来公司为陈克恢提供的源源不断的研究资金和世界一流的设备，为他研究中药，开辟了一片新天地。让我仅举下面的几例来说明陈克恢在礼来工作的34年中，和他的美国同事们一起，对中药研究所做出的贡献：

1. 麻黄素：他们对麻黄素及类似化合物的构效研究，推动了以后很多交感化合物，α和β受体阻滞剂的研发。麻黄素至今还在临床被用于治疗过敏性疾病和支气管哮喘等疾病。

2. 蟾蜍毒素：他们从1.38万只活蟾蜍的腮腺提炼出纯化物，发现其含有地高辛、肾上腺素、强心苷等多种有效成份，做了大量的构效关系研究。

3. 抗疟药常山：在青蒿素之前，他们根据有关中药常山的抗疟性报道，从中提取了γ-Dichroine，发现其抗疟效果甚佳（Q值148）。但因其副作用较大，未能成药。

50余年广泛且深入的研究，成就了陈克恢在国际学术界的地位。他发表研究论文和综述共达350余篇。1948年，他获选为第一届中华民国中央研究院院士；1951年，曾经将他拒之门外的美国药理与实验治疗学会推选他为主席；1952年，他担任美国实验生物学会联合会（FAsEB）主席；1972年，陈克恢获选为国际药理联合会名誉主席。可以说陈克恢是20世纪国际药理学界的一代宗师，也无愧为中国药理学界引以为荣的现代药理研究的创始人。

那时的印城生活

二十世纪中叶，在印城的中国人，即使是礼来公司的研发部主任，生活也殊为不易。在印城居住的40来年中，陈克恢夫妇经历了各种形式的种族歧视。比如，受聘之初，他们想租公寓暂时住下，但几乎所有的房产主都因为他们是亚洲人而拒绝租房给他们；珍珠港事件后，陈克恢经常在领子外别着一个扣子，上面写着"我是中国人，不是日本人。"即便如此，还是被误认为是日本人而遭受辱骂。一次，陈克恢主持礼来公司的重要会议。他按照自己的习惯，提前到达会场所在的一家高级酒店，在会议室外等候同事们的到来。就在他看表时，突然感觉到有人拍他的肩膀，原来是一位中年的管理人员，招呼他去把会议室的桌子打扫干净。他没有回答，站起身来，整理了一下订做的西服，弯腰提起自己的公文箱，上面有镶着金子的"Dr. K. K. Chen"。15分钟后，他宣布会议开始。会议进行了一小时，那个管他叫"伙计"的中年人，一直低着头。

在学术上，陈克恢以他渊博的学识，赢得了公司同事和其他药理学家的尊重。刚上任时，陈克恢参加了公司定期举行销售和研发的联席会议，会议允许销售人员就公司产品向研发人员提任何问题。一位年轻的推销员站了起来，问礼来公司销售的一种普通消毒药的化学结构。在场的化学家无人以对。此时，Eli转向陈克恢，问道："陈，你知道吗？"这时陈克恢才站起来，走到黑板旁，随手画出了一个晶体结构，这就是红汞（Mercurochrome）。

为了成就陈克恢的事业，凌淑浩放弃了回国开妇科诊所的梦想，把印城当作了他们的第二故乡。她开始时在礼来公司丈夫的实验室里工作，并一起发表文章多篇。一儿一女出生后，她回家相夫教子，担起了所有家务。当时印城华人寥寥无几，仅有的一家中餐馆是市中心的Bamboo Inn。印第安纳波利斯新闻报曾描述说，拜访这对夫妻如同翻阅一本神奇的书。他们爱好网球，家中有照片冲洗室，而陈太太精通厨艺和园艺，把她的化学技术应用到精致美味的中国菜肴。

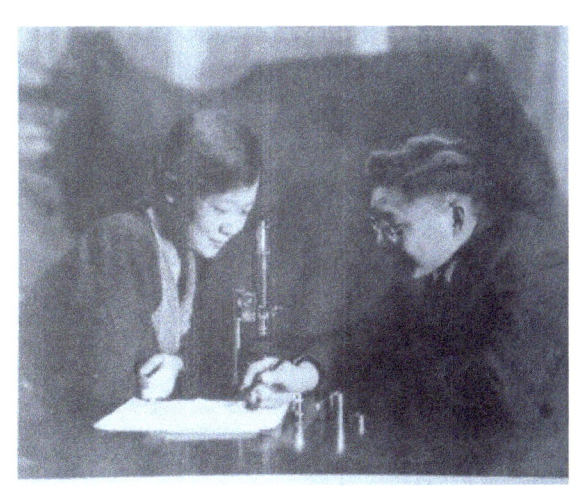

1930年代，陈克恢博士和妻子凌淑浩博士摄于印第安纳波利斯。
Dr. K.K. Chen and his wife Dr. Shuhao (Amy) Ling

结语

1924年，陈克恢发表了他用科学方法从中药麻黄中提取麻黄碱及药理作用的报告；50年后，屠呦呦发表了用乙醚提取青蒿素及其抗疟药效的报告；再40年后，屠呦呦以此项成就荣获2015年诺贝尔医学奖。虽然他们的动机、条件、运气、过程各异，但都是用科学的方法，从祖国的医药宝库中，提取出可以治疗人类疾病的有效药理成份，因而惠及了千百万人。

陈克恢和屠呦呦的事迹，都是人类了解自然，战胜自身疾病，推动医学科学前进的例证。总而言之，医学科学的进步，是一个漫长的过程，绝不是单纯地靠中医中药或西医手段就可以单独完成的，而必须是集全人类的智慧、经验和科学发展之大成。

（主要参考书：A Thousand Miles of Dreams: the Journeys of Two Chinese Sisters by Sasha Su-ling Welland 2006 Rowman & Littlefield Publishers, Inc）

特别感谢：曾庆强先生对本文亦有贡献。

华裔女科学家
刘玲、吕继蓉研究新药成功

作者：李维华、黄念

全球首屈一指的制药公司研究的一个新药获得成功，对于非业内人士来说，也许并不觉得这是一件多了不起的事儿。不过，先别下定论，让我们一起来看三组数据：1，在全世界科学家研究的医药项目中，最后能成功进入临床试验的，比例不高于1%；在进入临床试验后，能够获得成功并得以投入临床使用的，不足5%；2，礼来公司（Eli Lilly and Company）是一家全球性的以研发为基础的医药公司，目前在全球120多个国家拥有4万多名员工。在它140多年的历史中，被FDA批准上市的药物总共只有24个；3，世界上3%的人深受牛皮癣之苦，而礼来公司新研发成功的Taltz®，对中重度牛皮癣患者的治愈率达到70-80%。

数据最有说服力，Taltz®的成功，不仅将给礼来公司带来巨大的经济效益，更将给全世界无数牛皮癣患者带来福音。对于Taltz®的研发成功，有两位科学家起着举足轻重的作用，她们是印州华人社区的女科学家——刘玲博士和吕继蓉博士。

幸运？

在药物研究这个失败率极高的领域，无数的科学家，无论多么勤勉努力，终其一生，都未能让他们的科研项目开花结果。而刘玲和吕继蓉却看到她们"孕育"的"宝贝"结出了丰硕的果实。"我们是幸运的。"对于命运的眷顾,刘玲和吕继蓉满是感恩之情。

1997年,礼来公司组建了一个新的生物技术部门(Biotechnology Department),吕继蓉和刘玲同时应聘加入。这是她们的第一份工作,虽然二人都有其他的选择,但面试时Andrew Glasebrook和John Beals的一席话,让她们开始憧憬"把实验室的发现一步步地发展成为一个可以治病救人的特效药"——这是一个多么令人神往的事情。

把这个梦想变为现实,花了整整19年!一开始时,她们有的只是一个想法,而这个想法来自她们细心的观察:一个免疫蛋白(IL-17A,白细胞介素17A)只有在发生炎症时才在病灶里有很高的浓度。那么,IL-17A也许参与了人体的非正常免疫反应,而抑制它是否可以治疗自身免疫疾病呢?这是一个没有答案的问题,因为当时这个领域完全是一片空白。尽管如此,这一想法受到了部门主管Thomas Bumol的鼎力支持。她们先获得单克隆抗体,研究阻断IL-17A之后的生物效应,确认结果之后,又找到了临床适应症———牛皮癣。经过三期临床检验,最终证明,这一抗体对治疗牛皮癣有特效。

这个听上去简简单单的过程,实际上充满了坎坎坷坷。19年漫长的时间里,她们确实有好运。比如,她们在IL-17A的研究领域中领先一步,不但获知其在免疫反应中的作用,而且得到了最特异的单克隆抗体。下一步,就是要把这个抗体人源化。就在此时,礼来公司并购了一家擅长此技术的公司(Applied Molecular Evolution Inc,现 Lilly Biotechnology Center - San Diego),科学家唐鹰博士直接负责人源化的工作。在不断的设计、生物检测、和改进了N个分子之后,她们终于拿到了人源化的抗体。但是，她们遇到更多的，还是挫折。比如，就在她们从实验室获得可喜的结果、准备申请进入临床实验时，礼来公司宣布关闭免疫研究部门。对于这个作用于免疫系统的药物，这将意味着前功尽弃。这怎么可能？她们向上级申诉，这个药不可弃，因为这个分子是礼来公司原创、处于生物学前沿地位、其药物作用无可比拟。最后终于得到许可，继续这一研究。另一个挫折是在从实验室到扩产的关键时刻，最初的产品大部分不是单体，而是聚合物，纯化后产量只有15%左右。最后还是唐鹰博士帮助提供了答卷，修改了DNA，解决了这个技术问题。

刘玲和吕继蓉说："Taltz®是团队无数人努力奉献的结晶。这充分体现了团队成员的合作对研发新药致关重要。"

是的，能够成为万分之五（1%×5%），无疑她们是幸运的。然而，是她们用自己的聪明才智，加上百折不挠、敢想敢干和勤奋努力的态度，及团队之合力，才叩开了幸运之门。

一代人的精神与情怀

刘玲和吕继蓉的故事，有强烈的画面感。她们轻松的言谈，把人带回三十多年前的中国。那时的中国，经过十年无产阶级文化大革命的浩劫，就像躲在芽孢里的嫩芽，开始闻到了春天的气息，勃勃然露出生机。尤其是那群十多年来无书可读的青年，再次回到校园，犹如久旱的树苗遇到了甘甜的雨水。

刘玲出生于四川成都，1977年进入高中。其实在小学和初中，她基本没学可上，也无书可读。在高中，她从好朋友魏幼成那里看到一本书《居里夫人》，立即如饥似渴地阅读起来，而且读了一遍又一遍。也正是这本书，带领她走进了科学的世界——科学如此有意思，有意义。更重要的是，她知道了，原来女性也可以做科学家！后来在一次数学比赛中，刘玲获奖，奖品也是一本书——"下一个世纪是生物的世纪"。这更坚定了刘玲进入大学后学生物的念头。此后，这个念头一直没有变。为此，刘玲还被一位中学同学取笑说："这么多年过去了，很多同学早已改弦易张，唯独你从一而终。"

出生在四川绵阳的吕继蓉比刘玲小4岁，但两人求知若渴的经历差不多。吕继蓉还在中学时，她的一位老师李明成就发现了她在科研方面惊人的天赋。"他是我的伯乐。"吕继蓉对这位影响她一生的老师满是感激。在老师的鼓励下，她坚定地走上了科研的道路，而且一走，就是一辈子。

八十年代初的中国，"全民向科学进军"、"科学技术是第一生产力"、"分步走实现四个现代化"的口号喊得全国人民热血沸腾。作为当时的主力军，刘玲和吕继蓉这一代人，感受到了时代赋予他们的庄严使命。刘玲和吕继蓉走上了科学的道路，带着"学好科学，为社会服务"的信念，心无旁骛。

她俩是幸运的，在改革开放后社会浮躁的气息蔓延开之前，她们已经带着对科研更进一步追求的想法，来到了美国。所以直到多年以后的今日，深种在她们脑海里的信念仍然是"学好科学，为社会服务。"也正是这样一种信念，让她们在研制新药的过程中，虽然困难重重，但仍然坚持不懈。

友谊之花

也许你会觉得，关于Taltz®的故事，在此就应该结束了。但，刘玲和吕继蓉说，跟 Taltz®一样珍贵的，还有她俩的友谊。

1979年，刘玲进入四川大学生物系；1982年，吕继蓉进入四川大学化学系。如果可以像倒带一样回看往事，也许，在川大美丽的校园内，这两个风华正茂的女子曾擦肩而过。但那时，她们的缘分并没有到。

直到十几年后的1997年，在礼来公司的新人招待会上，这两个人穿过满屋子的人群相遇，才感觉到彼此的缘分。甚至还没有开口说话，她俩就知道对方是四川人。两人一起回味四川的麻辣菜，把彼此的家人介绍给对方。吕继蓉把她的家从劳伦斯（Lawrence）搬到了刘玲所在卡梅尔（Carmel），两家人就更近了。她们一起散步，一起逛街；两家人一起过感恩节、圣诞节，一起带着孩子们参加各种活动。

相处越久，两人越发现彼此的默契。闲聊时，她们聊家人也聊工作。"有时我们一起散步，聊起工作。聊着聊着，突然就有灵感蹦出来，而且两人都可以很快去执行。""工作中遇到困难，我们也会让对方帮忙分析。因为对彼此做的事情很了解，所以很多困难都是在茶余饭后的闲聊中解决。"

刘玲（左）和吕继蓉（右）。（图片由礼来公司提供）
Dr. Ling Liu (left) and Dr. Jirong Lv (right)

从2003年开始,刘玲和吕继蓉又多了一个共同的爱好——跳中国舞。十几年来,她俩共参与社区演出百余场。刘玲说,跳舞不仅是工作和生活的调剂,也算是完成了她俩一个共同的心愿——传播中国文化。

刘玲说,Taltz®是她和吕继蓉共同"孕育"的"宝贝"。有人陪着你,一起培育事业的"宝贝",一起看着彼此的孩子长大,一起从红颜变老,真好!

梦想成真

刘玲和吕继蓉对科学的热爱和成就,也潜移默化地影响了她们的孩子们。"有时候回到家,孩子就会问:'妈妈,你今天为什么这么高兴?'我就告诉他们,妈妈在实验室孕育的Baby上大学了(药物送进门诊进行临床实验的意思);有时候为了一个难题,我们日思夜想。"科学的趣味性和魔力,通过这样的方式种进了孩子的大脑里。

现在,刘玲的大女儿在普渡大学学药物学,吕继蓉的大儿子在学医,将来他们都将从医助人,继续妈妈们的事业。"有一天,儿子会用我们实验室研制出来的药,给他的病人看病。""有一天,我的女儿在药店里,亲手将我们研制的药递给有需要的病人。"——这是作为科学家的两位妈妈的梦想,如今,梦想即将成为现实。

第三部分 今日印州

吴泽群国画,印城教堂
Chinese Painting by Wu Zequn, A church in Indiana

3.1 教育

印城人求知的象征——公共图书馆

作者：李维华

2017年10月7日上午，印城秋意正浓。我开车到位于市中心的公共图书馆，这里有专门为百年庆提供的免费停车场。一出图书馆的电梯，清脆的童声扑面而来，寻声看去——着装朴素的印城儿童合唱团在宽阔高大的前厅引吭高歌，阳光从大开的前门铺洒了进来。这让我突然想起两周前参加的协和医学院百年校庆的场面——戒备森严的安检口，国家领导人伴着运动员进行曲依序上台。接下来的音乐和诗歌将我从冠冕堂皇的场景中拉回来，印城人朴素而又充满人情味儿的庆祝方式深深打动了我。

虽然我已在印城住了30多年，也多次使用过公共图书馆，但对其历史却不甚了解。正想仔细了解一下，却无意中看到了一位老太太正拿着一本我想要的书。她一听我的解释，就毫不犹豫地把书让给了我。这本介绍印城图书馆历史的书《Stacks —— A History of the Indianapolis-Marion County Public Library by S.L. Berry with Mary Ellen Gadski》为我解开了这个谜，也让我看到了美国历史的一个缩影。

一个多世纪前的印城

1873年4月1日，印城倾盆大雨，石子路上一片泥泞。但这些并没有阻止122位印城人，他们或坐马车，或步行，到印城的第一个公共图书馆申请阅读卡，他们成为一周后图书馆开放时的第一批读者。此时，印州刚刚建州57周年。其实，这些印城人的心情也代表了美国人在建国后的第一个世纪的渴望，求知、进取、梦想。本杰明·富兰克林（Benjamin Franklin）是美国公共图书馆的第一个倡议者。早在1731年，他就在一个社交俱乐部（Junto）提出分享图书的建议，随后又成立了费城图书馆公司，其成员可以付费借阅。这一理念的先进之处在于，不仅是哈佛大学的知识精英，任何人都有从书中获取知识的权力和机会。但是，这离印城有一个方便、免费、惠及所有人的公共图书馆还需要几乎100年的时间。

说到这儿，我们真要感谢印州的先贤们，他们自1816年建州，1821年确立印城为州府后，就把教育后代作为社区的重要职责之一。印城的第一所学校于1823年在后来州政府所在地的一个店铺里成立，教授孩子们认字、读书和对宗教的信仰。这所学校

1920年代，印城公共图书馆门口
At the front door of Indianapolis and Marion County Public Library, 1920s

里还有一个小小的供学生借阅的有150册书的"图书馆"。印州的先贤威廉姆斯·马克伦（William Maclure）发起了以他的名字命名的马克伦图书馆运动（Maclure Library movement），为美国任何一个拥有100册图书的阅读室提供500美元的资助。不久，印州就有了144个这样的阅览室，临近的伊州也有了16个。但是，对于大多数为生存而奋斗的印城人，花钱借书（图书阅览室需付年费）仍旧是他们力所不能及的。

1847年，印城的人口达到了6000人。4月，印城人以投票的方式决定支持筹建免费的公立学校（Free School，既后来的Public School）。6年后，印城用税收中的积累（每100美金付0.125），修建了6个公立学校。可是，这个公共教育系统最初的发展并不顺利。1858年，印州最高法院宣布不许将税收用于学校费用，后来经州议会立法，又推翻了这一决定。再后来，4年的南北战争扰乱了印州的正常秩序，税收来源和生源都受到极大影响。直到1863年，阿布勒姆·C·肖特里奇（Abraham Crum Shortridge）教授被任命为学区董事长，印州的公共教育才被纳入正轨。而且，他提议并推动了印城公共图书馆的建立。

执着的图书学家

1872年12月，年仅22岁的印城第一任公共图书馆馆长查理斯·埃文斯（Charles Evens）坐火车从波士顿到印城参加为他举行的招待会。但是，他没想到自己的满腔热情被泼了一盆凉水。最主要的原因是，埃文斯不是印城人，他是著名的图书馆学家威廉姆斯·普尔（Williams F. Poole）介绍来的。埃文斯是个孤儿，10岁时父母双亡，在孤儿院长大，同时到波士顿的一个给农村男孩办的学校里就读7年。16岁时，Evens时来运转，被介绍到波士顿的一个图书馆（Library Athenaeum）做学徒。这是一个有10万册藏书、当时全美最大的一个私人图书馆。他的聪明和勤奋很快被图书馆学家普尔注意到了。之后的6年中，埃文斯不仅学到了图书的购买、整理和分类，而且结识了很多知名的学者、作家和政要。

到印城时，埃文斯不仅富有丰富的图书管理经验，而且对图书馆的运作也有一套自己的想法。他对那些因为不了解他而对他表示敌意的人视而不见，埋头

第一任馆长查尔·埃文斯
Charles Evens, The first director of the Indianapolis Public Library

苦干，以他惊人的记忆力，在3个高中女孩儿的帮助下，只用了几周的时间，就把12000本图书分类注册、整理上架，赢得了原来怀疑他的印城人的信任。在公共图书馆开放后的两个月内，2500人登记借阅图书。这些书里囊括了历史、宗教、文学、艺术等诸多领域，甚至还有关于孔子的书！这些图书极大的丰富了印城人的文化生活，各种读书会、讨论会、社交活动列满了图书馆免费开放房间的日程表。

埃文斯是一个爱书如命的人，对不还书和毁坏图书的行为绝不容忍，惹起了一些人对他的不满，导致他第一次的被炒。但之后的两位馆长不是缺乏专业知识就是玩忽职守，终于使印

城学区校董们明白了埃文斯的价值所在，于10年后又把他请了回来。埃文斯励精图治，把散乱的图书整理好，订购新图书，培训图书管理人员，使印城公共图书馆很快恢复原貌，藏书达到了5万册，又成为美国领先的公共图书馆之一。但这一次，他只做了3年馆长就又被炒了，主要原因是，他认为学区董事们的目光短浅，把下一个新图书馆的7.5万藏书规模订得太小了。

二任馆长爱丽斯·布朗宁（图书馆100年馆庆资料）

Eliza Browning, The second director of the Indianapolis Public Library

印城公共图书馆的第二任馆长是印城人爱丽斯·布朗宁（Eliza Browning），她既有图书管理的专业技能，又有埃文斯缺乏的公关能力和韧性。在做馆长的25年里，她亲历了第二座公共图书馆的完工和搬迁，提高了图书管理员的素质，发展了6个分馆，还推出了儿童图书部。她的最杰出之作就是圆了埃文斯的梦想，从招标、设计、施工、搬迁，见证了今天的市中心老公共图书馆的完工。在新图书馆即将剪彩时，她宣布卸任，甘居副馆长，之后在这座图书馆里，又兢兢业业地工作了10年。

领先于时代的印城公共图书馆

1913年，印城将要建新公共图书馆的消息一经传出，全美的众多设计师都送交了设计图案，在最后被选中的三个设计中，宾州大学保罗·里特（Paul Cret）教授的设计受到了评审委员会的青睐。这一年，里特担任底特律公共图书馆建筑设计的评审委员。他的设计不但吸取了前者的优点，又在改进的基础上提出新的创意。难得的是，一战期间，修建经费紧缺，印城人就地取材，在施工中力求美观实用，结果只用了规模相似的底特律公共图书馆建筑费用的一半。

印城公共图书馆不仅是一个古为今用的建筑杰作，在其百年历史中，也采用了很多领先于时代的理念。印城图书馆从一开始就关爱儿童，第二任馆长爱丽斯·布朗宁特别聘用了一位专职的儿童图书馆员，并在新图书馆刚开放时就开始了一个深受印城儿童喜爱的"讲故事"活动。这位儿童图书馆员还到分馆、社区和学校给孩子们讲故事，后来成为全美知名的儿童图书专家。图书馆的第三任馆长查理斯·拉斯（Charles Rush）认为，图书馆应该是一个社区中心、提供知识、资源和免费的文化活动场所。在他的任期中，印城经历了经济萧条、二战和3K党时期，公共图书馆始终如一地秉持了这一理念，成为印城人心中的一片净土。特别值得指出的是，美国图书馆协会（American Library Association）于1963年所做的一个调查显示，美国南方的16个州仍不允许有色人种使用公共图书馆。而印城公共图书馆从它1873年开门的第一天就宣布向所有人开放，不容忍任何对种族、宗教、肤色和信仰的歧视。正如印城图书馆对自己使命的陈述：

The Indianapolis-Marion County Public Library is the community's place to access essential information resources, technology, programs and services; foster reading and learning and promote the social, economic, recreational and lifelong learning interests of its diverse population.

Mission Statement, as adopted by the Library Board on November 20, 2008

（译文：印第安纳波利斯—马里恩郡公共图书馆是社区获取重要信息资源、技术、计划和服务的地方；是促进人们阅读和学习，提高人口、经济、娱乐的多元化，让人们享受终身学习兴趣的地方。

图书馆委员会于2008年11月20日通过的图书馆使命声明。）

印城的瑰宝

150年前，中国还在清朝光绪年间，第一次鸦片战争才过去30余年，国弱民贫。四万万中国人朝不保夕，人均寿命只有35岁，不要说读书识字了。而在那时，印城已经有了第一个公共图书馆。之后一代又一代的印城人在这里汲取前人的智慧，憧憬自己的未来。在百年的时代变革中印城公共图书馆依然故我，把知识奉献给所有的人。

抚昔思今，在一个男女老少人手一机以刷屏作为集体嗜好的时代，我们可能无法想象150年前的印城人是如何求知、打发自己的空闲时间的。那么，也许你可以去一下附近的印城公共图书馆,感受一下那里安静的气氛,借一本书,坐下来读一读。对了,印城市中心公共图书馆还有一个中文部,那里有几千本中文图书可供您选择。

印城图书馆中文部

The collection of Chinese language books in the downtown Indianapolis-Marion County Public Library

(本版未注明来源的图片均来自《Stacks —— A History of the Indianapolis-Marion County Public Library by S.L. Berry with Mary Ellen Gadski》

精英的摇篮：印州学府

作者：黄文泉

印第安纳虽然是阿巴拉契亚山脉（Appalachain Mountain）以西面积最小的州，人口和面积在全美都在中下水平，但其高等教育非常发达，数量和质量都居于美国前列。计有公立大学5所和私立大学32所。

文森斯大学

印第安纳建州前15年，也就是1801年，当时的哈里森（William Henry Harrison）总督就在印第安纳领地的首府文森斯创建了文森斯大学（Vincennes University）。美国只有两所由美国总统创建的大学，文森斯大学荣居其一。哈里森后来当选第九任美国总统。在19世纪初，美国的高等学府并不太多，故而文森斯大学不仅是印第安纳第一所高校，也是全美最早的大学之一。

两百年过去，文森斯大学仍然长存，当我们来到古老的校园时，在其校门前伫立的纪念碑下驻足了好久，似乎听到了当初竖立这块纪念碑时的欢呼声。那时，开拓者才来到印第安纳不久，四处还是森林和旷野，生活条件还非常简陋，生存境况还非常恶劣，领地的财政还很脆弱，但先驱者们高瞻远瞩，排除困难，把培养人才放在首要位置，开办了这所高等学府。直到今天，文森斯大学还焕发出青春的活力，其两年制的副学士项目和四年制的学士项目继续为社会贡献出一届又一届的毕业生。

文森斯主校园倚傍沃巴什（Wabash）河畔，占地 160 公顷。清一色的红砖楼房坐落在宽阔的绿色草坪上，看去很是赏心悦目。除了文森斯的主校区，文森斯还有其它三个小分校区，分布在其它城市。注册学生人数大约 5000。文森斯大学的校训是"价廉深造"。文森斯大学致力于培养学生的实用技能，为学生就业打下了深厚的基础。2011 年，该大学投资 1200 万美元，开设制造培训中心，为附近的丰田汽车制造公司源源不断地输送技术工人。

印第安纳大学

座落在布鲁明顿的美丽的 IU 校园

Sample Gate at Indiana University, Bloomington Campus

印第安纳大学，简称 IU。印第安纳大学和普渡大学是印第安纳两所最大的公立大学，也同属高校体育分区的著名的大十联盟。IU 建于 1820 年，校训为"光明和真理"。据说，寻找校址的时候，专家们发现布鲁明顿在可知的历史内，从来没有发生过飓风以及其它自然灾害，是块风水宝地。于是，IU 的主校区就定在了布鲁明顿。后来，IU 又陆续发展壮大，又先后建立了另外七个校区。IU 全部校区学生总数达 11 万之多，其中研究生 2 万出头。布鲁明顿校区注册学生有 4.6 万，其中中国学生有

4千出头。印第安纳波利斯校区（IUPUI）3.1万。印第安纳大学可以授予373个专业的学士学位和312个专业的硕士和博士学位。更绝的是，IU还量体裁衣，为一些有特殊才能的人定制专业。比如大名赫赫的美国字谜大师威尔·肖兹（Will Shorts）当初到印第安纳大学来读书，学的是字谜。这是为他私人订制的专业，大名叫迷语学（Enigmatology），可谓海内外空前绝后。在全美2150多所四年制本科学院与大学中，布鲁明顿主校区的本科项目跻身于全美30所学术声誉最佳的大学之列。

布鲁明顿校区是IU的旗舰，有商学院、法学院、文理学院、音乐学院、媒介学院、全球和国际事务学院等16所学院，在全球和全美享有崇高声誉，高居全美公立学校前二十名。其中，商学院历年在美国多家权威杂志的排名榜上居于前茅；音乐学院以其门类齐全、品质高深位列全美三甲。法学院、媒介学院也位居前列。全球和国际事务学院以其特性而独树一帜。金赛性研究所以其在性学领域的鼻祖地位而著称于世。先后有9个诺贝尔奖获得者从布鲁明顿校园走出。

布鲁明顿校区在学术上如此了得，但更惊艳的是其美丽的校园。哈佛大学、麻省大学、芝加哥大学、西北大学等等大学在学术教育科研地位上都堪称翘楚，但若论校园，则它们都只能排在布鲁明顿校园之后。布鲁明顿校区里的建筑错落有致，有若繁星般点缀在林木葱茏的校园里。其大门由旁边两个新月形的拱门组成，配以石灰石的柱子，典雅而端庄，正居布鲁明顿东西向的中轴线上，面对柯克伍德大街，从那里，可以远眺市中心的市政厅。进了大门，就是校区的行政中心区，左右是是几栋石灰石建筑，气派而恢弘，彰显出厚重的历史传统。右边靠里是法学院，大理石的建筑传达出庄严肃穆。从大门右侧往前沿着红砖铺就的小路，就会进入一大片树林，这就是著名的 Dunn's Woods。树林里交织着几条小道，通往各个幽静的角落，有个角落是天文馆，在夏天里会有一些特殊的日子对公众开放。笔者就是在一个仲夏夜，选了一个这样的日子，排队到天文馆里，从天文望远镜里向太空极目远望。那年，火星离地球最近，呈现在镜头里的是格外硕大和火红的火星。另一个角落有亚当和夏娃的铜像，彼此对视，引人遐想。

有条充满灵气的小溪贯穿校园，蜿蜒远去。这条小溪叫乔丹河（Jordan River），乃是为了纪念 IU 历史上著名的校长戴维德·乔丹（David Jordan）而得名。沿着小溪在校园里施施然而行，时而穿过草地，时而走上木桥，很有些田园风光，还可以沿途看到音乐厅、Ballantine 大楼和学生活动中心。

布鲁明顿校区人文艺术气氛非常浓烈，时时有高水准的人文活动和讲座，音乐厅和大礼堂一年里不断上演世界一流水平的歌剧、芭蕾舞剧、音乐剧和音乐会。音乐学院的小型演奏厅和表演厅里也经常有学生的毕业汇报演出。只要有闲情逸致，又有时间，就可以时时在音乐气氛中沉醉。IU 的艺术博物馆外形格外亮眼，夸张的几何形状对人的视觉造成震撼力十足的冲击，玻璃的穹顶营造出童话般的浪漫。这乃是著名华裔建筑家贝聿铭的大作。大门外还有一根耸入云天的激光柱，于夜晚发出多彩魔幻的光芒。艺术博物馆里收藏了诸如莫奈、毕加索等等大师的作品，还有很多顶级艺术家的作品的巡回展出。即使是艺术馆里的礼品店，也极具艺术品位，光是倒立在天花板上的那些图案缤纷、五颜六色的彩伞，就让访客啧啧称奇。学期里，每隔两周，就会在周五的中午，在艺术馆里举办一个小时的音乐会，一边吃免费午餐，一边听妙曼音乐。在紧张的学习之余，这是一个充满温情和品位的时光。在大礼堂之尾部，还有一个小巧玲珑的电影院，里面雅致的壁画和壁灯都让人肃然起敬，那些经历了时光筛选的经典不断上演，再现人类生活中曾经如此美好如此值得追忆的一页页。

布鲁明顿校园不仅弥漫了柔的一面，还张扬着刚性的另一面。这就是体育。布鲁明顿校区的体育项目之多样化，在全美也是少有的。其游泳、跳水、男子篮球足球等等具有深厚的历史传统，历来为全美所瞩目。这些运动项目多次在重大国际和国内赛事中折桂。之外，校园里还有很多参与度极高的群众性赛事。比如，每年的春季，自行车的小 500 比赛会倾情上演，各个姐妹会、兄弟会还有其它团体都会踊跃参加。2015 年，中国学生开创历史，组队参加，并于 2016 年杀入决赛。不得不多提一句，小 500 那个周末是全校区的派对周末，好多学生会到阿姆斯特朗（Armstrong）体育场去为自己的队伍鼓劲，晚上就聚在一起在激情的音乐下开爬梯。有的热血青年还会一时兴起，做出非凡举动，英勇地走向警察局。

印第安纳大学除了布鲁明顿校区，印第安纳波利斯校区也值得大书特书。印第安纳波利斯校区是印第安纳大学的另外一个核心校区，如果说布鲁明顿校区尚有些田园风光的话，那么印第安纳波利斯校区就是一个城市校区了。是的，该校园就处在印第安纳波利斯这个大城市的中心区，从城市的中点步行到该校园，不过四五个街区，大约十分钟左右。印第安纳波利斯校区里，有商学院、法学院以及跟普渡大学合作办的很多理工科专业。不过，最值得一提的还是医学院。印第安纳大学的医学院虽然在各校区皆有分院，但其医学院大本营却在印第安纳波利斯校园。该医学院在规模上，乃居全美前茅。医学院所属的好几个医院也在这个校园里。印第安纳波利斯因此而颇具学术和科研份量。

除了布鲁明顿和印第安纳波利斯这两个核心校区，印第安纳大学还在印第安纳州的各个地理位置上的城市里开设分校。这些分校把印第安纳大学的学术影响和赫赫威名传递放射开来，为印第安纳大学扩大了影响，壮大了声势。

冬天的 IU（IU in winter） By Dan Russell

普渡大学

说了印第安纳大学，紧接着，不得不说普渡大学。虽然普渡大学是理工科院校，似乎跟印第安纳大学没有交集，但其实，它跟印第安纳大学历来是竞争对手。这种竞争对手是全方位的，不仅在学术上，而且也在体育上。

1865 年，印第安纳州议会通过决议，决定建立一所以农业和工程为主的大学。接下来，包括现在印第安纳州立大学和巴特勒大学所在地区的好几个地区为争取这个机会而展开竞争。拉菲特（Lafayette）地区的商业领袖和慈善家约翰·普渡（John Purdue）捐赠了十五万美元，同时，蒂珀卡努（Tippecanoe）郡拿出五万美元的经费，当地居民提供了100公顷土地。这个地方胜出，获得建校机会。1869年，普渡大学正式创立。1874年9月16日，普渡大学正式开始授课。草创之初，普渡大学只有三栋建筑物、六位教师及39个学生。1883年，普渡大学学生人数增加至350人。二十世纪初期，普渡大学快速扩张、全面升级，逐渐成为名闻遐迩的理工科大学。

现在的普渡大学占地18726公顷（西拉菲特主校区2474公顷），在校学生4万2千多人，其中本科3万出头，研究生近一万人。西拉菲校区是普渡大学的主校区，以理工科和农学见长，现有12个学院和400多个实验室，其中工学院和文学院规模最大，有近6100种课程。提供了多达2000多个本科生专业，70多个研究生专业。校区紧傍沃巴什河西岸，交通便利，距该州首府、全美第十二大城市印第安纳波利斯约65英里，距全美第三大城市芝加哥约100英里。普渡大学学生活动极为活跃，共有45个兄弟会和25个姊妹会总共约五千个学生参与，被列为全美第三大。普渡有十五栋分散校园各处的大学生及研究生宿舍区，其中国际学生来自世界120多个国家，约8千多人。每年四月第一个星期，普渡大学国际学者学生办公室（International Student and Scholar Office - ISS）均会定期举办世界周（International Awarness Week），促进国际学生与当地社区的关系。普渡大学的6个校区包括位于美国中西部印第安纳州的西拉菲特（West Lafayette）主校区、盖莱默分校

(Calumet)、韦恩堡分校（Fort Wayne）、印第安纳波利斯分校（Indianapolis）、中北分校（North Central）和位于德国汉诺威的德国国际行政管理研究生院（Germen International Graduate School of Management and Administration）。

普渡大学工程学院教授中有 22 位美国工程院院士、2 位美国技术和创新奖得主、71 位美国国家科学基金会 NSF 总统青年研究奖得主、8 位美国青年科学家总统奖得主。其中电子及计算机工程系（Department of Electrical end Computer Engineering）有 4 位美国工程院院士、2 位美国工程院金奖得主，1 位美国技术奖得主，1 位 IEEE 主席，23 位 IEEE 院士。普渡大学目前共有助理教授、副教授、教授等总计近 2 千人。

普渡大学初期以工学院及农学院闻名全美，后来渐渐发展成学科门类众多的理工科大学。普渡大学共有十个学院及十四个学校：

工学院是普渡最耀眼的明珠，下设九个学校。计有航天工程、生化医学工程、化学工程、土木工程、电气及计算机工程、工业工程、材料工程、机械工程及核子工程。包括下列几个系：农业及生物工程系、工程教育系及工程专业教育系。包括两个领域：建筑工程与管理、环境与生态工程。

理学院也是普渡的强项，包括下列七个系：数学、计算机科学、物理、统计、化学、地球与大气科学、生物科学。其中解析化学全美排名第一，数学和统计、计算机科学、物理排名位列世界前 50。1962 年，理学院成为全美第一家建立了计算机科学的学术单位。

科技学院的地位也很突出。包括下列七个系：航空航天技术、计算机信息技术、计算机图形技术、建筑管理技术、军事科学技术分部、工程技术、领导和创造技术。

农业学院包括下列十一个系：农业及生物工程、农业经济、农艺、动物学、生化学、植物及植物病理、昆虫学、食品科学、森林与自然资源、园艺与地表景观、以及农业初等教育。农业及生物工程连续3年在美国大学排行榜名列榜首。

管理学院包括金融系、会计系，经济系，管理系，工业管理系。在USNEWS排名中，普渡的本科管理学院一直稳居二十多名。生产/运营管理位列美国第三位，定量分析位列美国第4位，供应链管理排在第10位。

药学院包括三个系，被《美国新闻与世界报导》评鉴为全美大学部药剂学第七名(2014)，被《Startclass》评为美国药学院综合学术排名第一名(2014)。

健康与人类科学学院包括下列九个系：儿童发展及家庭科学、消费者科学、食物与营养、以及餐饮旅游管理、护士、叙述语言及听力学等等。

按说普渡是传统的理工科大学，但其后来也涉足人文领域，而且发展得有声有色。其人文学院包括下列三个学校：传媒学校、语言与文化学校、视觉及表演艺术学校。传媒学校共有4大专业，分别是传媒、大众传播（又分有职业新闻写作、媒体制作等子类）、企业交流、公共关系（又分有广告、竞选等子类）。普渡大学传媒学校排名美国第二。此外，人文学院还包括了六个系：人类学、英语、历史、哲学、政治、社会学。

教育学院包括两个系：课程与教学系及教育研究系。教育学院被《美国新闻与世界报道》评为全美大学第三十来名。

兽医学院包括下列三个系：兽医病理、兽医临床及基础医学。兽医学院被《美国新闻与世界报道》（U.S. News & World Report）评鉴为全美大学部排名第六。

普渡大学有雄厚的理工科实力。自 1878 年开始授予理工科学位以来，普渡大学保持在授予理工科本科学位人数最多的 5 所大学之列，而且是授予妇女理工科学位人数最多的大学。在美国每 50 名工程师中就有一名毕业于普渡大学。其工学院开设专业覆盖航空航天、农业、生物、生物医学、化学、土木、建筑、电子、计算机、工业、材料、机械、原子、勘察和一些交叉学科。在 2013 年研究生学院排名中，《美国新闻与世界报道》将其工学院按就业情况排在第 3 位，按综合实力排在第 8 位。其中工业工程、土木工程、航空航天工程、机械工程、电子工程、计算机工程、生物工程、农业工程和核工程 9 个项目均排在美国前 10 名。普渡大学包括材料工程和生物医学工程在内的所有其他的工程项目均排在美国前 25 名以内。普渡大学毕业的理工科学生深受雇主欢迎，例如在通用汽车公司,普渡大学毕业的雇员人数多于其它任何一所美国大学毕业的雇员人数。

普渡校友群星璀璨，光是诺贝尔奖获得者就有物理奖获得者爱德华·坡赛尔（Edward Purcell）和本·蒙特尔森（Ben Mottelson）和化学奖获得者根岸英一（Akira Suzuki）。数学系的校友张益唐在孪生素数猜想上取得突破性进展。来自中国的邓稼先回国后，成为中国航天工业的元老。生物化学家艾德温·莫茨（Edwin Mertz）在发现高蛋白的玉米和大豆上贡献巨大。另外，普渡还为美国的航天事业贡献了好多航天员，包括人类第一次登月的阿姆斯特朗（Armstrong）。

普渡大学享有崇高声誉。2017 年，《美国新闻与世界报道》把普渡大学评为全美公立大学第 20 名，全美所有大学第 60

名和全球地 72 名。普渡大学的本科工程学位项目被评为同类项目的第 9 名，其本科商业项目被评为 23 名。

体育在普渡大学扮演着相当重要的角色。普渡大学在美式橄榄球、篮球、网球、越野、棒球、摔跤、高尔夫等等体育项目上都在全美颇有影响，而且这些体育项目都不是用学费和靠学校拨款来支撑的。普渡大学美式橄榄球和篮球相当强大，也因此跟 IU 形成了剑拔弩张的竞争关系。每年赛季，无论打客场还是主场，两队的比赛都很吸睛，引起全美体育爱好者的热情喝彩和深切关注。

印第安纳州立大学

几乎在普渡大学建校的同时，印第安纳州议会决定在沃巴什下游的特里霍特（Terri Haute）建立一所师范学校，培养小学和中学教师。经过多次更名，才在 1965 年有了印第安纳州立大学（Indiana State University）这个名字。大约因为这个原因，印第安纳州立大学属下的教育学院一直广获好评。

印第安纳州立大学占地 200 公顷，位于特里霍特的市中心。校园里大都是红砖或者石灰石建筑，看去整齐美观。从主校区往东走 18 英里，是野外教学实践基地，占地 93 公顷。基地里有 8 个人工湖泊。校方矢志不移地美化和完善校园，并于 2009 年 12 月通过了新的宏伟建设蓝图。按照这个计划，在未来 15 年到 20 年内，印第安纳州立大学还要继续改造校园，让现有的建筑功能更为齐全，让学生公寓的可供选择更为多样化，让体育设施更为先进。

可以预见，印第安纳州立大学校园会越来越美丽。

印第安纳州立大学注册学生大约 1.4 万，其中，研究生大约

2500。国际学生占 3.8%，非洲裔、拉丁裔、亚裔和土著民族学生占 19.5%。该大学是第一所大学要求一年级新生必须自带手提电脑的，同时又规定凡是在高中阶段 GPA 达到 3.0 以上，校方就免费提供手提电脑，以资鼓励。

该校一共拥有六个学院：教育学院、文理学院、商学院、健康与人类行为学院、护理学院、科技学院等等。所有学院都获得了各自领域的学术认证组织的认证。该校一共提供了 100 多个专业。《普林斯顿评论》（Princeton Review）、《华盛顿月刊》（Washington Monthly）等杂志都曾经给过印第安纳州立大学很高排名。2013 年，印第安纳州立大学被命名为非盈利性领头校园。该大学的学费一直低廉，而同时，又提供具有良好资质的教育。故而，该大学一直以性价比高而具有吸引力。

印第安纳州立大学规模虽然不算大，但其体育成果相当丰硕。NBA 历史上著名的篮球明星拉里·伯德(Larry Bird)曾经率领篮球队在 1978-1979 大学生联赛赛季中，一路风靡，不败一场，杀入决赛，最后落败于另一个 NBA 巨星魔术师约翰逊率领的密西根州立大学队。在这个赛季中，印第安纳州立大学篮球队创造了 33 场胜 1 场败的记录，这个记录在印第安纳州立大学的篮球历史上既是空前的，也是绝后的。伯德后来进入 NBA，又率领波士顿队获得了三次 NBA 总冠军。伯德以其灿烂的篮球业绩被选入名人堂，成为跟约翰逊和乔丹同时代的一代巨星。

波尔州立大学

在印第安纳州的公立大学中，普渡和 IU 是第一梯队，接下来的第二梯队就是印第安纳州立大学和波尔（Ball State University）州立大学。1917 年，芒西（Muncie）的企业家波尔兄弟，以 3 万 5 千美元买下了因付不起房贷而关门拍卖的印第安纳师范学院，并把它及其周围的土地捐赠给了州政府。州政府接受了这笔慷慨捐赠，于次年建立波尔州立大学。

波尔大学一共有 7 个学院：应用科学和技术学院、建筑和设计学院、商学院、传媒和信息学院、精细艺术学院、科学和人文学院和师范学院。该校提供 175 种学士学位，103 个硕士点，17 个博士点。大学的优势专业包括：建筑、景观设计、教育、领导力、电讯专业、新闻、信息和传播科学、金融、临床心理学等。其建筑园林专业被美国最佳建筑规划学院 2008 年刊评为第四。其护理专业、精算师专业、销售专业和创业专业都颇负盛名。

大学的领导力专业（Entrepreneurship）连续多年在全美排名前 10。学生可先申请学校的商学院，修满 63 个学分，GPA 保持 2.0 以上，然后申请进入领导力项目。大学各种设施齐备，其无线网建设在全美大学中排名榜首。此外，大学还鼓励学生参与各类社会活动，并提供多种机会锻炼学生的领导才能。

校园占地 1140 英亩，在这个宽阔的校园里，有 106 座美丽的的建筑，大多是红砖或者褐砖结构。在校园最北边，集中了体育设施和场地。偌大的体育馆巍峨堂皇，有 22500 个座位的橄榄球场甚是壮观气派。源于 Park 大楼附近那个池塘的卡迪诺小溪从西北流向白河，给校园平添了几分秀丽。校园绿荫处处，有树 8000 多棵，种类多达 625 种。近些年来，学校致力于环境保护，新建或者改造的建筑都必须在用料、用水等等设计上满足节能节水要求。此外，波尔州立大学还在印第安纳波利斯北郊的非歇（Fisher）和印第安纳波利斯市中心开设了教学点，在建筑设计和房地产领域为社会服务和为学生提供实践机会。

学校有 22000 多名学生，其中，研究生有约 5000 名。学生来自全美 48 个州和两个托管地。留学生来自 43 个国家，约占学生总数的 14%。

还值得一提的是，波尔州立大学的校园网络通讯非常发达。625 个 WiFi 链接点覆盖了教学楼、宿舍楼和绿地。2005 年，英特尔公司在无线网络覆盖率一项上把该大学排名为全美第一。

南印第安纳大学和爱威技术学院

印第安纳州除了上述公立高校之外，还有位于最南端的埃文斯维尔（Evansville）的南印第安纳大学和遍布全州各大城市的爱威（Ivy）技术学院。南印第安纳大学的医疗卫生管理小有名气，该大学跟新和谐小城联手，在管理欧文的乌托邦遗址上颇有建树。爱威技术学院最近一些年来发展迅速，从传统的技术领域跨向人文艺术领域，为社会培养基本技能人才和向四年制大学输送学生作出了特出贡献。

圣母大学

接下来，让我们来看印第安纳大学的私立大学。

在印第安纳州的众多私立大学中，最优秀最名闻遐迩的当推圣母大学（University of Notre Dame）。该校位于印第安纳北边的南本德（South Bend）市，1842 年由天主教徒创办。在 2015 年《美国新闻和世界报道》评出的美国大学排行中位列第 16 位。有学生 1 万 2 千人，下设 25 个博士专业、46 个硕士专业以及60多个本科专业，分为科学院、商学院、工程学院、文学院、法学院、研究生院、建筑学院等7个学院。7个学院中，以商学院规模最大，拥有在校生2300多人，涵盖了管理学、管理信息系统等本科专业，以及MBA、非盈利组织管理学等硕士专业。 圣母大学诞生过诸如前国务卿赖斯等等在内的许多社会名流和政府官员，美国金融机构100强的总裁CEO中，本科毕业于圣母大学的人数占最多，雄踞全美各大学榜首。该校拥有19万校友，275个校友俱乐部，和遍布全球的的校友网络。每年来自校友的捐赠数额与哈佛大学并列世界第二。圣母大学于2006年被列为全美25所"新常春藤"名校之一。

圣母大学 Norte Dame University

圣母大学在2015年《美国新闻与世界报道》全美大学排名中位居第16；在2012年《福布斯美国大学排行榜》中位居第12；2013年，其商学院（Mendoza College of Business）被美国《商业周刊》选为全美本科第一，是连续第4年获此殊荣。而根据美国权威机构《普林斯顿评论》，圣母大学更是全美"梦想大学"的第五名，仅次于哈佛耶鲁等其他世界顶尖学府；《泰晤士高等教育》更选它为全世界天主教大学第一位；而《华尔街日报》评选最佳 EMBA 课程，圣母大学得第六名；它的协助就业中心在 08 年的《普林斯顿评论》排列第二位；至于大学部教授实力排名，在《美国新闻与世界报道》位列第四。

圣母大学的医科先修班（Premedical Science Studies）也很出名，结业学生超过八成能入读美国其他大学医学院。商学院、法律学院、建筑学院亦是该校的强项，法律学院在伦敦设有修课中心，建筑学院在罗马亦设有上课中心，务求让学生兼具国际视野。

根据 payscale 网站的资料，圣母大学本科毕业生事业生涯中期的中等年薪为十二万一千美元左右，在全美各高校中位居第八。

圣母大学校园环境幽静，内有两个波光莹莹的湖泊和一大片森林。校园里有 200 幢建筑物，其中三幢最著名的建筑是华贵典雅的金圆顶大楼、圣心罗马大教堂和外观绘有基督故事壁画的海斯伯格图书馆。大学建筑多为古典的拜占庭式西洋风格建筑。校园内建筑分布在高大的雪松、红叶树之中，与自然景观有机结合在一起。庞大的圆形体育馆可容纳 10 万名观众，还有专门可供比赛用的高尔夫球场。

该大学具有神秘的宗教色彩和厚重的学术气氛，也有火热的体育氛围，其运动项目丰富多彩，有橄榄球、篮球、游泳、棒球、田径、高尔夫和冰球等等。其橄榄球和篮球是传统优势项目，在全美一直颇负盛名。

私立大学中的文理学院

在私立大学中，有一类是文理（Liberal Arts）学院。这类大学规模不大，却具有别样的吸引力。印第安纳州的厄尔汉（Earlham）学院、迪堡（Depauw）大学、汉诺威（Hanover）学院都是印第安纳这类文理学院中的佼佼者。

厄尔汉学院

厄尔汉学院历史悠久，1847年，基督教的贵格教派创立了这所学院。全职教师近80人，99%拥有本专业的最高学历。学生教师比例为11:1。学校共有学生1200人左右，绝大多数为本科生。女生占57%，男生占43%。学生来自全美48个州、地区及其他22个国家。两个图书馆拥有藏书375000册、期刊近1200种。值得一提的是，该校历史上的图书馆馆长伊万·法拜耳（Evan Faber）在美国图书馆历史上是一座丰碑，他在书目指令（Bibliographic instruction）上的贡献无人出其右。

该校的建筑几乎都是红砖建筑，校园里，古树参天、绿地处处，是一个幽静的读书做学问的好地方。

迪堡大学

迪堡大学是另一所颇有名气的私立文理学院，在全美文理学院中排名靠前。比如，迪堡在2016《美国新闻与世界报道》文理学院排名中高居第51名，在2016年福布斯排行中居第78名。该校历史上涌现过很多杰出的校友，比如标准普尔五百强之一的康明斯公司董事长兼首席执行官索尔索(Tim Solso)、诺贝尔医学/生理学奖获得者、"伟哥"之父费里德·穆拉德（Ferid Murad），美国第41任总统老布什任内的副总统詹姆斯·丹·奎尔（Dan Quayle）、美国营销大师、《定位》、《市场营销的22条法则》、《公关第一，广告第二》的作者阿尔·里斯（Al Ries）。

迪堡大学历史悠久，建于1837年。1837年，绿堡（Green Castel）市民募集资金25,000美元，请求教会在当时仅比一个村庄大不了多少的绿堡建一所大学。该校在建校之初为一所男校，从1867年开始招收女生。1884年，印第安纳阿斯布里大学更名为现今的迪堡大学，以此纪念学校的捐助者华盛顿·C·迪堡（Washington C. DePauw）。一直到1887年去世以前，迪堡先生为该校捐献了超过60万美元的资金，相当于现在的1300万美元，该校的音乐学院就是迪堡先生于1884年捐款建造的。2002年，迪堡大学收到了文理学院史上最大的一笔捐赠，金额高达1.28亿美元，来自于霍尔顿家族。1909年，西格玛·德尔塔社团（Sigma Delta Chi），也就是今天的职业记者社团（Society of Professional Journalists），就由一批包括尤金·C·普利亚姆（Eugene C. Pulliam）在内的学生记者创立于迪堡大学。世界第一个由希腊字母命名的姐妹会卡帕·阿尔法·西塔（Kappa Alpha Theta）也于1870年诞生于迪堡大学。迪堡大学拥有两个世界上历史最长的且还在运营的兄弟会，贝塔·西塔·派（Beta Theta Pi）的德尔塔分会（Delta Chapter）和菲·伽玛·德尔塔（Phi Gamma Delta）的拉姆达分会（Lambda Chapter）。迪堡大学是还是印第安纳第一个菲·贝塔·卡帕（Phi Beta Kappa）分会的所在地。

在专业设置上，迪堡共设近百个学科专业，包括：人类学、历史学、艺术、犹太人研究、亚洲研究、运动机能学、生物学、拉丁美洲和加勒比海研究、黑人研究、化学和生物化学、数学、古典文学研究、现代语言文学、戏剧交流、音乐、计算机科学、哲学、斗争研究、物理学和天文学、经济管理、政治科学、教育学、心理学、英语、宗教研究、环境地球科学、俄罗斯研究、欧洲研究、社会学、电影学研究、女性学研究、地球科学。

该大学有学生2400名，来自42个州和32个国家。早在1875年，日本就公派了4个学生到这家大学留学。迪堡的师生比为1:10，每门课把学生人数限制在35以下，以便每个学生都可以得到老师足够的关注。每门课由教授直接授课，没有其它大学常见的由研究生充任的助教。

迪堡的学生不管是新生还是老生，都必须住校。新生住一处，管理得也紧些。老生则可以有更多的选择，比如可以住学生公寓，可以住在兄弟会或者姐妹会的宿舍里，也可以住一栋独立房里。到了高年级的时候，虽然仍然住校，却会拥有更多的独立性，为进入社会作好过渡。

迪堡的学生都得过写作关。为此，他们可以得到教授的悉心帮助，什么时候有问题，随时到辅导中心，就可以获得帮助。这在几万人的巨型大学是不可想象的。

由于该大学的以上种种优势和特点，很多学生对迪堡就一见钟情，选择了迪堡。印第安纳州一个华裔子弟同时被普渡大学和迪堡大学录取，但访问了迪堡后，决定选择迪堡。后来，他找工作的时候，因为是迪堡毕业的，还真受青睐。我们到迪堡访问的时候，问当向导的女学生，她为什么选择了迪堡。她答："我父亲是圣母大学毕业的，他的同学在迪堡当校长。这个同学本科读的是圣母，硕士读的是斯坦福，博士读的是哈佛。他父亲一直很钦佩这个同学，就送了她来这里就读。"她来访问迪堡后，问了所有迪堡的学生，大家都说迪堡好，她就拿定主意，选择了迪堡。

汉诺威学院

汉诺威学院（Hanover College）也是一所私立文理学院，由教会建于1827年，是印第安纳州最早的私立学院。早就对汉诺威学院肃然起敬，这都源于一个朋友的弟弟就在这家学院就读，毕业后，他进入明尼苏达州大学深造，再后来，进入哈佛做研究，直到现在。该学院紧紧相傍俄亥俄河，隔河跟肯塔基州相望。学校占地面积约为650英亩，风光秀丽、景色迷人。学校在30多个学术领域设有学士学位，学生有1000余，其中国际学生占5.6%。

汉诺威学院提供30多个领域的主要课程，同时也让学生有机会自主选择他们的专业，汉诺威同时提供专门集中的高精尖课程，包括商科预科，教堂领导等。汉诺威为所有在校学生提供了到西班牙、比利时、澳大利亚、土耳其、法国、英国等国家的短期或长期留学机会。以及在华盛顿中心，芝加哥中心和费城中心的长达一个学期的实习机会。在课余时间，学生可以参加50多个学生组织。

汉诺威学院采取小班制教学，每个班的学生平均为16人，让学生有更多的机会与教授直接接触，以及参加小组织作业。当然，课堂里的学生少了，也少了做南郭先生的机会。记得当初去这个校园访问，跟做向导的学生走到一栋教学楼里，几个教室里正在上课。隔了门上的窗户，可以看到大家围在一张大桌子旁边上课。向导就打趣道："这个教室里只有十来个人，老师就坐在学生中间，谁要做点其它什么都不行。不做作业就来上课也很危险，老师会问问题的。"

汉诺威学院曾经在 2014 年被美国世界新闻杂志排名 113 名；2014 年被《普林斯顿评论》评为 378 所文理学院当中前 15%；2012 年被《普林斯顿评论》评为最有价值的 50 所学校之一。

沃巴什学院

印第安纳私立文理学院知名的不少，不过像沃巴什（Wabash）学院这样的却是一绝。该校是全美硕果仅存的不多男校中的一所，建于 1832 年。该校学生接近一千人，从德堡大学往北再走半个时辰，就到了这个学院。校园占地 60 公顷，

沃巴什学院的课程设置可以分为三大部分：自然科学、人文科学和艺术。一共有 24 个不同学科，包括生物、化学、数学、物理、艺术、英语、音乐、哲学、宗教、经济学、政治学、心理学、性别研究、国际研究和多元文化的美国研究等。在 2008 年，沃巴什学院在福布斯杂志评选的美国最佳文理学院排行榜上位列第 10。很多影星和诗人都毕业于这所不同凡响的男校。

巴特勒大学

在首府印第安纳波利斯，巴特勒（Butler）大学是个值得一提的私立大学。该校建于 1855 年，现有学生 4500 人。有 6 个学院，开设 60 多个专业。6 个学院包括：商学院、教育学院、文理学院、医药卫生科学学院、艺术学院和传媒学院。该校占地 295 公顷，从市中心往北走 8 公里，就是该校校园。校园多是石灰石建筑，庄重典雅。

巴特勒大学是印第安纳州第一所全美第三所同时招收男生

女生的学校，该校还诞生了全美第二个女性教授。另外，该校是印第安纳州第一个设立英语教授和英文系的大学。

巴特勒大学最近一些年来，在全美传媒上名头响亮乃是因为其男子篮球队。该校男子篮球有着悠久的传统，是一支篮坛劲旅，并在2010和2011连续两个大学生联赛赛季，扮演黑马，挺进决赛。虽然最后都没有拿下冠军头衔，却也创造了历史，这就是在大学生男篮联赛进入决赛的队伍中，巴特勒大学是人数最少的。

限于篇幅，对印第安纳州的高等学府就不能一一详尽介绍。总而言之，印第安纳州虽然面积只在全美50个州中居于第38位，人口只列第14位，但高等教育非常发达。学校种类多样，学科门类齐全，很多方面在全美独树一帜。

附：印第安纳州高等学府名单

公立学校

州立博尔大学（Ball State University）

印第安纳州立大学（Indiana State University）

印第安纳大学（Indiana University System）

伯明顿主校区（Indiana University at Bloomington）

东部分校（Indiana University East）

科克摩分校（Indiana University at Kokomo）

西北分校（Indiana University Northwest）

南弯分校（Indiana University at South Bend）

东南分校（Indiana University Southeast）

印第安纳大学—普渡大学哥伦布分校（Indiana University Purdue University at Columbus）

印第安纳大学—普渡大学韦恩堡分校（Indiana University Purdue University at Fort Wayne, IPFW）

印第安纳大学—普渡大学印第安纳波利斯分校（Indiana

University Purdue University at Indianapolis, IUPUI）

普渡大学（Purdue University System）

西拉法叶主校区（Purdue University, West Lafayette）

卡罗美分校（Purdue University Calumet）

中北部分校（Purdue University North Central）

印第安纳大学—普渡大学哥伦布分校（Indiana University Purdue University at Columbus）

印第安纳大学—普渡大学韦恩堡分校（Indiana University Purdue University at Fort Wayne, IPFW）

印第安纳大学—普渡大学印第安纳波利斯分校（Indiana University Purdue University at Indianapolis, IUPUI）

普渡大学技术学院（Purdue University School of Technology）

安德生分校（Purdue University School of Technology at Anderson）

哥伦布分校（Purdue University School of Technology at Columbus）

印第安纳波利斯分校（Purdue University School of Technology at Indianapolis）

科克摩分校（Purdue University School of Technology at Kokomo）

曼希分校（Purdue University School of Technology at Muncie）

新亚伯尼分校（Purdue University School of Technology at New Albany）

里奇蒙分校（Purdue University School of Technology at Richmond）

南弯—艾克哈分校（Purdue University School of Technology at South Bend/Elkhart）

佛塞雷斯分校 Purdue University School of Technology at Versailles

南印第安纳大学（University of Southern Indiana）

私立学校

安德生大学（Anderson University）

贝瑟学院（Bethel College, Indiana）

巴特勒大学（Butler University）

圣约瑟夫卡罗美学院（Calumet College of St. Joseph）

基督学院（Christian Theological Seminary）

韦恩堡协同神学院（Concordia Theological Seminary Fort Wayne）

德蒎大学（DePauw University）

厄尔汉学院（Earlham College）

富兰克林学院（Franklin College）

高盛学院（Goshen College）

葛雷斯学院（Grace College）

汉诺佛学院（Hanover College）

圣十字学院（Holy Cross College）

杭廷顿学院（Huntington College）

印第安纳理工学院（Indiana Institute of Technology）

印第安纳魏斯理大学（Indiana Wesleyan University）

曼彻斯特学院（Manchester College）

马利安学院（Marian College）

马丁大学（Martin University）

奥克兰市大学（Oakland City University）

罗斯—豪曼理工学院（Rose-Hulman Institute of Technology）

圣约瑟夫学院（Saint Joseph's College, Indiana）

森林圣玛丽学院（Saint Mary-of-the-Woods College）

圣玛丽学院（Saint Mary's College, Indiana）

泰勒大学（Taylor University）

三州大学（Tri-State University）

伊凡斯维尔大学（University of Evansville）

印第安纳波利斯大学 University of Indianapolis

圣母大学（University of Notre Dame）
圣法兰西斯大学（University of Saint Francis）
瓦尔帕莱索大学（Valparaiso University）
沃巴什学院（Wabash College）

3.2 印州圣地

印第安纳州的璀璨明珠：卡梅尔

作者：戴贺桥

卡梅尔市艺术设计区 Carmel Art & Design Distric （摄影：刘建英）

2018年，美国《城乡杂志》（Town & Country）评选的全美最适宜居住城市结果出炉，卡梅尔市（Carmel）再度荣居榜首；不仅如此，美国《财富》（Money）、《神龛》（Niche）、《24/7 华尔街》（22/7 Wall St）等多家著名杂志近年来也数次将"最宜居"、"最安全"、"最佳求职城市"等殊荣授予卡梅尔。是的，这个卡梅尔就是我们现在居住的地方！2002年，我们举家搬到了这里。十几年里，我们安居乐业，每每看着孩子们幸福成长的样子，就感慨自己的眼光真好，选择了卡梅尔这个地方定居。不过，眼光好的可不仅仅只有我们。根据世界人口网（World Population Review）的数据，自上世纪四十年代以来，卡梅尔市的人口一直成增长趋势，2016 年美国人口普查结果显示，面积为 48.5 平方英里的卡梅尔已拥有人口 9.2 万。那么，这座位于印第安纳州首府北郊的小城具体是什么样子，到底有什么好？请容我这个"老卡梅尔"人跟您细细道来。

历史的追溯和发展

卡梅尔地区曾是印第安人达拉瓦（Delaware）部落的居住地。之后，基督教友派(Quakers)来此定居，开设了第一家商店，进行皮货交易；1845 年，这里有了第一所学校；一年后，又有了第一家邮局。1837 年，该地被命名为"伯利恒"（Bethlehem）小镇，但因为印州已有一地叫伯利恒，所以1874 年经过镇会议投票表决，正式将小镇改名为卡梅尔。

随着工业革命的发展，卡梅尔市也开始日新月异。1882 年，蒸汽机火车穿过卡梅尔，并在市区设立站台，到 1974 年因为新兴交通工具的发展，铁路才被废弃。1904 年，电力覆盖全市。1914 年，第一座公共图书馆在市中心开放使用，直到 1972 年迁入现在的地址，原址改为市政府和市法院所在地。1921 年，市消防队购买了第一辆救火车。1924 年，开创世界先河，在 Main Street 和 Range Line 路口设立了第一座自动红绿灯。20 世纪 30 年代初，自来水系统和煤气管道先后在全市建成，使卡梅尔逐渐步入现代化城镇。

辉煌卓越的城市建设

卡梅尔市被誉为美国环形交叉路口的"王国"和"首都"。卡梅尔现任市长 James Brainard 自 1996 年上任以来，大力发展市内交通建设。他把在英国留学时见识到的安全、快速的环形交叉路口设计用在了卡梅尔。从 1997 年到 2017 年 9 月，该市建成了 109 个环形交叉路口，现在还有一些环形路口正在紧锣密鼓的修建中，预计最终数量将达 140。目前，穿过市区的两条南北公路 Keystone 和 Meridian 上，立交桥林立，与几条东西街道形成纵横交错的立体交通网络。

市中心的艺术设计区内，街头凋塑栩栩如生，维妙维肖；精品商店、画廊、酒吧、餐

卡梅尔街头雕塑 Statue on the Street （摄影：刘建英）

厅等，星罗密布，比比皆是。社区活动中心（Monon Center）建筑面积达 14.6 万平方英尺，拥有室内跑道、蓝球场、排球

场、网球场、游泳池、健身中心和室外水上乐园及花园，它是居民运动休闲的好地方。此外，卡梅尔已建成19处总面积超过500英亩的公园和4条总长8.2英里的绿荫小道。著名的Monon绿道由原废弃铁路改建而成，它纵穿市区，延绵到十余英里外的印州首府的市中心。绿荫道上散步、奔跑和骑自行车的身影，彰显着整个城市的活力与和谐。

丰富多彩的生活

卡梅尔市的第一家剧院于1958年开张。2011年，该市建成美国第一流的拥有1600个座位的Palladium音乐厅，当地的居民可以在这里享受到来自世界各地的芭蕾舞、交响乐和歌剧等。卡梅尔市各种生活服务设施齐全，从两所中型医院到多家大型超市，一应俱全。市内汇集着数十家快餐店和餐馆，提供美国、意大利、墨西哥、中国、印度、韩国、日本和泰国等不同风味的美食。大型舒适的影院中心Flix的十几个放映厅内，观众可以一边观看最新的电影，一边品尝佳肴和美酒。

卡梅尔市的各种文化体育活动丰富多彩。每年美国独立日，这里都会举办印州最大的庆典活动。百余支队伍、近千人进行彩车大游行，流行、爵士、摇滚音乐以及魔术、杂技、独唱比赛等在市中心广场的三个舞台同时上演，卡梅尔交响乐团坐阵压轴，烟花焰火精彩壮观，数以万计的民众欢聚于此，共享盛况。春天，市区举办的长跑和自行车比赛，受到市民的欢迎和喜爱。夏天，每周三的晚上都有免费的露天音乐会，来自美国各地的乐团、音乐家们为市民们倾情表演；周末的夏季农贸集市热闹拥挤，新鲜的蔬菜、水果和鲜花等农产品任凭居民选购。秋天，卡梅尔市举办的国际艺术节上，各地的民风民俗、工艺美术和民族歌舞都淋漓精致地展示出不同民族的风采和魅力。冬季，市中心户外滑冰场对外开放，吸引了众多老少爱好者前往玩乐。

卡梅尔市独立日游行 Parade on July 4th（摄影：刘建英）

高质量的教育和文化系统

高质量的教育和文化系统是卡梅尔市一大亮点，也是近年来大量亚裔、特别是华人迁入该市的主要原因之一。卡梅尔市现有公立小学11所，初中3所和高中1所，私立的小学初中、初高中合校各1所。著名的卡梅尔高中在印州是最好的高中之一，它占地55英亩，建筑面积达100万平方英尺，拥有学生近5000名。卡梅尔高中的学生，在学习成绩、体育比赛、课外活动和各种学习竞赛等许多方面在印州名列前茅。每年高中毕业生进入美国哈佛、耶鲁等名校的，也不乏其人。

卡梅尔图书馆深受市民的喜爱和青睐。这座11.6万平方英尺的建筑拥有 30 万本图书、4.6 万部影视作品和 665 种期刊。所有 DVD 和蓝光影碟都可以不限数量免费借阅一周，并且可以续借两次。图书馆也开展了多项服务项目，如有奖读书、定期放映新电影、各种专题讲座和新书介绍等。图书馆的种子银行向读者免费提供各种蔬菜和花卉种子。每月的展览定期介绍和展示本地专业、业余艺术家的绘画、书法、摄影、雕塑等作品和手工艺品。

繁荣的经济和安全舒适的环境

卡梅尔是充满经济活力的城市。2013 年以来，美国 Zippia 和 Forbes 网站先后将卡梅尔市评为"印州获得工作最佳城市"和"美国高技术工作发展最快的城市之一"。40 多个有全球业务的公司在卡梅尔设有总部。在卡梅尔市排名前十的公司中，有 7 家是从事保险、金融和债券投资的公司。近年来，仍不断有公司迁入此地或在此地扩大他们的总部，如 Indigo BioAutomation、Baldwin & Lyons 等将公司迁入卡梅尔市，KAR 公司将扩增 400 名员工。这些都使卡梅尔市的经济显现一片欣欣向荣的景象。

卡梅尔市的低税率和低犯罪率是它的另外一个特点。卡梅尔家庭年平均收入 10.6 万美元，平均房价 30.6 万美元。卡梅尔的房产税约 0.95%，相当于全美平均水平的一半。卡梅尔的地产税为 1%，在印州是排名第四低的税率。2014 年以来，卡梅尔市先后被美国安全权威机构 SafeWise 和 Movet 评为"全美儿童成长最安全的城市"和"最安全郊区"的第一名。根据 Neighborhoodscout 网站统计，卡梅尔市的犯罪率是 0.27‰，比整个印州的 4.05‰低了很多。

多元素文化和华人的乐园

近年来，卡梅尔市不断加强国际间的交流与合作。它和中国湖北襄阳市、日本河内长野市（Kawachinogano）结为友好城市。每年，卡梅尔-襄阳姊妹城市联合举办中秋节庆祝活动，市民可以免费品尝中国月饼和欣赏当地华裔的龙狮舞、民族乐器和歌舞表演。2007年在市中心广场旁建成的日本风格的花园，独具特色。每年春节期间，卡梅尔市好戏连台，当地的多个华人社团举办多台丰富多彩的演出活动；来自中国大陆、台湾的专业文艺团体也给当地市民奉献不同形式的精彩表演。

卡梅尔市的的另一个特点是亚裔人口较多，约占总人口的9.5%，与整个印州的亚裔人口比例相比，高出7.8个百分点；拉美和非洲裔人口较少，各占3.1%左右，分别比印州平均比例低2.9%和6.0%；而占人口81.5%的白人与印州相比基本持平。这与亚裔学历和收入较高，并且特别注重教育和生活环境有关。

住在卡梅尔市及周围的华人们热爱生活，兴趣广泛。以我家为例，我们参加了当地华人组织印城华夏文化中心（ICCCI）的龙狮队、合唱团和摄影俱乐部；除了这些社团，当地还有中华艺术团、民族乐队、少年管弦乐队、腰鼓队、少年和成年舞蹈队等众多文艺团体，为活跃和丰富当地文化生活作出了巨大的努力和积极的贡献。体育爱好者办起了太极班、武术班、跑团和走群，定期参加锻炼和各种比赛。华人也办了中文学校，向第二代华裔青少年传授中文、书画、民乐和歌舞，使中华传统文化在这里发扬光大。

无论是城市建设、教育系统、经济环境，还是文化生活、社会环境、人文氛围，卡梅尔市都当之无愧，是整个印第安纳州最璀璨的明珠！作为卡梅尔市亚裔人口主要群体的一员，我为能在这里弘扬中华文化、展现中华民族的魅力而努力，且自豪；作为卡梅市的一名普通居民，我为能生活在这座美丽、繁荣、和谐的城市感到由衷的幸运，并为建设这里积极奉献着自己的一份力量。

独立节游行队伍里的小小华裔舞弄者（摄影：刘建英）
Young Dragon Dancer on the July 4th Parade at Carmel

印第安纳波利斯儿童博物馆札记

作者：崔璨

印第安那波利斯儿童博物馆是世界上最大的儿童博物馆，入口处的巨型变形金刚和恐龙模型是它的醒目标志。

The Indianapolis Children's Museum is the Largest in the world

就算是个学博物馆学专业的，对于儿童博物馆，我也一向退避三舍。记得一个时期，整个寝室都埋头在各自申请的学术项目里，我对面室友的题目便落在儿童博物馆。只要我一转头，看到的便都是花花绿绿的网页和各色卡通造型的宣传册。桌上堆着的书讲的都是教育理论和人格培养。我觉得那一定是我生娃之后义不容辞的功课，至于现在，还是抓紧时间，保持些雅致闲情，看我的名画或者当代艺术之类的为好。不过，我的室友总能在那些花绿与卡通之间看到些入迷之处，甚至俯仰惊叹。听到我要来印第安纳，她求我必须替她去看看印第安纳波利斯儿童博物馆，我答应了。

"儿童博物馆"的概念始于美国，第一座儿童博物馆 1899 年在布鲁克林建成开放。目前全世界百分之七十的儿童博物馆坐落于美国。无论从理念还是实践上来看，美国的儿童博物馆都代表着世界水准，而印第安那波利斯儿童博物馆（the Children's Museum of Indianapolis）确是其中翘楚，是全球规模最大、同时也是最负盛名的儿童博物馆。

最大的规模不仅是指它的面积，也包括参观人数和收藏量。这个占地 29 英亩，展厅面积近 50 万平方英尺的儿童博物馆在全球也无出其右者。一进大门，17 英尺高的变形金刚大黄蜂便向你问好，两个真实大小的恐龙模型从入口处"破门而入"，跟随你进入展馆。每年，超过 120 万的孩子和他们的家人来此参观，体验并分享博物馆带来的新知与乐趣。同时，印第安那波利斯儿童博物馆致力于收藏真实的展览对象，其幼年与成年恐龙的化石收藏量为全美第一，各类收藏和标本总量达到 12 万件。

至于何以负有盛名，这似乎难以回答。优秀的标准或有不同，但儿童博物馆既然将儿童作为分类服务的对象，当务之急便是根据儿童的需求和认知方式进行设计和展示——印第安那波利斯儿童博物馆做得很周到。一进入场地，鲜艳的色彩便抓住了孩子的注意力；这里每一位工作人员的声音都像动画片里配音演员一样顿挫洋溢；馆内不设楼梯，取而代之的是旋转向上的坡道，方便儿童推车在各层展馆间通行；家庭卫生间还设有专为幼儿设计的迷你马桶；顶层设置一块娱乐教育场地，专为婴儿游乐。除有能力培养功能的娱乐区域，还有专门的位置供哺乳、换尿布，同时还考虑到了稍长的孩子等待弟妹时的阅读与游戏需求。

儿童博物馆本是儿童教育理论的实践场。目前来看，最为经典的儿童学习方式仍然绕不开杜威理论中强调的"做中学"，还有蒙台梭利（Montessori）对于学习过程中操作器械的重视；而博物馆对这些理论的主要实践方式便是多层级的互动和参与。在印第安那波利斯儿童博物馆，我们不难看到对互动的深刻考量。

"恐龙星球"（Dinosphere，也有译作"弧形天顶恐龙馆"）是此博物馆最为著名的展厅，耗资两千五百万美金。这里你可以看到真实的恐龙化石制成的骨架，笼罩恐龙的穹幕会以每十分钟对应一小时的速度展现全天的天色。这里的互动首先考虑到了对年龄的分层。儿童整体上有相对于成人的区别，但不同年龄层的儿童之间仍要细分。比如学步的孩子和青少年都是孩子，但却有不同的认知区隔。不同的互动项目会针对不同年龄阶段的特性展开：比如可以穿上扮成恐龙的道具服装在恐龙窝里孵蛋；可以带上防护眼镜在沙墙上模仿考古学家挖掘化石；可以闻闻当时不同恐龙和植物的气味，可以听讲解课或是钻进挖好的洞穴中，再从恐龙的丛林里探出头来；再或者，还可以走进科学家的实验室看科学家清理分析化石……凡此种种，不仅关照到了不同年龄儿童喜欢装扮、喜欢运动等等的特性，还考虑到不同感官的综合互动。综合视、听、嗅、触等各方面的体验；既十分有趣，又激发出更深层的长时记忆，加深了学习的果效。

这样深入考量的互动还强调了真实性。一方面是展品的真实性。印第安那波利斯儿童博物馆的收藏量和那些美术馆和自然博物馆或许没法比，但却是儿童博物馆中的第一名。事实上,全球进行收藏活动的儿童博物馆只有三家。可以理解,以儿童教育为核心功能的儿童博物馆并不考虑收藏任务。但显然,印城的儿童博物馆认为,比起复原的样品和图文的介绍,真实的藏品能更有效地传递准确的知识。一个实例便是此馆曾借展过西安的八件兵马俑文物实物,用以儿童考古知识的教育,这对于非国际大型艺术展览馆来说是极为少见的。真实的海底沉船,真实的赛车,真实的兵马俑,真实的旋转木马——是真实的它们带来了真实的氛围,这一切的游戏都不再只是有趣,而是和馆外的某处、和过去的某刻紧密联系着的——这就是实物难以替代的魅力。另一方面是科学文化氛围的真实,这或更为难得。恐龙骨架的组合是在学术团队的指导下计划和设计的,这个团队里包括了古生物学、非正规学习、科技教育和古生物艺术的专业人士。作为华人观众,不应错过"带我去中国"(Take Me There @China)。这是此馆四年一度的 Take Me There 的系列展览的一期,上一期是从 2009 到 2013 年的"带我去埃及"。展厅的入口是一架大飞机,"登机"坐定后,你能透过舷窗看见中国的景色。除了对脸谱、书法、茶道、熊猫等专题的介绍和对应的互动游戏(比如在多媒体设备上拍照做电子戏剧脸谱、给幼年熊猫玩具喂奶)之外,展厅呈现了一个典型的中国家庭。通过复原,你可以跟着这家 11 岁的孩子 Jackie 走进每个家庭成员的屋子,看看中国居所窗外正在建筑施工的景色,祖父房里的红木摆设等等。馆方人员用超过十年的时间研究调查,走进中国近十个城市,极力真正做到让每个观众走进一个无法通过书本、电视和网络置身其中的中国。作为一名中国观众,我看到的不是单一的对中国传统文化的关注,也不是对中国现代化问题的一味批判,这两类在中国主题展示中常见的偏颇在这里被生动实际的文化氛围稳妥地替代了。真实的展品真实的氛围才能激发最贴切和深入的文化理解，这恐怕是印城儿童博物馆强调真实的重要原因。

　　印第安纳儿童博物馆的使命是：在艺术、科学和人文领域创造非同寻常的学习体验，是指能够改变每个家庭和孩子的生活。所有的互动和设计最终都是为这个教育理念服务的，这在人文教育领域尤为凸显。"成就改变：儿童的力量"（The Power of Children: Making a Difference）讲述了三名了不起的孩子的故事：第一位是写《安妮日记》的 Annelies Marie Anne Frank，这名二战期间躲在密室的犹太女孩儿，选择用自己的日记描绘她的困惑和向往，并以此抵抗战争的恐怖和孤独；第二位是 Ruby Bridges，这名在六零年代的美国黑人民权运动中第一个走进全白人学校的女孩儿，用坚定抵抗着种族歧视的种种挑战；Ryan White，是一个因输血罹患艾滋的印州男孩儿。他在公开场合谈论关于艾滋的知识，反击着八零年代以来健康教育的匮乏和对艾滋的偏见。整个展馆用巧妙的策展方式把这三个孩子的贡献分别概括为"文字的力量"、"行动的力量"和"语言的力量"，在这个场域中与观众一同探讨偏见与歧视的话题，并寻求解决之道。展厅陈示了大量的实物展品。2001 年，馆方将 Ryan White 屋子里超过 500 件生活用品搬至展厅，复原了 Ryan 的生活场景，并设有与之配合的现场短剧。这种原境与表演的组合使得更深入的了解和触动成为可能。整个馆并没有结束在历史故事的复述上，展线将人们带至"承诺树"（Tree of Promise）旁，让孩子们许下一个小小的承诺，做出一个积极的改变。看着 Anne、Ruby 和 Ryan 用过的物品，观看他们的影片，向演员进一步询问他们的故事，不得不感慨，他们的确曾经，并且正在，甚至还将继续塑造我们的历史，而每一个我们都可以成为他们。

在"带我去中国"展厅，孩子们在志愿者的帮助下了解中国传统乐器古筝的音色和弹奏方式。Learning how to play Chinese Musical instrument in the "Take me to China" exhibit

博物馆内儿童水上游戏区，孩子们可以做简易帆船，修建"水坝"等。Children are playing and learning what water can do

对自己的观展做一次简单回顾，不由承认：学习博物馆学是一种矛盾的体验。你是研习者，却也是观众；永远提醒自己站在远观的视角观察，又不免陷入。这就像情感专家陷入了恋爱——总是提醒自己旁观者清，掌握所有技巧和手段，但身处其中却又颠倒神魂。但也同样的，博物馆和爱情这种东西类似：我们强大的关于远观的自我提醒越强烈，那么这种陷入所代表的美妙滋味也就越醒目。当我们终于回过神来的时候，一边后悔自己的不专业，一边不免感慨，这就是它美妙之处。

我很是感谢那个力求我一定来看印第安那波利斯儿童博物馆的室友，若非如此，我不会晓得：那些理论上给孩子设计的游戏，我却也一样无比享受；这个原本以为离我无比遥远的主题，让我自己沉醉其中，重新成为一个孩子。《小王子》中有一句话："每一个大人都曾是个孩子，但他们都忘了这一点。"印第安那波利斯儿童博物馆让孩子成为更好的孩子，让大人想起他们本不该忘记的曾作为孩子的憧憬与力量，这大概是更高级的成功。

（印第安那波利斯儿童博物馆公关和媒体部主任 Kimberly Harms Robinson 女士为本报记者的采访提供了大力帮助，特此鸣谢。）

Seriously Amazing
印城美术馆的中华惊奇

作者：崔璨

印城美术馆 Indianapolis Museum of Art

印州华人都知道有个印城美术馆（简称IMA），也都知道它作为博物馆，总有些不可替代的文化价值。可这IMA究竟好在何处，还是需要做一些深入的功课的。本报特此采访了曾长期负责亚洲部收藏工作的荣誉策展人James Robinson博士、亚洲部主任John Tadao Teramoto博士和公共关系经理Stephanie Perry女士，请他们与我们分享IMA，尤其是亚洲部及其中国藏品的精彩。

被问及如何仅用一个形容词来概述IMA时，他们分别给出了不同的答案："百科全书式的（encyclopedic）"、"意料之外的

(surprising)"和"综合性的（comprehensive）"。事实上，这三个形容词殊途同归地讲述了这座艺术博物馆的故事：精致而丰满，严肃而又充满生机。

百科全书式的收藏

"百科全书式的"，亚洲部主任Teramoto博士这样评价他心目中的IMA。的确，印城美术馆亚洲部的收藏达到了这样的水准。按照Robinson博士的话说："我们有商的青铜，也有玉器、陶瓷、书画。我们的博物馆比较完整地展现了中国的文化故事，从某种程度上看来，这也是我们和美国其他艺术博物馆在中国收藏上的区别性特征。"较高水平的艺术馆其实很难在收藏上一比高下，就算只是中国藏品，若我们试图拿这个馆的汉代漆器来比拼那个馆的宋代陶瓷，恐怕并不明智。但像IMA这样较为完整地体现中国各个时期之"典型器"的收藏，在美国艺术博物馆中确实十分难得。这样的收藏特点，使得策展人可以在不同的展览器物组合中表达不同的故事；而对于观众而言，也更容易跟随"展线"，品味更悠长的文化变迁。

尽管亚洲馆是永久展览，在展位设置和主题上并不会有很大的改动，但是展品其实是常换常新的。"我们有充足的展品，每六个月就会布置新的展览。"Robinson博士的说法，是指每六个月，展品都会经过一定的调整，展出的展品和库房中的藏品会进行调剂，这一方面是为了更新展览内容，另一方面也是为了保护展品。亚洲文物有许多是由木、纸或纺织品等材料制成的，尽管展柜会采取一定的措施，仍需要在规定时间内进入库房"闭门谢客"。这对于观众来说，倒是见识更多藏品的好机会。

意料之外的文化感受

恐怕一下子很难理解，为什么Robinson博士会用"意料之外、吃惊"来形容一个美术馆，但细想之下，也的确如此。还有什么更能形容当我们看到"美"的时候的反应呢？博物馆有足以令人惊叹的潜能，"当我们看到这些藏品的时候，我们无比兴奋——那些原本需要我们跋涉千里才能领略的艺术品如今被我们尽收眼底。"Robinson博士常看到观众们这样的反映，"意料之外的好！没有想到可以如此美妙。"

这种感性的亲近和欢喜往往是我们走进一段故事，甚至步入一种文化的最佳路径。事实上，我们很难通过别人的说教来爱上些什么。"你看这个三彩俑，他的右手两个手指伸直，贴在腰间，一幅气势不凡的样子。"Robinson博士指着馆中的一件唐三彩贴金天王俑说："很多三彩俑在制作中流釉的现象很明显，但这个却很干净，釉色都在范围内。"Teramoto博士在目前的展品中最喜欢那副夏珪的

《渔村落照》，它代表了夏珪在皴法上的特点，布局上特意营造边角小景，尤为别致："这里面有我喜爱的中国意境。它或许并不是那般浓烈，但就是回味无穷，让你欲罢不能。"

跟随Robinson博士和Teramoto博士一起参观中国馆的时候，这两位资深的学者并没有用什么专业的术语来探讨学界争论或者形制，他们只是在观赏中洋溢着幸福的神色。贡布里希在《艺术的故事》的前言中提到，如果艺术的教育让我们以失去兴奋与好奇为代价学会了术语和批评，那不如不学。博物馆之所以值得一再被参观，正是因为它总是用真实的物件，带来无穷尽的惊喜以及意料之外的共鸣和启迪。"我们能做的，就是把我们能找到的最好的东西放在这里，讲一个故事给大家听。"

让那些饥渴的人能找到让他们心满意足的泉水。"

综合性的环境与教育活动

"在博物馆的语境里,'教育'变得不再是个好词儿了。"说起博物馆教育,Teramoto博士显得并不那么轻巧:"这意味着我在教你些什么,但不该如此。而且对于亚洲馆来说,观众的参与并不容易。我们的场馆灯光不能那么亮,画面也显得不那么斑斓。"

尽管有困难,IMA仍在进行一些尝试。比如将细节打印在印刷品上,使观众可以不用透过反光的玻璃看到纹理。在刚结束的特展"面对面——新印象派肖像"中,IMA采用了多维的手段来调动观众。除了语音导览和策展人的讲解视频,你还可以通过色彩的拆分来了解新印象派的彩色点如何构成自然的画面效果,你还能拍摄照片,通过软件为自己编辑一张新印象派的肖像。

由Lily家族捐赠的故居及花园(Oldfields),也是IMA的一部分。这个花园占地11万平方米,二十世纪三四十年代由Lily家族购入后多有扩建,2003年被定为美国国家历史地标。Stephanie Perry女士强烈建议大家在参观之余甚至专门去去这个花园,到那里闲庭信步、聊天野餐,"这也是非常美妙的文化体验呢"。印第安纳波利斯美术馆是美国第九古老的综合性艺术博物馆,1883年由印城美术协会成立,1906年作为John Herron艺术机构的一部分对外开放,1969年更为现名,1970年迁至新址。藏品来自非洲、美洲、亚洲和欧洲,其中新印象派绘画、江户时期的绘画、中国的陶瓷与青铜等收藏尤为突出。

IMA在亚洲艺术收藏的领域排在全美前列,也有丰富的西方艺术收藏，其当代艺术藏品也相当前卫醒目。不论是希望浏览西方古典艺术史的概况，还是期冀品味亚洲尤其是中华艺术的珍品，或者只是等待某个机缘与当代艺术相碰撞，印城美术馆都是绝佳的选择。这里不仅值得印州华人引以为豪，更应成为华人汲取文化力量和精神动力之所在。

馆藏精华：金钧窑碗

→

钧窑因地得名，它以乳色釉著称，在中国瓷器史上别具一格。这件器物是其中的典型代表。除了它柔和的蓝色釉，这只碗仅有的装饰是两朵不规则的紫色斑点，似梦似幻，如蓝天上的紫色雾气，与当时道教的盛行不无关系。

Bowl with two violet spots from the Jin dynasty

碗上的紫斑是自然窑变的结果。钧窑利用铜在窑内高温还原焰作用下的变化，呈现出各种微妙的色彩效果，体现一种自然美学，引一代风潮。

这只碗呈半圆形，稠密的蓝色釉在烧制中自然下坠，在碗口露出胎色，碗内有冰裂纹。

馆藏精华：商青铜觥

在世界古代文明中，商朝用模具制造青铜器的技艺无疑是登峰造极的。从开采到铸造，从冶金技术到纹样设计，都证明了商代青铜业的发达和劳动分工的精细。

wine server (guang) from Shang

觥的顶盖可活动，以便于注酒。觥盖前端为一兽首，后端为牛首，中脊为小龙。这些装饰的意义尚无定论，但那十五个有力的兽性纹饰，指向了一个超越我们的神秘世界。这些器皿专为贵族使用于一些祭祀先人的仪式，并在死后被带入坟墓。商代是可考的中国文字的发源时期，该觥盖的内侧刻有一字符，或为家族标志。

根据类型学和风格纹样的分析，这件器皿应来自商朝最后一个都城，即现今的河南安阳。

左起：作者崔璨、亚洲部主任 Teramoto 博士、公共关系经理 Perry 女士、荣誉策展人 Robinson 博士

Author (left), Dr. Teramoto, Ms. Perry and Dr. Robinson

"和谐社会"的迷宫

作者：李明洁

▲"新和谐镇"上的迷宫 Cathedral Labyrinth in New Hormany
▼"新和谐镇"上的无顶教堂 The Roofless Church in New Hormany

中学的政治课上，是背过"罗伯特·欧文"和"空想社会主义"的名词解释的，那样的时光里，小和尚都在念经。三十多年过去，等闲平地起波澜。不知道如今的课本里，是不是还残留背诵的作业；但很清晰地记得，双脚踏上欧文建设的"新和谐镇"的一瞬，中年的心脏，仍有高歌《国际歌》的冲动，"不要说我们一无所有，我们要做天下的主人"。

一代人和一代人的情结。

"新和谐镇"（New Harmony）在美国印第安纳州埃文斯维尔市区的郊外。驱车穿越瓦巴希河畔的丘陵，起伏广袤的玉米地和人烟渺渺的旷野尽头，就是这个九百多人的小镇——她居然是个真实的存在。

政治课的老师记不得了，但是记得他的唠叨：空想社会主义失败的原因是因为生产关系超越了生产力的发展。十来岁的懵懂少年，可怜一个句子里，只明白"失败"两个字。老师没有告诉过我们，其实欧文一败涂地，而且嵌入一代又一代的哲学家、政客和无辜学生脑海里的这个乌托邦只迎来过两个春天。

我们背住的怕只是个谜面。

1824 年，罗伯特·欧文（Robert Owen，1771-1858）带着儿女、好友威廉·麦克卢尔和一众追随者横渡大西洋。在英国已然是成功实业家和社会改革者的欧文，曾在新拉纳克（New Lanark）工厂采取人性化管理，使其成为生活质量上佳的"新和谐公社"（今天已是世界文化遗产），公社里有劳工食堂、夜间娱乐中心、性格陶冶馆、幼儿园、工人宿舍和消费合作社，工人的劳动时间从十三四个小时缩短到十小时，还设立了医疗和养老金制度。新拉纳克成了资本主义泛滥罪恶中的净土，名震朝野，连俄国尼古拉大公也专程来访。工业革命催生了欧文去思考公有制和大生产之间的关系,这些举措无疑顺应了当时以大规模工厂化生产取代个体工场手工生产的历史潮流。回望两百年前的英伦,我们心中仍会激起熟悉的涟漪。有过国营大厂生活经历的人,谁会忘记灯光球场夏夜的露天电影、大食堂自制的便宜冰棍、按工龄分配的宿舍楼里煤球炉的烟幕、子弟学校说方言的班主任、上下班大喇叭永远高亢的《大海航行靠舵手》?欧文天上可知,他的理想在遥远东方几代人的生命记忆中,有过这样长久而真切的刻录?

欧文漂洋过海,希望在新世界实践他的"有道德的新世界",并修正在新拉纳克社区建设中的缺憾,希望经由教育、科技和公众生活,建设一个始终快乐、开化和繁荣的社会。欧文选择了"和谐镇"(Harmony),因为它是现成的,屋舍厂房俨然;而且欧文以为精神上也是现成的,它本来已是公社。1814年,以乔治·拉普(George Rapp)为首的虔信派德国移民来此拓荒,以时价两美元一英亩的价钱买下了两万英亩的土地,建起了他们在美国前后拥有的三个"和谐公社"中的第二个。十年间,他们以原始公社的方式生活,分工合作,售卖纺织品和园艺产品,建造了教堂、商店、学校、街道和一百八十座房屋,人口达八百五十人。他们认为自己是上帝的选民,信仰末世论,坚信基督耶稣很快就会再次降世,带领他们从这个地上的天国去到上帝的天堂。所以,家庭生活是禁欲的,单身男女都以兄弟姐妹相待,分住在男女分开的集体宿舍中。

走进今人复原的一座座原木屋,有面包作坊,每星期轮流由专人负责烤制整个社区一个星期的面包;有织布坊、磨坊、酒坊,大家分工合作、集体劳作、按需分配。生活区,看到的木床是狭窄的,屋里几乎没有装饰,完全是清教徒的风格。触目的是每个床下都有一只小皮箱,在这个社区里,所有的物品都归公,仅有这只小皮箱可以装私人物品。如果不遵守财产共有的原则,就必须拎着这只皮箱脱离社区。

我无法遥想当年。

一只皮箱装得下我所有的欲望吗?恐怕只有笃信上帝,坚信一言一行都是成为上帝选民进入天堂的必然功课,才能有如此定力吧。在类似中国北方干打垒式的土墙后,刻着"和谐镇"居民的留言:"1824年5月24日,就要出发。上帝啊,以您的伟大和仁慈,保佑我们的身体和灵魂吧。"他们在这一天启程迁回了宾夕法尼亚州,将"和谐镇"以时价十五万美元转卖给了欧文。

然而,欧文将其改名为"新和谐镇"时,他想建立的并不是这样的"宗教乌托邦",而是一个没有剥削、没有压迫、人人劳动、财产公有的"社会乌托邦",力主在社会理论、教育体制和科学发现等领域进行改革。他强调教育对人格的熏陶,建立了剧场、学校;规定全体公社社员按照年龄大小从事有益的学习和劳动。然而,与先前"和谐公社"相比较,"新和谐公社"既没有虔信派那样的忠诚信仰和强大的精神领袖,又缺乏任劳任怨的熟练工匠和充沛的劳动力。剧院每周有戏,学生都在上课,可是工厂作坊却时常停产关门。"共产主义者、流浪汉、冒险家、骗子",各色人等,蜂拥而至;一千二百多居民里,脑力劳动者多过体力劳动者。欧文对宗教信仰自由的排斥,也赶跑了很多潜在的合作伙伴。两年之后,欧文入不敷出,"新和谐镇"难以自给自足,在一个极寒的冬季过后,无以为继,宣告破产。站在当年的教室里,我倒是突然清醒地明白了中学政治课上的另一句话:上层建筑必须建立在经济基础之上,而不是相反。

"长桥寂寞春寒夜,只有诗人一舸归",欧文最后终老英伦。有意味的是,欧文的乌托邦社会主义实践失败了,但是由此带来的科学家、艺术家将"新和谐镇"建成了美国自然科学尤其是地质学的中心,直接或间接地引导了美国教育和科学未来发展的道路。特别是欧文留在美国的几个儿子对印第安纳州影响甚大。大儿子罗伯特·戴尔·欧文(Robert Dale Owen)在代表印第安纳州出任美国议员期间,签署了建立史密森学会的协议,这是美国最重要的博物馆机构,造就了华盛顿特区盛大的博物馆群;他还成功助推了离婚自由的法律。三儿子大卫·戴尔·欧文(David Dale Owen)是地质学家,在美国西北做了大量的地质普查。小儿子理查德•戴尔•欧文(Richard Dale Owen)在美国内战中做过上校,还是普渡大学的第一任校长。

今天"新和谐镇"历史街区的赞助人是慈善家简·布莱弗·欧文(Jane Blaffer Owen),这位老欧文的曾曾孙媳希望两代"和谐公社"的历史遗产能够持续激励人们将乌托邦从乌有之乡建设成现实天堂。她资助了很多建筑师、景观设计师来这里修复古建,并新建了极富当代创意的公共空间和多座教堂,以待"新和谐镇"成为当代的"精神乌托邦"。镇上的无顶教堂仿佛是她心愿的标识,在这座没有屋顶、没有坐席的教堂里,人和天空离得很近,脚下草根深埋,眼前鲜花满枝。如今,九百多人的小镇上大部分是认同乌托邦理念的知识分子、艺术家和手工艺者;街道上颇多艺术装置、街心公园和公共雕塑;迎面所见的都是神色悠闲、装束得体的中老年者;街角的"黄色酒馆"几经重建,还可以买到当年的德式"炸猪脑汉堡",那是第一代清教徒物尽其用、节俭生活的遗迹;当年欧文公社的议事厅现在变成了社区活动室,人们正在为晚间一对新人的婚礼忙碌;画廊、餐厅、酒吧和艺术家工作室散布在静谧的绿荫中。当然,据说每年的文化遗产周,这里也会人潮汹涌、热闹非凡。

这就是所谓的乌托邦吗?是那么多人倾家荡产,甚至献出生命的事业所在吗?是我们的父辈曾经为之骄傲为之奋斗为之死伤无数,如今不被理解甚至被嘲笑的那个梦想吗?游客中心的黑板上,写满各种文字的缅怀和感想,我在上面迟疑地加上了四个汉字:"天下为公"。我们这一代人有被规训了的记忆,装着很多未必真正理解了的真理。

于我,乌托邦仍旧是个难解的谜。

我无法生活在"宗教乌托邦"里,我有七情六欲,也不确定会有来世;我无法生活在"社会乌托邦"里,我觉得人人都有选择信仰方式和生活方式的自由;不愿意生活的每个细节都被某个机构统一规划;我也无法生活在"精神乌托邦"里,我怀疑这是有钱有闲阶层的生活样态,更担心所有人整天都在清谈的社会最终会饿肚子。但是,我确实觉得一个"没有剥削、没有压迫"的社会是多么地美好,我确实每次听到《国际歌》都心潮澎湃,希望"英特纳雄耐尔就一定要实现"。

"新和谐镇"上有两个好玩的迷宫,一模一样的。一个在城南,是1939年重建的有四个入口的篱笆围城,走进森然的冬青树丛,我有点迷茫和胆怯,但沿着走,很顺利地就到达了中心的六角形小屋,内壁约莫看得出斑驳的圣母像。据说当年"和谐镇"的人们在一天的劳作后,会跟在神父的背后,跟读背诵经文,走到圣母的身边去。另一个迷宫在镇图书馆的旁边,当代风格的石面上划出行走的轨迹。来镇上的人,多喜欢在这个时尚的新迷宫上玩耍。孩子们跨过所有的界限,在中心点四周奔跑嬉闹；倒是很多大人，按照旁边的指引，默念着心里的爱人与疑惑、挣扎与纠结、大秘密与小确幸，虔诚绕行。与其他地方的迷宫不同，"新和谐镇"的是单轨迷宫。你只要沿着它的轨迹走，尽管绕过来绕过去，要花一些时间走不少的路，但是，一定没有歧路，一定不会碰壁，然而，也不存在任意的选择，因为这就是唯一的路途。迷宫不远处有个大喷泉，基座上写着哲学家奥古斯丁的名言：It is solved in the walking（唯前行，乃解答）。

这个迷宫是"新和谐镇"的镇徽，实际上它是法国沙特尔主教座堂（Chartres Cathedral）里迷宫的复制品。早在十二世纪，走迷宫就是基督徒象征性的冥想仪式，欧洲的沿海渔民在出海前都会郑重其事地走走迷宫来祈祷平安。六十年到出生的我，经历了国家极速的变革，站在异乡"和谐社会"的土地上，惊觉儿时游艺的迷宫，确实有某种心灵乃至信仰的隐喻在——那些犹豫和弯路、那些期冀和目标，那些最终引领我们的平安、救赎和圆满，那些道路、真理和生命。

迷宫的中心应该就是乌托邦了吧。

结构人类学者克劳德·列维-斯特劳斯说："某些在我们的历史上已经被证实的社会形式和组织类型，在某种情况下，可能再度具有现代性，并且能够回溯至那些与我们的时空距离十分遥远的社会。所谓复杂或先进的社会，与被误称为原始或古代的社会，两者之间的距离远较人们认识的小上许多"。

"远方照耀了近处，近处也能照亮远方。"

Architects in Columbus

哥伦布——给灵魂以空间

作者：李明洁

永远引领朝阳的黎明之神Eos
"Eos" by Dessa Kirk

城市，在二十一世纪早已变成了一言难尽的人工风景。游览现代城市，美国无疑是首选之地。如果因循专业人士的建议，看完了芝加哥、纽约、旧金山、波士顿和华盛顿，那么，美国建筑师学会（AIA）将指引你去哥伦布（Columbus）。没错，要跑到中西部的印第安纳州，从首府印第安纳波利斯市还要驱车向南四十英里。然而，就是这个只有四万人口的小镇，在美国城市建设排行榜上，却赫然在列，居第六位。

原因也许是，哥伦布的建筑师，除了大师，还是大师。如果华盛顿五角大楼地铁站粗犷主义（Brutalist）的裸露混凝土刺激过你，那么你可以来哥伦布的 First Baptist Church，感受 Harry Weese 还是不加修饰地使用原木却带给你安宁；如果你因为赫尔辛基的芬兰国家博物馆出自 Eliel Saarinen 之手才知道他是芬兰移民的话，那么你再来看看 First Christian Church，就会明白一代"装饰风艺术"（Art Deco）大师是怎样在美国变成现代派（Modernist）先锋的；当然，虎将无犬子，Eero Saarinen 一气在哥伦布做了 Irwin Union Bank, Miller House and Garden 和 North Christian Church，只要你仰望过也是他设计的圣路易斯拱门（Gateway Arch），就能明白他把其父的现代派风格发展到了未来主义（Neo-Futurism）怎样的极致；如果你被阿灵顿公墓中肯尼迪墓地妥帖的包豪斯风格感动过的话，你一定能会心于 John Carl Warnecke 在哥伦布设计的 The Mabel McDowell School，理解他如何将谷仓、小树林与校舍简约而又和谐地安置在印第安纳南部极富特色的平原上；如果你去过 Kitt 国家天文台，见识过那个庞然大物 McMath-Pierce Solar Telescope（太阳望远镜），你就不会惊异于哥伦布 The Republic Newspaper Building 这个出版机构的新锐玻璃结构了。或者，我们可以把话反过来说，如果你还没有领教过美国大城市里这些赫赫有名的标志性建筑，那么，不妨到哥伦布小镇走一走。大家风范，一览无余。上面六个建筑，悉数进入了美国国家公园管理局命名的"国家历史地标"（National Historic Landmarks）。掐指算来，在哥伦布写过作业的都非等闲之辈，再举其中一二，Richard Meier和Robert Venturi是普利兹克（Pritzke）建筑奖获得者，César Pelli 和 Romaldo Giurgola分别是吉隆坡双子塔和费城自由钟中心的设计者。对建筑史而言，哥伦布绝对盛唐气象，"同学少年多不贱，五陵裘马自轻肥"。一哨人马，真真好不潇洒。《芝加哥论坛报》的建筑评论家 Blair Kamin曾获普利策（Pulitzer）批评奖，但说起哥伦布，也谓之"建筑师的麦加"。

走在连自行车架都被做成艺术品并成为城市标志"C"的

The arch was created in 1971 by English Sculptor Henry Moore

这个么地方，你会不经意间，想触摸这些天才的思想。城市的所谓一言难尽，爱恨交织，往往是因为那些庞然的建筑，笼罩你、压制你，是你须臾不可离的现代生活，也是你无法飞越的水泥疯人院。然而，在哥伦布，建筑给你的直觉是"温良谦恭让"的。贝聿铭在巴黎卢浮宫金字塔的入口把大量的光线引入死气沉沉的博物馆，"没有了光的变幻，形态便失去了生气，空间便显得无力。"他也把这束光照进了 Cleo Rogers Memorial Library，透过玻璃，投射在图书馆的墙体和地面上，形成了光的庭院。像圣经里说，"于是有了光"，也便有了人的气息。

　　贝聿铭于哥伦布的最大意义恐怕就是彰显了建筑"爱人"的"仁"意。他特意为哥伦布市立图书馆设计了一个广场，"Eliel Saarinen 的教堂、我们的图书馆、Moore 的拱门（上图）、Irwin 的家，在这个开放的空间里并非简单汇集而是相得益彰。"于是，散步、集会和听音乐的哥伦布人才有了"真正的城市公共空间"。所谓英雄惜英雄，贝聿铭提议英国雕塑家 Henry Moore 为图书馆前的空地设计"大拱门"，Moore 心有灵犀，"受巨石阵的启发，要做一个可以流连绕行之地"。重量正好是一头大象的拱门成了孩子们最爱奔跑环绕的"象腿"。握住 First Christian Church 教堂的门把手，一瞬间也会被爱意击中——即使是严冬，与包裹的皮革，也会是温存的接触；厚重的木门，边沿被打磨成弧形，方寸之间是对每一只手的体贴。金钱至上的俗世，很难想象银行会低于周围的建筑。但是 Eero Saarinen 把 Irwin Union Bank 做得更像市中心舒缓的公园，他邀请景观设计师 Dan Kiley 将它隐映在小叶椴树、天竺葵和秋海棠错落交替的大面积绿化中，在美国第一个为银行设计了低矮透明的玻璃幕墙，创造性地将盛气凌人的压人气势改写成了友好的开放姿态；而如此有实力的低调仅仅只是为了"缓解市中心的拥塞"。建筑在哥伦布，不是禁锢与规训人的凝固囚牢，而是为人服务的无声问候。

建筑因此在这里格外地亲近人。美国《国家地理旅行者》杂志评出全球"109个必游之地"，哥伦布排名十一，因为"它是货真价实的、独一无二的和原汁原味的"（authentic、unique and unspoiled），也完全可以拟人地翻译成"可靠的、独特的和本色的"。这难道不是一个高大上的天才形象吗——最深的谦卑、最高的低调和最强的实力。"因为懂得，所以怜悯"，哥伦布的建筑在与人的深刻交流中，带上了人的性格和气质——"人"在这里成为了建筑最真切的关怀，建筑因此已经反过来成为了物化的人。Eero Saarinen 说："当我站在圣彼得面前时，我能够说这个小教堂是我一生的建筑中最好的之一；因为它是有真的灵魂的，它为所有的基督徒代言，是他们信念的见证人。"

建筑于是有了人的灵魂。苏格拉底说，"无灵魂的生活就失去了人的生活价值"，没有灵魂的建筑也是毫无生气的，对人而言更失去了审美的意味。1942年建成的 First Christian Church 是美国第一个简约现代风格的教堂，作为路德派牧师的儿子，Eliel Saarinen 扬弃了哥特式和乔治王朝式样的奢华风格，本着内心的朴素信仰，只将服事人的圣餐台居于正中，而将讲堂的过道、讲道台甚至十字架都移向一边。不对称，是 Saarinen 的，也是这座教堂的灵魂，这个移动在建筑史上乃至教堂发展史上无疑都是勇敢的宣言，直言不讳地点明了"上帝爱人"的基督精髓。在 First Baptist Church 教堂四壁目力所及的范围内，Harry Weese 没有给我们看见窗户的可能，但这座教堂的灵魂却是"光"。礼拜的日子里，在这样戏剧性的宁静氛围中，只有圣坛顶上的小窗,将一缕阳光从东边投向十字架,慢慢注满条条原木拼成的本色墙壁——提醒黑暗中木然祷告的人们,这才是"世上的光"。在这样的互动里,人、自然与建筑,像同一个灵魂注入了三个身体。肉体的和精神的,尘世生活与灵性向往,一起迸发出一样的心跳,达成一样的瞬间的永恒。

所谓气质,正是这样一种此地无声胜有声的精神力量;所谓有灵的建筑,正是人类这样的诗意栖居之所。在创作的过程中,建筑师早已是灵魂的工程师和激活灵魂的艺术家。无数的人感受过灵魂的重要,"人类的灵魂真是个精灵,它能把一根稻草变成金钢钻;在它的魔杖指挥下,迷人的宫殿出现在眼前,就像田野里的花儿,一朵朵在太阳热力的烘暖下绽开那样",如果你不信巴尔扎克的话,只要来看看哥伦布的"黎明女神EOS",她每天拂晓擦干眼里的露珠,拨开前夜的海上迷雾,让她的哥哥太阳神驾着马车给世界带来光明。然而,她原本只是一堆废铁和钢条,是艺术家Dessa Kirk 在木材场里把她拼出来。他一定是给了她一个艺术之吻,唤醒了如此性感撩人的身体和妩媚蓬勃的灵性。这个吻,是艺术家的爱,是艺术品的灵魂。

艺术家是给作品灵魂的那个人。前提是,他自己要有灵魂。Joseph Irwin Miller 先生是哥伦布这座灵性小城的灵魂人物。作为实业家、慈善家和政治活动家,他建立的"康明斯基金建筑项目"(Cummins Foundation Architectural Program)赞助了如此之众的建筑精英,他们云集到这座中西部的小城,将"建筑师的实验室"建设成了"牧场上的雅典"(Athens of the Prairie)。Miler先生的远见卓识在于那么早就意识到,艺术可以引领人民由富而贵,迈向有灵的生活。生产发动机的康明斯成了建筑师灵魂的发动机，甚至可以说成为了这座城市的发动机。它让艺术家在这里启动艺术灵感，挥洒艺术才智，展现艺术灵魂——它把哥伦布变成了灵魂的空间。

什么样的人才会如此渴望灵魂的空间？哥伦布的Zaharakos冰激凌店（准确地说是冰激凌博物馆）用114年的光阴做了回答。踏上1890年代的枫木地板，直接穿越到十九世纪，在用了百年由红木、大理石和镜子做成的五十英尺吧台上，买个古法手工炮制的冰激凌，坐上雕花木桌，在蒂凡尼玻璃灯下，投一个硬币，从1908年代能模仿182种乐器的自动风琴（Archestrion）中选个曲子——古典曼妙的乐声里，浓郁甘饴的古早滋味荡漾开来，像甜美的记忆，像化不开的希腊的乡愁。

在纷乱的流逝时光里，有一点还是明确的。七十多年前，J. Irwin Miller 与Eero Saarinen 及其世交Charles Eames在这里谈论建筑和设计，吃着的是今天我也吃着的冰激凌。最需要灵魂的空间的，是那些永远挚爱甜蜜生活的人们；而那些最朴质的灵魂，那些最贴近灵魂的创造，一如最纯美的滋味，其实一直都在那里，恒久不变。

一言难尽话小镇：布鲁明顿

作者：黄文泉

《布鲁明顿的今昔》（Bloomington past and present）是我送给顶头上司的礼物。她辞职转往佛罗里达高就的时候，我念着她对我的好，又念着以前遭遇到的上司对我的种种的不好，就想送给她一件礼物。她收到礼物后相当高兴，很热情地给了我一个拥抱。

后来再跟那本书邂逅，是在儿子们的钢琴老师家。老师在钢琴旁的等候席上放着那本书，意在供人杀（Kill）时间。这时我才有了机会断断续续地读了这本书。

这本书由三个人合作写成。一个历史教授（Scott R. Sanders），一个文学教授（James H. Madison）和一个新闻摄影教授（I. Wilmer Counts）。

新闻摄影教授在书面世的时候，已经作古。所以这本书像是他的墓志铭。他那些全部以黑白为基调的照片给人以深厚的历史沧桑感，表现出敏锐的观察事物的穿透力。观赏着那些照片，纵然可以识别其中的景物，但那些景物似乎都上了一层奇异的釉，脱去了凡俗的色彩，予人典雅的面貌。

文学教授在牛津大学得的文学博士，所以他写的那部分相当华丽。他设想一个从未到过布鲁明顿的朋友来访问他，他带着那个朋友在布鲁明顿漫游，搜尽小城的一切风流雅致。大约因了这种导游的定位，以及他职业上的溢美倾向，所以布城在他的生花妙笔下，是一个没有污迹的所在。他说布城如何安谧和谐时，竟然找出例证说很多市民不锁房门，也不锁车门。情形也许的确如此，但我想说的是这样做很危险。我以前多少受了这种误导的影响，所以在十多年前来布城时，因为没有上锁而被偷过自行车，但很快好了伤疤忘了痛，不久就疏于防范了。我在YMCA游泳时，就像很多市民一样，把衣物钱包等等放入更衣室里的柜子里，却不屑上锁。我想布城本来就很安全，到YMCA一年要交300多美金的会费，到那里锻炼的人大抵应该是品行高雅的人士。这样，我不锁柜门达两年之久，却也毫发无损，不料前几天去游泳，不过短短十分钟，钱包就被人窃去。及至发现，钱包里的两张信用卡已经被冒用几百美金。

如果说文学教授的笔触过于纯净扬美的话，那么历史学教授的笔端却是冷峻客观的。历史在他的笔下褪去所有的玫瑰色，赤裸裸地展示在人们面前。

在布鲁明顿生活了十多年，每每听到人们谈起布鲁明顿，都无不是说她的好。在这个小城的地界里，如果有人跟你在一起，无话找话说，问你喜欢布鲁明顿吗，那他（她）期望的答案是不言而喻的，就是喜欢。布鲁明顿的好处难以胜数，所以才一年又一年地登上全美最适宜居住的城市的名单。从有形的方面而言，布鲁明顿是个水资源丰富的所在。她有环绕四周的格里菲湖、柠檬湖和梦露湖，还有起伏不平的山峦相映衬，湖光山色、景色怡人。从无形的方面来说，布鲁明顿是一个宽容的小城。早在五十年代当金赛博士在全美保守势力的围剿下惶惶不可终日的时候，是印第安纳大学和布鲁明顿庇护了他，让他在这里继续他在性研究领域里的大胆探索。说起性，布鲁明顿还是同性恋的一个坚强壁垒，女同性恋者在每年的夏天都从全国各个角落来到郁金香盛开的印大校园隆重集会。印第安纳大学早就在前几年里有了由大学财政支持的同性恋办公室，这在全美也算是前卫的了。在这个不足十万人的小镇里，随时可以看到不同肤色不同种族的人，听到不同的语言；在四街靠近印大的短短的几百米里距离内，有迥异的香味四处飘荡，因为那里坐落着来自五大洲的不同菜系的餐馆。

布鲁明顿的喷泉雕塑　A Fountain Statue in Bloomington

正因为有了对布鲁明顿如上的基本认识，所以当看了这位历史教授的文字的时候，我震撼不已。

布鲁明顿历史上曾经是个水资源短缺的小城，水仅仅可以满足饮用而已，如果哪里不幸发生了火灾，灭火就受到了水的制约。上个世纪初，曾经因为水的短缺，州里还建议印第安纳大学迁址。后来建了格里菲湖，水的困扰才暂时远去。然而不久，水的短缺重又降临，于是又建了更大的柠檬湖，这时，人们以为水的问题已经一劳永逸地解决了。不料不出十年，由于四十年代的特大干旱，布鲁明顿当时的水资源又捉襟见肘了。于是在联邦政府和州政府的携手下，梦露水库这个全印第安纳最大的水库才建了起来，由此，才比较彻底地解决了布鲁明顿的水短缺问题。未来就没有水的困扰了吗？历史教授不以为然，他忧心忡忡地警告，由于梦露湖成了人们游乐度假的场所，游艇泄油严重，所以梦露湖和柠檬湖的水在质量上可能会在未来的某一天不能满足饮水的需要。水资源短缺问题可能还会卷土重来。

是的，布鲁明顿是个包容的城市，前面已经提到了布鲁明顿对性探讨同性恋异文化的宽容和接纳，但是历史教授揭开了布城曾几何时的丑陋一页，布鲁明顿在不久前也不是一块宽容和谐的绿洲。比如种族问题。直到上世纪初四十年代中期，当时的布鲁明顿还像传统的南方蓄奴州一样有着黑暗丑恶的种族隔离制度，不要忘记了，当时的美国人正欢呼二战胜利结束，黑人们却没有能够一道分享这种胜利的喜悦。布鲁明顿当时的电影院、游泳池、餐馆、酒吧大都对黑人恶眼相向。华盛顿街和六街那里曾经是一个有色学校，所有的黑人子弟都在那里上学，黑人也都居住在那里。后来印第安纳大学建在东边，致使东边的房地产价格大涨，黑人就被挤到了西边居住，于是Banneker就成了新的黑人学校。而以前的"有色学校"则被推倒，在其废墟上建起了卡内基图书馆。1925年的时候，三K党在布鲁明顿曾经很活跃，在以布城为中心的梦露郡有1457个三K党成员，而在1922年，布鲁明顿的黑人不过是四百多人而已。同一时期，有几个印第安纳大学的白人学生把一个黑人小孩绑架的事件，黑人多次起诉均告失败。在同一时期对性研究相当开明的印第安纳大学对这一事件却未免有些睁只眼闭只眼，直到上世纪八十年代，才象征性地对这个事件和受害人家属表示了遗憾。许多年过去，三K党在布鲁明顿早就绝迹，但是没有三K党的三K党行动仍然不时上演，种族歧视的现象依然盘桓不去。前几年就有过一个极端白人种族至上主义者在三街的韩国人教堂前公然枪杀了一个韩国学生。在布城的街头也不时听说过追打有色人种学生的事件。

除了种族问题，在布鲁明顿明丽的天空下也发生着其他地方发生着的罪恶。前几年，一个十九岁的女大学生在郊外骑自行车锻炼的时候就莫名其妙地蒸发了，虽然FBI作了许多努力，至今也没有发现她魂归何处。至于抢劫银行这类犯罪，更是像折子戏一样在布鲁明顿不断上演，经久不衰。

当然，布鲁明顿的确是个很出色的小城，多家杂志多次把它评为全美最适宜居住的城市之一，也是慧眼识珠。布鲁明顿有一流的音乐学院，可以让市民们享受品位高雅的生活，去除世俗生活的凡庸。布鲁明顿还有一流的休闲娱乐设施，可以让人们养尊处优。布鲁明顿的确相当太平，但是，只有睁开了你警惕和防范的双眼，你才能充分享受布鲁明顿的太平。

灵魂寓所——
印第安纳州南端的修道院

作者：黄文泉

早就听说过印第安纳南端有两个著名的修道院，一个是修女的，叫费迪南德（Ferdinand）修道院；一个是修士的，叫圣·蒙瑞德（St Meinrad）修道院。在电影上多次看到的修道院，几分静穆，几分神秘。然而修道院究竟是个什么样的世界，却不明就里。那么，趁着一个周末，到那里去看看，倒是一个很好的旅游项目。

本来计划当天就进入正题，却走岔了路。于是就将错就错，到阿米什人的地界上去逛了逛。那里很辽阔，房舍像早晨的星宿闲散四方，就要收割的玉米在地里铺展开去，就是一片金黄的海洋。找到阿米什（Amish）人的饭店，饱食一顿，然后在夕阳余晖中继续南下。在加斯坡（Jasper）千辛万苦找了一个旅馆，好好将息一夜。次日一早约莫十点，才又启程。

费迪南德修道院

快到费迪南德修道院时，看到一处迭翠山峦，想那就是修道院了。开车近前一看，一处壮丽庞大的建筑群就惊现眼前。建筑群沿坡而建，有方有圆、错落有致；红砖红瓦，洋溢温馨。把车停在入口的荫凉处，正好看前面一辆车下来一家四口，都穿得绅士淑女。我们的脚步便有些犹豫了，生怕穿得随便，被拒入门。这时，又来了一家人，却穿短裤体恤，招摇着就上山了。我们就有了些宽心，也拾级而上。

费迪南德修道院 Ferdinand Convent, by Dan Russell

　　修道院主体建筑外面，是一处方正平实的宿舍楼，那是修女住的。有趣的是宿舍楼叫麦当娜大楼。麦当娜一直以性张扬为乐事，被社会保守人士所不齿，更被宗教人士所切齿。修女安息的圣洁之所却跟麦当娜同名，来由不得而知，却显然成了一个调侃。

　　推门进入主体建筑，在前门跟二门之间的门廊里，却见两个男孩在前面指着地面一个物事发笑。我走近一看，原来是一条黑色小蛇，正逶迤而动。蛇在基督教里是撒旦的化身，人就是因为蛇的引诱而犯下原罪的。地面洁净无瑕，门外离花坛也有一段距离，这蛇从何而来？后面刚进来的一个女士一声惊呼，走进门去，告诉接待的修女："一条活蛇就在室内！"一个穿着黑色西装的男访客闻声出来，用一张硬纸把蛇撮了，请到了外面。

　　费迪南德修道院一共有190个修女，其中的70个到外面各处去传教去了。1867年，从更南边的肯塔基州来了四个年轻的修女，她们到这里对德国开拓者们进行教化。她们励精图治，采取请进来、走出去的办法，使得修道院的影响日益扩大。修道院里陆续走出去1000多个修女。以不屈的信念、高昂的精神和不竭的精力，她们四处传播火种，到阿肯色州、北达科达州、加州、路易斯安那州、印第安纳州和肯塔基州建立了另外六个修道院。她们在创业上的成功引起了诸如《华尔街日报》和ABC电视台等媒体的密切关注。她们也活跃于宗教界，在大大小小的年会上，激情洋溢地介绍自己的成功经验。

修女们选择独身，把婚姻作为牺牲，在日复一日的祈祷、弥撒、工作和行善中建筑一条精神之路，追寻上帝，完善自己。一个个修女静美的生命，像波澜不惊的流水浇注了150多年的历史传统。在修道院里的墙壁上，可以看到修女们入世的善举，一个在教东方孩子学英语，一个在医院里伺候病人，一个在厨房里做饭……有的人在华尔街上为贪欲而癫狂的时候，有的人在政坛上为野心所激扬的时候，有的人为职场沉浮而苦恼的时候，却有修女这样一群人，根绝了声名利禄，远离了感官享受，在灵魂的洗礼中走着自己的生命之路。

修女们当真心如止水？她们的内心世界难道犹如九月里的天空，一碧如洗？历史上屡有逃出修道院禁地，投入俗世的女性，更不用说以修女身份入世传播福音了，即使圣洁伟大如特瑞莎（Mother Teresa），星空里也未必就没有飘过一丝乌云。特瑞莎从家乡希腊远道去印度传教，独身一世，行善无数，并最终获得诺贝尔奖。当她面对着媒体的镜头灿烂微笑的时候，又有谁能窥测到她苦涩的内心？照她的原话，她的微笑只不过是一个"面具"。在长达半个世纪的岁月里，她饱受信神还是不信神的折磨。她曾经写给其他神父一些信件，之中披露了她的孤独和寂寞。她坦诚她面对的是巨大的"沉默"和"空虚"，她听不到也看不到耶稣的音容。修行要修到纯粹脱俗、一尘不染的境界，原是不易的。

10点钟的弥撒要开始了。弥撒要持续一小时，我们怕把持不住，更念着下半天的日程，于是就决计不参加。下午一点整，还有一个导游节目，本来也应该参加，但也只好忍痛割爱。到外面走走看看，在修道院的回廊逛逛，在角落的圆亭稍歇片刻，往西边一看，小城费迪南德尽收眼底。费迪南德于1840年由一个牧师始建，当初的市民们都是德国移民，信奉强烈的天主教。沿着幽静的"玫瑰台阶"（Rosary steps）上去，在绿荫中可以看到耶稣受难的形象，也可以看到圣母玛丽娅详和的面容。一个人在这里安坐一忽儿，那是可以回到内心，走向悠远的。

修道院有个礼品店，里面有修女们的手工制品，有秘鲁和危地马拉远道而来的工艺品，更多的是宗教书籍及其它用品艺术品。妻子为礼品店的名字别致而感叹，名字的确别致，叫"为了天堂的缘故"（For Heaven's Sake）。

感叹了一阵，却没有拉住大家的脚步，全家坐进车里，下山去了。

修道院跟俗世构成了人类社会的两极，一端是喧闹，另一端是静穆；一端是欲望的内敛，另一端是享受的扩张。我这样想着，一路朝圣·蒙瑞德（Saint Meinard）修道院进发。

圣·蒙瑞德修道院

原来这两个在北美都可列入前茅的修道院相隔并不远。不过半个时辰,圣·蒙瑞德修道院就到了。圣·蒙瑞德修道院也高居山峦之上,也在绿荫掩映之中。跟费迪南德修道院相比,圣·蒙瑞德修道院的规模更大,建筑更多,占地面积更辽阔。一个偌大的山坡都是圣·蒙瑞德修道院的领地。已经是午饭时分,所以想找个餐馆先吃了,然后再好好来看这个修道院。沿着修道院的主路上去,看着路标一直往前走,不觉就下了山,到了山峦的另一端——礼品店。不过,我们是来寻吃的。进去后,果然就发现里面辟有一角,几张干净的桌子,柜台上的牌子写着供应的食品,有牛肉汤、其力汤,还有三明治和修士们做的大而圆的面包。我坐着打盹等吃的当儿,妻子却来说,工作的那个女士推荐到山上修道院的食堂去吃,因为那里丰盛些。如果那里满座,那么再回来不迟。

圣·蒙瑞德修道院 St Meinrad Convent

沿着原路开回去,进了修道院外围的那栋平房,再往右一拐,走到最里端,就见一个白衣女士正在放置饭菜。见我们探头探脑,就友好地走过来。听了我们的来意,问我们有多少人,一听是五个,就说可以接待,并让我们等几分钟。乘着等待的时光,就近看了一看。走廊里有两个教室,按桌子的放置方式,一间是讨论用的,另一间是讲课用的。桌椅都是硬木做成,结实而美观。角落里有投影器、DVD放映机和电脑。刚才进大门的时候,就看到两侧有几个椅子和沙发,还有电脑可供查电子信件。靠墙还有一台接触式信息问讯电脑,用手指在屏幕上显示的修道院各个内容或者地理位置上一按,就可以从嵌在墙里的大屏幕上看到相关信息。地面上镶嵌着地板砖,大方而光洁。心里闪过一个问题:这个修道院何以如此豪华?钱从何来?

吃的是自助餐,价钱内外有别。我们付的当然是对外的价格:7美金。不过,我们吃得惬意不过。一人端了一个大托盘,把色拉装了一个盘子,又放进一碟点心;再到主食柜台那里,装了一盘子炖牛肉片、小面包和煮熟的豆角以及花菜;又去端了一杯饮料。东西都可口清爽。餐厅整洁亮堂。修士们还在弥撒之中,所以我们是首批食客。大家一边吃,一边赞赏着修士们的厨艺,一边就觉得浑身上下一个爽。

圣·蒙瑞德修道院的气派在其主体建筑群中的教堂体现到了极致。推开厚重的大门,管风琴奏出的曲子在高大的厅里回荡,悦耳非常,撞击人的心扉。弥撒散了,里面空空如也。只有一个老太太在尽头那端弹奏着。如此美妙销魂的乐曲竟然是从她的指尖飘荡而出的。高大的窗户玻璃上都是以宗教故事为题材的绘画,耀着阳光,显得格外亮丽斑斓。这些巨大的玻璃是德国的舶来品。一人难抱的大理石廊柱一字排开,从这头直到那头。该教堂是19世纪中叶的作品,这些巨大的廊柱又是如何不远万里来到这个偏僻所在的呢？踱步到了里端，才发现底面靠墙立着熠熠发光的金属管，就像音阶一样高矮排列。难怪管风琴会如此高亢呢！如此富丽堂皇的教堂大约只应在遥远繁华的欧洲可以看到，不料，它却也安身这里。小户人家原来也是可以藏连城之宝的。

　　走到教堂外面，看到远处斜坡上的墓地。镌刻在墓碑上的名字虽然各异，墓碑却像队列中的兵士整齐划一。1854年，瑞士的修士应当地一个牧师的邀请，远涉重洋，到了这里，建立了这个修道院，对当地的德国移民们传教。从那时到现在，153个春秋次第而逝，一个一个修士就倒伏在追随上帝的漫漫旅途中，长眠于此。后来者依然生生不息。而今，这个修道院有115个修士，年轻到21岁，年老则达103岁。圣·蒙瑞德修道院号称北美第三大修道院，当然不是因为其修士的数目，而是因为它的规模。

　　然而，又有谁能想到，当初圣·蒙瑞德修道院差点关张大吉。在建院初期，穷困和疾病让圣·蒙瑞德修道院举步维艰，瑞士本部派员前来评估。这个官员似乎预见了圣·蒙瑞德修道院的未来，决定坚持下去。经过几年惨淡经营，圣·蒙瑞德修道院转危为安，并在1870年，脱胎而为一个独立的修道院。

　　圣·蒙瑞德修道院如何展现出来这般的殷实和气派呢？那个问题在我的脑际盘桓不去。细读资料，才知道修道院其实不是个纯粹的精神之乡，而已经是个实足的经济实体。圣·蒙瑞德修道院属下拥有三大产业。一是神学院，二是出版社，三是棺材店。神学院建立于1857年，开始时提供经典、哲学和神学课程，后来则专心培育牧师。如今，神学院可以授予硕士学位。1867年，修士们买下了出版社，出版宗教书籍、贺卡和宗教装饰品等等。棺材店是1999年才开张的。这些棺材所用的材质来源于核桃树、橡树、樱桃树和杨树，坚固厚实。棺材的风格当然华贵典雅。长眠的修士们一直用的就是这种棺材，神学院的学生、朋友以及当地居民一直艳羡，一再要求作古之后也可以享用同样的棺材。神学院的棺材店遂应运而生、生意兴隆。

当然，修道院的主要功能还是修道。修士们一天要集中四次，一起祈祷和做弥撒。之外，还有个人的祈祷忏悔等等。他们的生活节奏主要还是以精神为节拍的。意大利的圣·本尼迪克(St. Benedict)在6世纪建立了修道院，按照一系列清规戒律来指导生活。这些条规的核心是追求基督式的生活，以耶稣基督的教诲来指导修道院的日常生活。这种生活方式蕴涵着一个主张，那就是，生活中的任何一个细小时刻，都可以找到上帝。圣·蒙瑞德修道院奉行的就是圣·本尼迪克建立的规则。

要始终如一地按照修道院宣称的条规来生活，并非如表面上看到的那样来得容易。有时，表面上的和谐自足掩盖着深层的痛苦挣扎。弗洛伊德说，文明是对本能的压抑。修道院正是一种文明到极致的形式，那么，本能也许就在修道院中周而复始的祈祷、弥撒中被压抑着。这样，历史上就有了《十日谈》中情欲喷发的修士，近些年则传出了天主教徒的性丑闻。不可否认的是，另一方面，却也不乏忠诚于信仰并按教规实践的修士。这些人是修炼到家的人，就像云端的仙人，值得我们仰望。

灵魂寓所

九月的印第安纳南端在金光下闪烁，进入视野的都是玉米、高粱和大豆，透着农业社会的自信、恬静和知足。农业社会封闭，却也获得了圆满；农业社会幼稚，却也像小孩一样欢乐常驻。阿米什人到这里来。清教徒也到这里来。后来，欧文也看中了这个地方，把它作为建设共产主义乌托邦的圣地。修女们到这里来了，修士们也到这里来了。大家都是为了安顿精神来到这里的。印第安纳的南端好比当初的伽南圣地，是一个供精神飘泊者停泊的港湾，是一方安顿精神的净土。

阿门。哈利路亚！

静美与绚烂：印州霜叶二月花

作者：李明洁

布朗郡州立公园一角 Brown County State Park, by Richard Bryant

八十年前的秋天，有个叫郁达夫的文人"不远千里"，从青岛赶到北平，为的是"饱尝""故都的秋味"。他说，"有感觉的动物，有情趣的人类，对于秋，总是一样地特别能引起深沉、幽远、严厉、萧索的感触来的"。走南闯北的他，断言"这秋的深味，尤其是中国的秋的深味，非要在北方，才感受得到底"。他乡故知，这些话于印州的华人，恐怕都会有深深浅浅的共鸣：美国的秋之深味，也许也非要到印州，才能深自感怀。印州的秋，一样深沉幽远，却又有别样的绚烂与静美。

印州有不少州立公园都是久负盛名的观叶胜地：布朗郡州立公园（Brown County State Park）是印州面积最大的州立公园，揽着缰绳或者徒步跋涉，穿行在约70英里的马背小径和12英里的步行道上，于层林叠嶂间，可尽情饱览秋叶之缤纷；克里夫列瀑布州立公园（Clifty Falls State Park）是地质爱好者的最爱，看落叶如期而至，飘落在四亿年前的页岩和石灰岩上，面对峡谷、峭壁、瀑布和印州最古老的露头（露出地表的基岩），人们怎不会有沧海桑田之慨叹；和谐州立公园（Harmonie State Park）的设施可能是全州最先进的，八个烧烤区和可供两百个家庭使用的宿营地，无疑为全家秋游提供了便利，还可以顺路去参观仅距四英里的新和谐（New Harmony）小镇，空想社会主义者罗伯特·欧文（Robert Owen）于两百年前建立的这个新和谐移民区，恐怕最能牵动对"社会主义"这个词并不陌生的很多华人的思绪；当然，如果要怀古，还可以去麦考密克州立公园（McCormick's Creek State Park），它建立于1916年，是印州最早的州立公园，最好在Canyon Inn（旅店名）住上一夜，在这个已有百余年历史的老牌疗养院里，听秋虫呢喃，赏天高云薄，林泉听韵，卸下烦思。

然而，印州还有不少赏叶妙处，或养在深闺人未识，或熟视不睹泰山之形。用英文来讲，就是 hidden treasure。实际上，去这些地方走走，既可避开闹猛人流，又有探索新奇之趣，岂不美哉？

Turkey Run：探险者的峡谷与自然的神工

作者摄于 Turkey Run State Park

退去了夏的暑热，秋天真是个活动筋骨的好时节。若想在赏叶之时，信步健行乃至攀爬腾跃，Turkey Run State Park（火鸡跑州立公园）都将是不二之选。

出印城往西，沿47号公路驱车一小时余，满目金黄迎面而来。植被和动物品种都极为丰富的 Turkey Run，野趣天成；与 Spring Mill 相比，可谓绚烂热烈。在苔藓蕨类的湿滑砂岩上，在核桃木和铁杉的原始丛林间，稍稍留意，就可发现鸣鹿的脚印、水獭咬过的树枝、啄木鸟的劳作之声，甚至撞见火鸡与秃鹰的搏击。

然而，Turkey Run 最为骄傲的，是印州最为险峻崎岖的步行道——拓荒时期猎手们发现的火鸡奔来避寒的峡谷。拜"更新世"冰川所赐，壶穴、漂砾、峡谷、河流，这些大自然的鬼斧神工随处可见，触手可及。人们很难想象，大到圆石谷（Boulder Canyon）里怪兽般的巨大砾石，小到糖溪（sugar creek）中光滑的鹅卵石，都是在冰川活动最活跃的时期，从今天的加拿大地区被冰川裹挟、搬运，被溶雪水回流、侵蚀而来。大自然该有多宏伟的力量、多恒久的耐心和多么神奇无穷的创造力？而那个时候，人类也才刚刚出现。

第三步行道是探险者最爱的冰川杰作。踏过糖溪上的木拉索桥，眼前葱郁深邃，水气和草叶的气息交合。清泉石上流，圆木断溪头，红杉和铁杉的落叶像镶嵌在溪水中的精巧锦绣。大自然中的人，绝没有小鹿和火鸡的灵巧；砂岩被冰川切割出平滑的弧度，人立在谷底，只是感到森然渺小。游人们都激灵出精神头儿，一会儿涉水跋涉，一会儿攀岩石壁，一会儿小心翼翼地挪过布满青苔的独木，心跳加快、头脑清醒，感觉倒是比漫步清新浪漫的林间小径提神飒爽得多。只见最险处，在峭壁上垂直挂着两架云梯，各色人等都不得不手脚并用，涉险过关。

"连峰去天不盈尺，枯松倒挂倚绝壁。飞湍瀑流争喧豗，砯崖转石万壑雷"；大自然只需小露峥嵘，人类就只能"以手抚膺坐长叹"了。人定胜天，恐怕是个笑话。好在有先行者深知这个道理。1840 年代，这个地区就有拓荒者进驻，利伯屋（Lieber Cabin）就是印州现存最老的原木屋；但他们在拓荒的同时，也保护了这片谷地。印州州立公园之父理查德·利伯（Richard Lieber）安息在第 11 步行道尽头的铁杉林里，在他的倡导下，印州成为全美最早建立自然保护区的州之一，火鸡跑州立公园也是印州建立的第二个州立公园。

Spring Mill：拓荒者的磨坊与光阴的故事

春华秋实，收获的秋天很容易让人抚今追昔。Spring Mill State Park（春磨坊州立公园）集自然美景与人文历史于一身，是个"发思古之幽情"的绝好去处。

沿着37号公路，从布鲁明顿（Blooomington）一路往南一个小时。车窗外，不停后退的是不肯结束的青纱帐。成片的灰色秸秆，沉静地衬托着被染成暖色的远远树林。一马平川的原野、广袤朴质的玉米地，这就是印第安纳的田野。当年东来的拓荒者，会不会是因此就停下了脚步了呢？

顺着清浅的溪流，很快就到了拓荒者村庄（Pioneer Village）。一架巨大的木质水车赫然眼前，石灰岩石块砌成的磨坊魁伟而立，引水的栈道延伸到丛林的深处。溪水潺潺，水车的吱呀声里，时光穿越，恍然间置身于1832年的热闹集镇，Hamer兄弟正带领着拓荒者们开荒耕地、建房架屋、磨粉贸易。身着传统衣衫的皮匠、木匠、铁匠依然在火炉前忙碌着，村落里散落着原样摆设的议事厅、居室、小商铺、草药店和马车驿站。磨坊的二楼和三楼是拓荒者博物馆，一桌一椅、一刀一斧、一信一帐，诉述着筚路蓝缕的辛劳日夜和坚定渴望。二楼的磨坊内室，水车是墙上的巨型钟表，从久远转到今天；捧着刚磨出来的当季玉米粉，感觉秋日暖阳拂面，又似先人温暖的目光萦怀。

徜徉在"拓荒者村庄"，不免思潮起伏。之后，要去 唐纳森（Donaldson Wood）树林，沉静一下心绪。Spring Mill除了7条

0.25英里到2.5英里的步行道外,还有一条半英里的马车栈道。乘上维多利亚时代的马车,年年岁岁相似的秋叶和岁岁年年不同的人,都会擦肩而过。不过,Spring Mill 也有对光阴的故事"视而不见"的,它们就是大名鼎鼎的"北方岩洞盲鱼"(Northern blind cave fish),作为珍稀保护动物,仅存在于肯塔基州的中北部和印州南部的岩洞中。在黑黢黢的唐纳森石岩(Donaldson Cave)洞里,就栖息着这种通体肉色透明的稀罕鱼类。4月到10月的周末,不妨赶到双胞胎岩洞(Twin Caves),乘舟深入岩洞五百英尺,体验一把"盲鱼"的"盲目"世界。

寂静的丛林、无声的盲鱼、低调沉着的磨坊、安静朴素的古村落——Spring Mill State Park 沉浸在光阴的故事里,它的秋天是静美的。与其说这里是公众休闲的遗址公园,不如说是老少皆宜的文化学堂。离开时,带回个用老法制作的皮夹、传统的木制花器和花园劳作的铁铲,捎上几包磨坊新出的玉米面;就像放学时,带着先师默默的激励和印州秋收的礼物,身心焕然地回家去。

印地:俯拾皆是二月花

"一年好景君须记,最是橙黄桔绿时"。秋叶是不能辜负的二月花,就算暂时不能远足,印地也俯拾皆是赏秋观叶的好去处。

熟悉城北哈里森堡州立公园(Ft. Harrison State Park)的,一定都知道那里的主人是那几家加拿大野鹅。"秋风起兮白云飞,草木黄落兮雁南归",落霞时分,在池塘边黄绿相间的秋叶的梦里,目送它们归去,赏秋水与长天一色,寄语来年的重逢，该是多么应景的雅事。

或者去印城美术馆IMA的花园老区（Oldfields）里走走，精心设计过的花园，草木高低错落，色彩饱满艳丽；温室花园里的菊花，艳得炫目；落叶铺满人行小径，如金色地毯，让人不忍下足；运河边的高大枫树，远看简直就是紫禁城的大红宫墙；小桥即景，更是很有些莫奈印象画宽宏暖热的梦幻格调。

"停车坐爱枫林晚，霜叶红于二月花"。印州和印城，有太多美好秋色，叫人禁不住驻足，悦目赏心。不经意间撞见的街边小景，都会撞碎性情中人的惜时之心。那天车行 Sargent 和 Lantern 路口，微雨中的雪松之后，围栏蜿蜒，不远处的杉林换上了它的花衣裳。三匹骏马悠闲地踱步而来，打个响鼻儿，与我温柔地对着眼神。马儿呀，马儿呀，怎么和你说明白呢？看风景的人儿在秋天看你，你是怎样装饰了人们的秋梦？

本文作者摄于印城 Sargent 和 Lantern 路口
A scene near Seargent and Lantern road, Indianapolis

小镇的圣诞风情

作者：Richard Bryant

Watt's Train at Zionsville, Indiana

近来，圣诞装饰和购物广告出现得愈来愈早，甚至十月就可以看到。在广告的狂轰滥炸下，人们纷纷涌入疯狂的购物人群。作为购物大军的一员，你是否还记得传统的圣诞活动：与亲朋团聚，参加教会的节日活动，和大家一起做做饭，帮助不幸的人，等等？作为老印地人，本文将向您推荐几个颇具圣诞风情的去处。

杂恩斯维尔（Zionsville）的瓦特火车（Watt's Train），是一家很有传统圣诞风情的小店。丰富多彩的火车展示是这里的一大特色，大型的LGB火车展一定会让你大开眼界。各式各样的玩具火车在这里应有尽有，各种零件、附件，这里也一应俱全，甚至还可以提供"火车"修理服务。除了火车，这里也有各种流行的LGB PIKO、玩具车和其他流行玩具。刚砍伐的圣诞树散发出清新的树脂味道，各种精巧别致的装饰物透出喜悦的气息。给小鹿们喂食是孩子们的最爱，没准里面就有一只驯鹿呢（Reindeer）！

卡梅尔（Carmel）市中心的MrMuffin's Trains，是一个不容错过的好地方。那是一个高大的建筑，里面有著名的Lionel火车模型，其细节和场景之多使人目不暇接。每逢节假日，大大小小的孩子们聚集在店里，观赏那些跑动的火车，兴奋异常，使整个店里都洋溢着节日的气氛。你可以给

MrMuffin's Trains in Carmel, Indiana

264

孩子买一套简单的火车部件，也许他们会开始自己一生的收藏。即使你不买玩具火车，只要到这些地方逛逛，看到孩子们脸上的表情，就会被他们无以言表的喜悦感染。几十年前，店主人一家就在本地最著名的玩具店工作。近几年，他们的努力使小镇的玩具店恢复了昔日的风貌。也许，在这一过程中，他们也找回了昔日的自己。

玩具火车是很好的节日礼物，不管钱多钱少，年少年老，你总能找到一个中意的玩具火车，有些也可以成为传世的收藏品。更重要的是，在小镇玩具火车店里，你可以感受到那种在大型购物中心绝对没有的、纯真的圣诞风情。

带上孩子们，腾点儿功夫，去领略一下吧！你绝不会失望的！

3.3 丰富的文体生活

一路狂飙过百年：INDY500 随想

作者：李明洁

INDY500博格华纳奖杯（Borg-Warner Trophy of Indy500）（摄影：Richard Bryant）

◀ 印第安纳波利斯赛车场标志
Indy500 Logo

2013年赛场外有趣的装扮（摄影：Richard Bryant）
Indy500 race fan

想象一下，以均速每小时227英里的时速，开车疾驰500英里；或者这么说，每小时365公里，把汽车开到飞机起飞的节奏，一路狂飙，从印第安纳波利斯直到亚特兰大。如果你想象不出这有多疯狂，你就想：从上海自驾到武汉，大家都遵守交规，旅游指南还建议你开9小时；而现在车况极其凶险，四周各色豪车，玩命抢道。但是你，除却巫山不是云，艺高而且人胆大；目中就是无人，猛进还要高歌。2小时！杀出一条血路，活着，搞定！这、这、这，够不够酷、炫、狂、霸、拽？

这，还真不是想象，印第安那波利斯500英里大赛（Indianapolis500，又叫INDY500，"印地五百"），北美最高规格的开轮式赛车比赛暨美国冠军方程式锦标赛中最高级别的比赛，每年阵亡纪念日（Memorial Day，五月的最后一个周末）都在印州首府印第安那波利斯市极速上演。"酷"以类聚，这项赛事与F1摩纳哥大奖赛和勒芒24小时耐力赛并列世界三大汽车大奖赛，但它既要像F1一样比拼速度，又和勒芒拉力赛一样考验耐力。赛事的物质基础强大到"炫"，奖金奇高，即使未能完赛的车队都可获得数目可观的奖金，今年的出手是30万美金，而第一名更是高达245万美金。印地赛车场占地2.27平方公里，相当于整个梵蒂冈，是目前世界上观众容量最大的单体体育设施，可达40万人。这也使得INDY500成为世界上单日观赛人数最多的体育赛事，老大的气场可谓相当地"狂"。

然而，最最"霸"气，"拽"出竞争对手无数马路的，是貌似年轻气盛的INDY500，实际上已经狂飙猛进，过了百年。

从第一场比赛开始，INDY500的每辆赛车都是科学创新和技术进步的历史书页。1911年5月30日首战，雷·哈罗（Ray Harroun）驾驶着自己设计的32号赛车"黄蜂"夺得头筹。很多人都认为哈罗的驾驶是危险的，比赛中只有他的身边没有坐着机械师，没有人可以帮他检查油压、提醒赛道状况。但是哈罗成竹在胸，他在车上安装了一块小小的镜子。这历史上第一块"后视镜"减掉了一个人的载重，将他轻松送上冠军宝座。1930年，美国工程师哈里·米勒（Harry Arminius Miller）设计了四缸2.47升的米勒发动机，创造了当时新的世界陆地速度纪录144.895英里每小时（233.186公里/小时）。1934年，米勒的前雇员费雷德·奥芬豪瑟（Fred Offenhauser）和利奥·古森（Leo Goosen）开发了声名大噪的4缸奥芬豪瑟发动机，除了允许更高的气缸压力，还避免了盖垫密片和汽缸螺栓的磨损问题，由此，奥芬豪瑟发动机开轮式赛车主导赛场直至70年代，赢得了27场的赫赫战功。然而，逆水行舟，1963年福特公司入赛，取而代之。目前INDY500的发动机制造商则是"雪佛兰"和"本田"，"火石"是独家轮胎供应商。各领风骚数百年，赛车本质上就是"高科技奥运会"。一辆赛车，是一家公司乃至一个国家高科技最新水平的代言人。当今科技，谁执牛耳，一"赛"了然。

INDY500是强者的赛场，最刺激的是它不可思议的速度，车手成绩乃至维修站换胎、加油的计时系统都精确到1/100秒，这在全世界赛车界中绝无仅有。1996年Arie Luyendyk跑出了385.052公里/时的极速；相比F1大奖赛，历史上的最高平均速度是 Peter Gethin 在Monza赛道上创下的242.615公里/时。然而，这样的速度要车手在2.5英里的椭圆形弯道带有倾斜角度的赛道上完成，一气疾驰200圈，确是实实在在的生死考验，尤其是椭圆赛道上的弯道对于赛车、车手都有致命的危险性。2011年两届INDY500的冠军，年仅33岁的英国车手Dan Wheldon 就在这条赛道的弯道上被卷入15车连撞事故，瞬间丧生。驾驶技术、天赋智慧、斗志和勇气，还有运气和天命，决定了赛车是离死神最近的运动。

INDY500历史上第一位女车手Janet Guthrie的头盔和驾驶服,如今存放在华盛顿的史密斯森协会,她在自传《踩大油门去生活》中说:"赛车的关键是精气神,而不是所谓力气。你必须每一瞬间都做到最好,绝不可稍息。你必须怀有渴望,非常强烈的前进的渴望"。人在渴望中而不是在极限中,爆发的是巨大的潜能,唤醒的是超越本能的勇气。加拿大车手Jacques Villeneuve与他同名的叔叔都获得过INDY500的冠军,不要忘记,在他11岁的时候,父亲Gilles Villeneuve(加拿大大奖赛的赛道以他命名)就在比利时大奖赛上遇难。这个家族在至亲的死别中,比谁都能体味与死神赛跑的恐惧和灾难,但也许正是这样极速前进的渴望,带领他们,直面死亡的记忆,碾压过命运的阴影,颠覆了死神的威胁;他们全力以赴,从死神手中,生生地赢回了尊严的奖杯。博格华纳奖杯顶端,站立着挥动方格旗的古希腊裸身运动男子;纯银的杯身上,雕刻着的正是这样的赢得最后冲刺的勇敢者;胜利者的花环上,33朵象牙白兰花和33面小方格旗,敬献的正是这种人类纯洁的精神胜利和无畏的生命勇气。

104岁而又康健有为的长者是足以傲视群雄的。世界拉力锦标赛(WRC)始于1973年,世界F1一级方程式始于1950年,北美纳斯卡NASCAR始于1948年,法国勒芒24小时耐力赛始于1923年,派克峰登山赛始于1916年。INDY500始于1911年,是赛车中历史最悠久的比赛。一百年间,风云际会,世事沧桑。政治的影响首当其冲,印地赛车场曾因战事荒芜,1917年至1918年(一战)、1942年至1945年(二战)期间两度停办。所以,到今年,INDY500才是第99届。两次世界大战无数男儿走上了战场,纯粹的前进的渴望变成了复杂的人性的厮杀。车赛也是经济的晴雨表。一般报名的车队会超过一百,但是2004年初时,因为美国经济萧条的影响,组委会曾一度担心参赛的车辆不会超过33辆,最终报名者降为67辆,其中还包括备用车辆。女性车手的参赛无疑是INDY500最凸现文化意义的事件。在长达一个甲子的岁月里,女性是不允许涉足这一赛事的。直到1971年,女性记者才被允许进入维修区域进行采访。但是,女性进入这一历史的起点很高,表现也相当卓越。1978年获得第九名的首位完赛女车手Janet Guthrie 毕业于密执根大学物理系,曾是航空工程师。传奇女车手 Danica Patrick 在2009年取得了第三名。2005年,在全部20圈中有19圈处于领先位置,这是历史上第一次由女车手领跑;到2011年,这位身高只有1米57看似文弱的女子总共领跑了29圈!这不禁让人想起由于女性参赛而改变了的INDY500的发令传统:二战以后,Tony Hulman 先生总是从西服口袋掏出卡片走向麦克风,抑扬顿挫地拖着长调号令33位男性车手"先生们,发动你们的引擎吧 (Gentlemen, start your engines!)";直到1978年,Mary Fendrich Hulman太太接替去世的先生发令:"女士和她的伙伴们——先生们,发动你们的引擎吧",她对现实的尊重里洋溢着女性的通融和聪慧,仿佛整个世界一下子都是为了陪伴女性才奔跑,其中的善意和进步,溢于言表。

INDY500,一路狂飚过百年。这一百年,有太多可以咀嚼回味的细节。很多中国人并不熟悉这一赛事,甚至会感觉很惊奇,在印州这么纯朴的中西部地区怎么会有这样拉风的赛事?

INDY500其实仍然是很乡土的，开赛前还是会合唱不是州歌的"州歌"《印第安纳（Indiana）》，歌唱"红色的谷仓、新割的干草、印第安纳的农场"。人们为印州骄傲，印州人更是为自己是"Hoosier（印地乡巴佬）"而自豪，觉得这是个爱称而不是戏谑，就像中国人叫"江西老表"一样。开赛前，车队一众人马都俯身亲吻仅存的砖道，颇似国人大战前的燃香祭拜。INDY500获胜的车手要喝冰镇牛奶而不是狂喷香槟。1936年Louis Meyer第三次胜利之后饮下了一罐牛奶，他的照片被刊登在第二天的报纸头条。当地乳制品公司的总裁一下子抓到了商机。于是，从1937年开始，所有获胜的车手都会以喝牛奶作为庆祝的标志。与其说这些都是商业操作，不如说是一方水土一方人。印州广袤的原野和农耕传统以及印州人朴实无华的性格才是使得这些风俗至今喜闻乐见、长久不衰的根本原因。

哥伦比亚车手蒙托亚（Montoya）在2015年比赛中一骑绝尘，第二次赢得INDY500冠军，拿走240万奖金。（图片摘自USA TODAY）

Montoya from Columbia won the 2015 Indy500 race, the second in his career

INDY500在印州，看似意料之外，实则情理之中。印地赛车场建于1909年，当初320万块红砖铺就的跑道是汽车制造商的测试车道，当年的观众中不少是导购和潜在的客户。印州的汽车制造历史悠久，从十九世纪初手工制造的汽车到二战时期，印州40多个城市生产的汽车种类就有160多种。可倾斜的方向盘、恒速操纵器和液压制动器等都在印州试制成功。汽车制造业至今仍是印州的支柱产业。

说起来，印州与中国的关系恐怕也和汽车有关。1904年，爱新觉罗·溥伦率清帝国代表团离京出席美国圣路易斯世界博览会，其间专程到印州，就是为了试开汽车。INDY500至今还没有中国车手参赛，今年，16岁的罗玉峰（音译）出现在USF2000的赛场上，希望小荷初露，前程在望。

站在印第安纳波利斯赛车场的红砖起点，徜徉在赛车场名人堂博物馆，百年入眼，光阴似梦。这一百年，是科技进步的百年，是见证勇气的百年，是历史沧桑的百年。无数的赛车，从历史的风尘中疾驰而来，病树前头、沉舟侧畔，百年风云里，时光撤退；而INDY500，却一路奔腾，永葆青春的最靓风姿。

作者注：Indianapolis Motor Speedway Corporation（印第安纳波利斯赛车场公司）公关部媒体主任 Tom Surber 先生为采访提供了大力帮助，部分照片由该公司提供。

NBA 步行者故事

作者：雷震

"篮球是麻省发明的，但是是为印第安纳而发明的。"传奇教练奈特（Bob Knight）曾如是说。很难想象如果印第安纳波利斯没有一支职业篮球队会是什么样子。而NBA步行者队，确实是印第安纳州人的挚爱。

步行者队成立于1967年，由八位投资人各自出资几千美金成立，当时加盟ABA联盟。步行者的英文名字是"Pacers"，来源于"Pace Car"，"INDY 500"赛车比赛中的领跑车。步行者在ABA联盟征战了10个年头，拿下三个冠军。步行者队签的第一名队员叫罗杰·布朗，据说他是从工厂车间被叫出去签约的，布朗后来成为队史上最负传奇色彩的球星。在1976-77赛季同其它三支ABA球队一起并入了NBA。加盟之路并不顺利，这支三次ABA总冠军得主的13个赛季只有一次胜率超过50%。经过长达15年的挣扎，球队战绩终于在90年代初有所起色。到了90年代中期，他们已经成为东区的一支劲旅。这一切，起源于1987年的选秀。

那一年的选秀，步行者队在首轮第11顺位挑中了一位刚从加州大学洛杉矶分校（UCLA）毕业、身高6尺7寸的瘦高个后卫雷吉·米勒（Reggie Miller）。可别小看了米勒，他出身运动员世家。姐姐是1984年奥运冠军美国女篮的主力，哥哥曾是职棒大联盟的捕手。而他本人靠着神准的投篮，新秀赛季以场均10分的成绩赢得了教练组的信任，自己也很快成为联盟中最具威胁的得分手。

1988年的NBA选秀，步行者又中到头彩，第二顺位挑中了后来在中锋位置挑大梁的荷兰人施密茨（Rik Smits），之后他们连续运作，从国王队换来了汤普森（LaSalle Thompson）和维特曼（Randy Wittman），然后又从小牛队换来了德国人施拉姆夫（Detlef Schrempf）。这套阵容经过几年的磨合，终于在1989-90赛季进入佳境。当季他们42胜40负，米勒场均24.6分，整个赛季投中了150个三分球，刷新了NBA单季三分球纪录，他也成为了步行者队加入NBA13年以来首位入选全明星的球员。1990年季后赛，步行者首轮不幸地遇到了卫冕冠军底特律活塞队。活塞队连胜三场步行者淘汰，但这支球队让印州人看到了希望。从1994年到2000年，步行者队两次夺得东区中部的冠军，五次进入东区决赛，并于2000年杀入NBA总决赛。

这其中有不少经典时刻让印州、乃至全球的篮球迷津津乐道。例如1995年东区半决赛，首战对老冤家纽约尼克斯，米勒在纽约麦迪逊花园广场，演绎了经典的米勒时刻：最后16.4秒连得8分，在落后尼克斯6分的情况下，不可思议地完成了大逆转并赢得比赛胜利。步行者队进而苦战七场淘汰了尼克斯队。

例如1997-98赛季，印第安纳土生土长的伯德（Larry Bird）接过了教鞭。作为NBA历史上最伟大的球星之一，他证明自己同样有主教练的天赋，率领步行者取得常规赛58胜24负的球队历史最好成绩。季后赛中，他们连续淘汰了骑士队和尼克斯队，和芝加哥公牛队在东区总决赛狭路相逢。尽管抢七大战中输球无缘总决赛，但米勒在第三场脚踝扭伤的情况下，最后4分半钟拿下了28分中的13分；以及第4场在比赛结束前2.7秒的三分球帮助球队以2分反超获胜，给神奇的米勒时刻，又添两笔。

1999年11月6日，步行者队离开呆了25年的"市场广场球馆"，迁入新建成的康塞科球馆（Conseco Fieldhouse）。新家带来新气象，步行者有史以来第一次杀入NBA总决赛。

总决赛中，步行者的对手是如日中天的湖人"OK组合（奥尼尔，Shaquille O'Nea和科比-布莱恩特，Kobe Bryant），步行者苦撑六场结果还是败下阵来。

2004-05赛季是步行者队史上重要的时刻，这一季发生了一好一坏两件大事。先说坏事：

2004年11月19日，在底特律的奥本山宫殿球馆，因为阿泰斯特和现场球迷发生冲突，比赛演变成为两队队员和现场球迷之间的互殴，这就是臭名昭著的"奥本山打架事件"。这场骚乱影响恶劣，步行者队遭到联盟史无前例的处罚，阿泰斯特遭禁赛整个赛季，斯蒂芬·杰克逊（Stephen Jackson）禁赛30场，小奥尼尔禁赛25场，三大主力遭禁，步行者元气大伤。

幸好他们有米勒，此时米勒已经39岁，这是他的最后一个赛季。他率领全队众志成城，奇迹般地杀入季后赛。东区半决赛中，步行者2∶4不敌卫冕冠军活塞队，米勒在其最后一战中独得27分，昂首告别他征战了18年的NBA赛场。18年间，球队15次打入季后赛，他的职业生涯总得分25267分。

2005年开始，步行者正式迎来了后米勒时代，他们先后涌现出丹尼·格兰杰（Danny Granger）和保罗·乔治（Paul

George)这样的领军人物。

格兰杰是2011-12赛季球队的得分王,但2014赛季他伤愈复出后已难恢复当年之勇,被交易至76人队。2014年8月1日,乔治在美国男篮征战FIBA世界杯的一次队内训练中右腿骨折,缺阵整个2014-15赛季。2017年,乔治对于球队缓慢的重建过程失去耐心,他选择离队,球队又进入了重建期。

纵观步行者队征战历史,他们给人留下顽强抗争、不向命运低头的印象,这也正是中西部人的特征写照。米勒和小奥尼尔走后,格兰杰独自支撑了印第安纳最困难的9年,把步行者从一个烂队带到季后赛。他们丝毫不畏惧如日中天的詹姆斯,格兰杰说过:"米勒曾经对我说,就算遇到再逆天的对手,我也要尽力维护球队的尊严。"

2017年的夏天,经过阵容重组的步行者拥有大量年轻人。季后赛对他们来说,也只是勉强能够到的小目标了。不过,印城人对球队有足够的热情,无论战绩沉浮,尽管无缘冠军,他们永远支持这支球队;印城人对球队有足够的耐心,因为历史总会帮着印城找到下一个米勒、下一个格兰杰、下一个乔治。

印城之宝——小马队

作者：雷震

印第安纳波利斯这座城市有四个"宝"：NFL美式橄榄球小马队，NBA步行者，印第安纳大学篮球队，还有印地五百（Indy 500）赛车。篮球是这里人民的挚爱，赛车是他们的骄傲，篮球是这座城市的精髓，而NFL小马队，则是这座城市的象征。

追根溯源，小马队起家于二战后。1946年12月28日，当美国联合会（AFL）的迈阿密海鹰队破产时，鲍勃·罗登博格（Bob Rodenberg）买下了球队并北上搬家到巴尔的摩。巴尔的摩当时以养殖赛马而著名，球迷投票选择"小马"做队名，沿用至今。

在1951年，小马队因为经济危机而被NFL解散。两年后，NFL把一支球队从达拉斯迁移到巴尔的摩，小马队再获重生。

30年的征战历史，小马队曾两进超级碗并获得第五届超级碗的冠军。

但是成绩并不能掩盖问题，尤其是在球场日益老化的前提下，球队和巴尔的摩关于新建球场的分歧越来越大。小马希望政府掏钱，巴尔的摩市政府和马里兰州政府则迟迟不能拿出修缮"纪念球场"的法案。而此时在千里之外的印第安纳波利斯，一个雄心勃勃的"伟大美国城市"（Great American City）的计划正在成型，这个计划的核心就是兴建体育场印州佬球馆（Hoosier Dome），吸引职业球队，尤其是美式橄榄球队。

1984年3月28日，15辆五月花搬家公司的大卡车悄然驶进巴尔的摩，8小时后，装满了小马队家当的卡车趁着夜幕，沿着不同的路线开出马里兰州，目的是躲避可能遭遇的马里兰州警拦截。而当车队进入印州州界时，早已等候多时的数辆印州警车打开警灯，大摇大摆保驾护航。"生米至此煮成熟饭"，一早起来，马里兰人失去了小马，印州迎来了小马。

小马队搬迁到印第安纳波利斯后，迅速赢得了民心，他们也争气，长期称霸美联南区。1998年是小马队的转折点，当年的选秀中，他们选中了来自田纳西大学的佩顿·曼宁（Peyton Manning），历史上最优秀的四分卫之一。

当时小马队经理波里把曼宁带到印第安纳波利斯进行体检，并告诉曼宁将会用状元秀选择他时，曼宁斩钉截铁地回答："如果你选择我，我们不但会赢得超级碗，还会相处得愉快。"

事实上小马真的没有看走眼，除了第一年的表现略有挣扎之外，之后的12年，曼宁几乎年年把小马带进季后赛，他成为联盟最大牌的明星之一。曼宁不仅是NFL，也是印第安纳波利斯这座城市最受欢迎的职业球员，小马的球市因他的存在而火爆全联盟。小马的主场卢卡斯石油体育场被称为"曼宁建造的球场"。

衡量球队和球星是否成功的一个主要标志就是冠军，而尽管小马队是联盟强队，但他们冲击超级碗的道路并不顺畅，曼宁职业生涯前六次季后赛之旅，都以首轮就被淘汰而告终。2003年，他们终于挺进美联决赛，却输给布雷迪的爱国者。2005年他们以14胜2负联盟第一的战绩进入季后赛，却在分区赛中主场不敌匹兹堡钢人。2006-07赛季，小马和曼宁卷土重来，而且势不可挡，先是首轮击败巴尔的摩乌鸦，分区决赛击败爱国者，，挺进了第41届超级碗，这场比赛也是曼宁对阵布雷迪最为经典的一次胜利。第41届超级碗上对阵芝加哥熊队，小马首节6：14落后，后三节奋起直追连下23分，最终以29：17获胜，曼宁在迈阿密举起自己的首座超级碗冠军奖杯。

三年后，曼宁带领小马队重返超级碗，这次他们面对的是新奥尔良圣徒。小马上半场10：6领先。下半场伊始，圣徒队开场出人意料地选择赌博踢，硬是从曼宁手里抢走了球权，这被认为是比赛的转折点。小马之后一直没能追近比分，直到曼宁孤注一掷的传球被圣徒队抄截并回攻达阵，终于大势已去，17：31，这是曼宁身穿小马队队服的最后一次超级碗。

经年累月的征战磨损了曼宁的身体，尤其是他的颈部。2010-11赛季，曼宁的臂力已不复以往。尽管如此，该赛季他还是传出4700码，小马也一如既往进入季后赛。2011赛季曼宁确定做手术无法出战。没有曼宁的日子小马不知所措，他们一共使用了三个四分卫，也只拿到两场胜利。毕竟从1998年算起，小马10多年都没有四分卫的烦恼，也是被"惯坏了"。

痛定思痛，手握状元签的小马在2012年的选秀大会上选了来自斯坦福的四分卫拉克（Andrew Luck），所有人都知道，拉克是小马队的未来。而对曼宁来说，他不再是不可替代的了，这就是生意。效力小马13年，四次当选联盟MVP，五进第一阵容，六取美联年度最佳，11次入全明星，最先完成50000码传球距离，最先达到4000次传球成功。曼宁保持着小马队史几乎所有和传球相关的纪录，不能终老印城，确实是他自己和所有印城球迷的遗憾。2012年3月7日，小马队召开记者会，正式宣布释出曼宁，曼宁眼含热泪对小马队球迷说："感谢让我成为你们的四分卫。"小马队从此再无人穿18号球衣。

小马队告别了伟大的曼宁时代，迎来了拉克时代。拉克没有让印城球迷失望，他臂力出众，脚步灵活，既有精准的短传，也有犀利的长传。他也是位天生的领袖。在他的带领下，小马队连续三年进军季后赛，2014年挺进了美联决赛。他本人也连续三年入选职业碗，印城的球迷们开始忘却了曼宁离开的痛苦。但好景不长，2015年，伤病开始找到拉克的身上，他先是因肾脏破裂赛季报销，然后又受肩部伤病困扰。2016赛季结束后做了肩部手术，2017年赛季能否健康成为疑问。

小马队的"好运"貌似用光了，他们进攻乏力，防守的丢球码数联盟排名第27。重整河山，是2017年小马的主题，至于能否后生，还要时间检验。

无论小马战绩如何，唯一不变的是印第安纳波利斯球迷对这支球队的忠诚和支持。

IU 篮球队——印州的名片

作者：雷震

如果说职业体育追求的是运动成绩和经济效益的名利双收，那么大学体育则略微"纯粹"一些，他们更看重的是好成绩带给学校、社区的荣誉和归属感。

在印第安纳州，没有比印第安纳大学篮球队（Indiana Hoosiers）更能受到整个地区人民的喜爱和拥戴的了。Hoosiers，山地人，是全州人的骄傲，一百多年的积累，IU也配得上这份骄傲。

印第安纳山地人队成立于1900年，隶属"大十联盟"（Big 10），总共获得过22次联盟常规赛冠军。在全国的舞台上，他们39次杀入NCAA冠军锦标赛，22次进入甜蜜16强，11次进入精英八强，8次进入最终四强，拿到过五次总冠军。

取得如此的好成绩，得益于优质的生源，印第安纳州一向是篮球重镇，各级中学的篮球联赛系统完备，那部1986年的经典篮球电影"Hoosiers"证明了小镇篮球的深厚内涵和实力。当这些篮球选手从高中毕业时，他们都以加入印大校队为荣。久而久之形成良性循环，积累了深厚的历史传统。

俗话说名师出高徒，印第安纳大学名师辈出，埃弗里特·迪恩（Everett Dean）是史上首位伟大的教练，在他的带领下，球队三次拿到分区冠军。1940年，布兰奇·麦克莱肯（Branch McCracken）带领球队拿到了20胜3负的常规赛战绩并且夺得NCAA总冠军。13年后，他再次率队夺得了全国冠军。

让印第安纳大学闻名于世的是鲍勃·奈特（Bob Knight），他1971年执教山地人，开启了一段辉煌的历史。1975-1976赛季，山地人队以全胜战绩夺得NCAA总冠军，他们也是历史上最后一支全胜夺冠的NCAA球队。1980-1981赛季，在传奇球星伊赛亚·托马斯（Isaiah Thomas）的带领下，印第安纳大学第四次捧起NCAA总冠军。他们在1987年再度打进决赛，他们和雪城大学打到最后5秒，斯玛特的绝杀球让球队历史上第五次、也是最后一次捧起全国冠军的奖杯。

奈特为印第安纳大学留下了三座冠军奖杯，被尊为神。但和他的荣誉相伴的则是其暴躁的脾气。他个性乖张，很难与人相处，曾数度爆出对球员使用暴力的恶行，学校管理层一忍再忍，终于忍无可忍在2000年将他解雇。此后，迈克·戴维斯主教练带领球队杀入了2002年的NCAA冠军战，但遗憾地获得了亚军。

近年来，印大的战绩逐渐退出冠军竞争行列。究其原因，既有全国整体水平水涨船高，残酷的竞争环境加剧；先后几位主帅因为违反招生规定而被NCAA处罚,也是原因之一。但近十年,埃里克·戈登、DJ·怀特、科迪·泽勒和奥拉迪波这样的高手先后加盟,让以他们为班底的印第安纳逐渐恢复了底气。2012年至今,他们三次闯入NCAA冠军锦标赛的"甜蜜16强"。2017年3月27日,曾经在戴顿大学打出名堂的名帅米勒(Archie Miller)走马上任,成为印大的第29任主教练。

评价大学篮球水准,有一个重要的"指标"就是看向NBA输送了多少名球员。这一点,印大的战果可谓十分辉煌。截止至2017年,印第安纳大学一共出过58名NBA球员,其中最为出名的当属传奇球星伊赛亚·托马斯(Isaiah Thomas),他也是印第安纳大学的三位名人堂球员之一。托马斯长了一张娃娃脸。别看他总是面带微笑,打起球来,是个不折不扣的杀手,人送绰号"微笑刺客"。他效力奈特麾下,在大二时就带领球队夺得了1981年的NCAA锦标赛冠军,随后他以榜眼秀身份登陆NBA。在底特律活塞队,托马斯在1988-1990连续两个赛季夺得总冠军。职业生涯中,他12次入选全明星,被评为NBA50大巨星之一。托马斯之后,印大还涌现出类似埃里克·戈登、奥拉迪波、科迪·泽勒这样的现役NBA球星。

印第安纳波利斯地处美国中部,那里没有东西两岸丰富的自然环境,也没有高科技的产业,但这里有独特的中西部文化,而各种运动队的战绩,是印州人最为引以为豪的谈资。据统计,印城有61%的成年人至少痴迷一项运动,这里多次被评为美国最佳体育城市前20之列。而提到印第安纳大学篮球,那是这座运动城市最具悠久传统历史的名片,随着时间的推移,这张名片在全美国、甚至在全世界的知名度将越来越响亮。

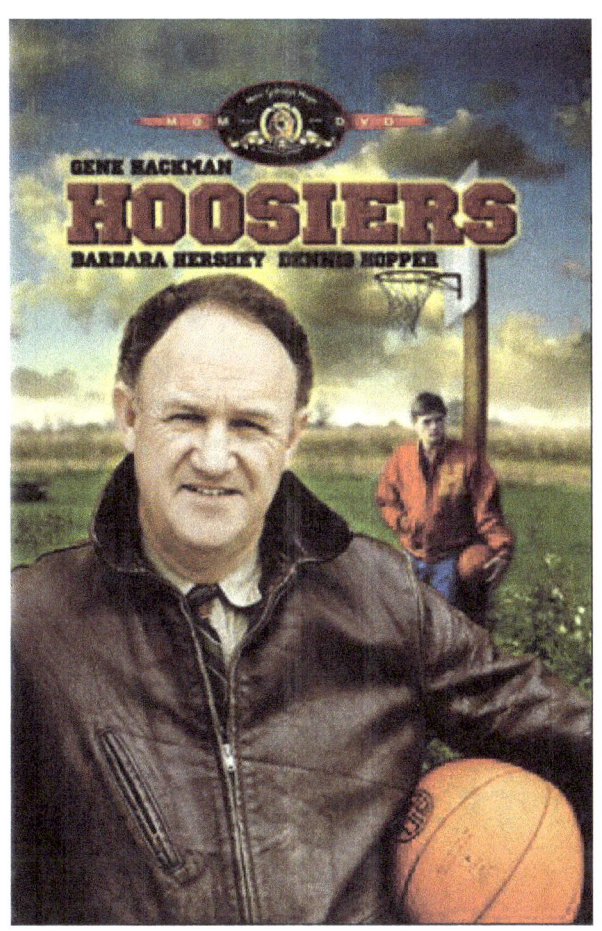

电影《Hoosiers》的海报(网络图)

An advertisement for "Hoosiers"

印州豪华老爷车展

图文:Richard Bryant

A beautiful 1937 Packard

▲Award winner

▼Rare 1923 Auburn, only one known to exist.

　　10月初,价值过亿美金的老式高级豪车,在 the Concours D'Elegance 车展上一展辉煌。车展地选择了刚耗资五百万美金修缮完毕的印州百年旅游胜地 West Baden Springs Resort in French Lick。

　　印州在美国的汽车制造史上负有盛名。从19世纪初手工制造的汽车到经济大萧条,及至二战时期的第一批汽车模型,都产于印州。这一期间，印州40多个城市生产的汽车有160多种，其中包括有史以来最昂贵的汽车。

曾经，好莱坞明星们都来印州订购豪车，清末的王爷浦伦也于1904年4月来印州，只为能有机会试开汽车。众多汽车配件公司（如Allison's Transmissions）在印州起家，印地500英里赛车场也成为试车和赛车表演的最佳场地。可倾斜的方向盘、恒速操纵器、液压制动器等革新装置也都是在印州试制成功的。

由个人精心保养、复原为当年最佳状态的老式豪车为本车展的特色。能把这些老爷车复原、保养、维持到当年辉煌时的状态，实属不易。不说原产零件、油漆、轮胎不复存在，连每一个螺丝钉、每一块玻璃都必须是原装。个人收藏家们煞费苦心地研究老照片、原始设计，以再现爱车的历史辉煌。这也是委员会评奖的标准。

Luxury car exhibit at West Baden Springs Resort in French Lick, Indiana

致伟大的传统——
布鲁明顿早期音乐节见闻

作者：李明洁

五月的最后一周，印第安纳大学看似简约的校门（Sample Gate）前，红白相间的郁金香换成了红白相间的报春花。太勤快的园丁啊，暮春时节，温润潮湿，一些暧昧慵懒，一些悠然花谢，也该是应景的吧。

24日傍晚，我在校门前等柳米拉（Liubmila），这个高挑的俄罗斯女郎总是跳跃着姗姗来迟。走过去七八分钟，就是六街上的第一长老会教堂。等待我们的，是"布鲁明顿早期音乐节"（Bloomington Early Music Festival）的第七场演出。"早期音乐"指的是七世纪到十九世纪，包括中世纪、文艺复兴、巴洛克和早期古典音乐时期的欧洲乐曲和剧目。在美国，早期音乐的爱好者有自己的非营利性机构（Early Music America），他们拒绝简单地"接受传统"，排斥对经典故纸堆式的阐释，而是致力于通过修复古董乐器、释读研究文献与复排和演出原始手稿，来复活继而重创先辈古老的音乐世界。布鲁明顿实际上就是以印第安纳大学为主体的大学城，她的早期音乐节是较小和年轻的，但也面向公众，全部免费。今年的演出场地相当开放，上午的集贸市场（Farmer's Market）和市政厅（City Hall）中庭，午后雅皮士风格的酒吧（Rachael's Cafe）和博物馆（Mathers Museum）外的草地，傍晚的县法院（Monroe Country Courthouse）大堂和教堂（First Presbyterian Church）布道台。百年前的爱尔兰传统民谣、中世纪欧洲田园牧歌剧和宗教赞美诗，巴洛克时期的意大利歌剧，穿越时空而来。人们衣着随意，表情轻松。穿着跑鞋听歌剧，草地斜躺听提琴，恐怕也算音乐会的风情。

草地上的音乐节 Music Festival on the Lawn, Bloomington, Indiana

歌剧《奥菲欧》一幕　　A scene in L' Orfeo

2014年5月20日，Mathers Museum。这场歌会纪念民间音乐家 Lotus Dickey（1911-1989），印第安纳州南部的传统民谣歌手、词曲作者和乡村小提琴手。他的儿子 Stephen Dickey 和儿媳 Nancy Dickey 在音乐节演唱了他的代表作，那些带有浓厚英国民谣风格的歌曲。

当晚的演出名曰《甜蜜的激情——意大利音乐之夜》（Passioni Dolci: An Evening of Italian Music）。那些眉飞色舞的爱情咏叹调，十六世纪至今晚，余音不绝。重返单身的我们俩，深陷甜蜜的折磨。歌者头戴橄榄枝，着以素色大披肩，载歌载舞，营造出爱恨情仇、郊野山川之境，与京剧的写意风格倒颇有几分相似。其中歌剧《奥菲欧》（L'Orfeo）的两个选段，取材于希腊神话，版本众多。当晚翻唱的是意大利人 Michielangelo Rossi 的本子，1647 年 3 月 2 日在巴黎首演。音乐声起，脑海中突然跳出《牡丹亭》，汤显祖折腾爱情，是 1598 年，几乎是同时，一致为爱、出生入死！且看，第一幕在优美的原野，奥菲欧（Orfeo）与尤丽狄西（Euridice）相爱，奥菲欧以"天上的玫瑰、人世的生命"做比爱情的美妙，岂不就是"为你如花美眷、似水流年"？尤丽狄西以"这么大的快乐不可言传"作答。那还是汤生磊落，"是那处曾相见，相看俨然，早难道这好处相逢无一言"，一语道破了只可意会的人之大欲。《圣经·创世纪》所谓"骨中的骨，肉中的肉"，必将"成为一体"一说，倒也是不遮掩的。第二幕爱情被情敌设计陷害，尤丽狄西被毒蛇咬死；奥菲欧唱出了著名的咏叹调"我的生命已亡"，发誓赴阴间夺妻。若汤生得知半个世纪后西土有知音如此，一定会在杜丽娘的名后，加上奥菲欧的——如杜丽娘、奥菲欧者，"乃可谓之有情人耳。情不知所起，一往而深。生者可以死，死亦可生。生而不可与死，死而不可复生者，皆非情之至也。"为爱勇赴黄泉，穿越阴阳，生死不渝。普天之下，古典的人儿，一样的激情。在激情中永生，在爱中赴死，似乎都是甜蜜的成全。不巧的是，当天下午我看了电影《花容月貌》（Jeune Et Belle），法国人总是因情色而宽容深刻或者尖锐浅薄——导演弗朗索瓦·欧容（Francois Ozon）踏踏实实地，让功成名就的老男人香艳地暴毙于援交少女的胯下。解释春风无限恨，云雨巫山枉断肠。阴谋与爱情、生死与抵抗，千百年来，搅碎了多少红尘男女的心肠。

  2014 年 5 月 24 日，第一长老会教堂。后伴奏乐器之一为低音古提琴，与大提琴不同，它是六弦而不是四弦，正手而不是反手拉弓。

  坦白说，音乐节的八场演出，各异其趣；而论惊艳与经典，恐怕要提一提《夏季来临》（Sumer Is Icumen In），最著名的中世纪英国歌曲。它的手稿寂静躺在大英图书馆，有错综跌宕的六个复调，是对位法最古老的例证。复调音乐孕育发展于九到十五世纪，与教堂的宗教活动密切相关。复调音乐的每个声部地位独立平等，互为和声和节奏。对应的音乐结构和套叠的旋律呼应，造成此起彼落、波澜起伏的效果。我国西南少数民族如哈尼族也有这样的多声部民歌。23日晚，县法院中庭，二男四女，一人一调，前呼后应，相映成趣。"夏季来临，布谷鸟，你高声地唱吧。种子发芽，鲜花满地，草木葱茏。羊羔咩咩，牛犊哞哞。犍牛跳得欢实，公羊放屁震天。唱吧，布谷鸟，你的歌声如此美妙！快乐地唱吧，你的歌声永不停歇！" 1250年左右的威塞克斯（Wessex）方言，亦庄亦谐的泥土芳菲；鱼贯而入的行动乐音，真人版的立体声效果。霎那间，直觉寒毛直立，心房颤动。如果不是在这座有着哥特式穹顶的中庭现场聆听，真是无法感受建筑、音乐、历史和文化的奇妙共鸣；如果没有文字的记录和语言的传承，真是无法知道原来八百年前的异域之人，其实与我们有着一样的情怀；如果不是艺术家的亲身演绎，真是无法想象纸面上静静的音符是如此动人心魄的天籁！生如夏花的绚烂，万物蓬勃的生机，永生永世，一唱再唱。

25日周日的下午，理查咖啡馆（Rachael's Cafe）满座，我和柳米拉站在门口。半途进来风尘满面的背包少年和披着布毯的中年乞丐，他们安静地坐到了演出结束，闷热的空气里多出了生猛的荷尔蒙味道。返回的路上，柳米拉祥林嫂式地讲述着她的男人们。经过校门口的星巴克，不得不喝一杯了。点单的时候，居然看到这几天演出中那张神气活现的面孔，他（Kevin）说是我呀，我在这里读中世纪音乐的研究生呢。

让我们致敬伟大的传统吧。几度夕阳红，青山依旧在。原来我们的所爱所恨，从来就没有改变过。那些生命之花和爱情之苦，那些旅途和旅途之中的慰籍，那些薪火和传递薪火的少年郎。传统之所以可以传，也必须传，是因为传统是活的，不变的情感共鸣从来都不需要解释，可以回望的精神故乡总是清晰可查。

五月，春风沉醉。连着一周，听着遥远时代的乐声，如23日的演出名字一样，经历了"一次穿越世纪、文化和生活之路的旅途"（A Journey Through Centuries,Cultures,and Walks of Life）。希腊的传说，文献的记载，借真声和实物复活。看到维尔琴（Vielle）、维奥尔琴（古大提琴，意大利语Viola da gamba）和直笛，想起大提琴、小提琴和黑管，真是似曾相识燕归来。柔和低沉的簧片音，质朴直接的管乐，像催眠曲，悠悠然，催人走回时间的隧道，恍然间可以遇见莎士比亚或者巴赫，朦胧又真切地相望。

看山思水流，触景进乡愁。只有两百多年建国史的美国，本无所谓乡愁。然而，早期音乐节引领百姓踏上穿越的旅途，与故人和故事隔世重逢。可感的音像、文字和典故被动员起来，以活生生的方式引领人们回溯人类的历史和文明，令人心安地为大众构建了理想的文化源流，将欧洲和其他地区的文化传统巧妙地接续到美国百姓的身份认同中，从而成功了创造了美国的国家形象和国家概念。布鲁明顿只是美国中西部一座不大的小城，临近的州府印第安纳波利斯的早期音乐节今年都办到了第48届，更遑论那些以文化传播著称的东西部大都会。认同世界上任何一种优秀的文化并将其融入美国的文化血液中，是美国之所以成为美国的动因。

我们当然也有伟大的传统。楚之骚、汉之赋、六代之骈语、唐之诗、宋之词、元之曲。若论久远，中华传统不让任何文明，更不论华夏文化的相承一脉和民族融合带来的丰富性。血流不息方能生命不止，传统的延续和文化的阐释本是国家的基因工程，决定着每个普通人的国族身份认同。当代中国，当传统越来越变成少数人的自娱或者博物馆的存档，直至沦为被简单贩卖的商品的时候，我们是否也有人愿意这样虔诚地致敬？准确地说，我们是否意识到传统关乎每个人的价值观和身份感？是否也能真诚地面向百姓，将历史慷慨的馈赠无私、勤奋、巧妙地再述说再阐释再创造？

本文原载《文汇报》2014年8月11日第八版"笔会"。原文标题为：《传统是活的》。

Traditional Indiana Folk Art Beats Nature

印州巧手夺天工

作者：李明洁

参加"印州民间手工艺节"的7位艺术家。照片由Jon Kay博士提供
Seven folk artists participated in the Indiana Folk Art Festivel

"春天苍苍，春水漾漾。春荫荫，春浓浓，满园春花开放。门庭春柳碧翠，阶前春草芬芳，春鸟啼遍春堂。"印州四月，草长莺飞，正是享受户外暖阳的好时节。去公园寻春赏花，如若又逢文化活动，定会老少尽欢、锦上添花。那么，下周六（2015年4月25日）为什么不举家出游，去 Spring Mill State Park（"溪流磨坊"州立公园）参加"印州民间手工艺节"呢？

Spring Mill State Park 在 Bloomington南部，位于Mitchell镇以东3英里，印州60号高速公路沿线；以展现印第安纳州十九世纪早期移民拓荒史的遗迹Pioneer Village（拓荒者村庄）著称（本报2014年10月19日曾以"专题"介绍）。"印州民间手工艺节"由印第安纳大学Mathers博物馆"印第安纳传统艺术学会"主办，从上午9点延续到下午5点。多位本土手工艺者将分享他们的拿手绝活。从Matt Bruce的石灰石雕刻、Sarah Noggle的纺纱织布到Keith Ruble 的木屋搭建，从Danny Cain的圈网制作工艺到 Jan Boettcher 的家具花绘，从 Joseph Frey 的马具和制革到 John Bennett 的铁匠技艺，这些复活、传承与展现早期移民生活的手工活计，可谓应有尽有；更有著名乡村音乐人Stephen和Nancy Dickey夫妇的现场演奏。民间艺人、乡村音乐与遗址公园相映成趣；呼朋唤友、踏青游春之时，亲临手工艺制作现场分享体验，还能在艺术家的指导下动手参与，岂不美哉？

民间手工艺，是指百姓为适应生活需要和审美要求，就地取材，以手工生产为主的一种工艺美术。印第安纳州地处中西部腹地，物产丰富、文化多元、民风淳朴，传统手工艺类型多样，传承良好。在制造业和商业如此发达的当代美国，印州手工艺品在提供特殊的生活所需之余，更多传达的是这一地区地理环境、社会历史、风俗习尚和艺术审美等繁多而具象的文化信息。

我们不妨从印第安纳的特产石灰石说起吧。印州有得天独厚的地理资源，早在1820年代，Monroe县、Owen县和Lawrence县之间就发现了长35英里、宽10英里的"石灰石带"，所谓"stone belt"。且不说帝国大厦、五角大楼这样的国家标志性建筑，就说美国的五十个州，有三十五个州的议会大厦都是用印州的石灰石建造的。究其原因，除材质优异外，印州采石和石雕技艺的高超在全美也无出其右者。从大型建筑到墓碑、檐角兽、墙饰，印州石雕借由凝固的具象艺术，对本州乃至全美的城乡景观产生了意味深长的影响。印州中南部有以石灰石雕刻为职业的传统，石雕手艺代代相传，此次参展的Matt Bruce先生就是其中的代表。1979年在Bloomington拍摄的电影Breaking Away还以石匠之子为主人公，赞颂了印州引以为豪的平民精神传统，即坚韧不屈、顽强拼搏的"采石匠（cutters）精神"。

手工艺者在师徒、家族之间口耳相传的沿袭传统，也在历史发展中为社会记忆的形成留下了弥足珍贵的物质文化细节和民间传说版本。比如，印州当地人家中不少都保存着祖父母辈传下来的"百衲被"，这种早年勤俭持家、化碎布为艺术品的女红方式，在不知不觉中成为很多民间叙事的载体。在Fort Wayne有个美国黑人被缝协会Sisters of the Cloth（"姐妹布料"行会），姐妹们聚在一起一边合伙劳作，一边讲故事；实际上就变成了沟通感情和认同身份的精神团契。我们因此也就不难理解她们的作品：在印州博览会铺床仪式上，姐妹们一一展示亲手缝制的百衲被，讲述它们背后的故事，而照片所示是她们为庆祝奥巴马总统就职仪式而做的百衲被；也有姐妹为了纪念黑奴冒死穿越俄亥俄河争取自由的"地下铁路"这段印州历史而专门缝制过黑白交织的百衲被。这些一针一线写出的"史记",缝下的是沉重的族群记忆和仍然弱势的群体在今天的抗争。

印州旅游局有句宣传口号叫"印第安纳,民风淳朴(Honest to goodness, Indiana)",这倒是和印州人的老实昵称"Hoosier"颇为神似。印州人安闲稳当,除一方水土外,恐怕与长期浸淫在兴盛的民间音乐传统中关系甚大。Bloomington的"荷花国际音乐节"是世界知名的民间音乐盛事,以印州传奇乡村小提琴家Lotus Dickey先生的名字命名。此次将在"印州民间手工艺节"上演奏得就是他的儿子和媳妇Stephen 和 Nancy Dickey夫妇。天才乐手也催生了印州卓越的传统乐器的手工制作者,比如Ron Volbrect先生执着于为乐手私人定制,他会耐心捉摸演奏者的习惯和身体特征,然后用一年的时间去磨出一把手工吉他。

风格各异的手工艺在印州和谐并存,得益于这一地区复杂多元的移民构成。比如说,柳编制作工艺至今盛行于门诺派社区(Mennonite community),这个来源于荷兰的基督教新教派别,提倡节俭生活,自己动手,丰衣足食。第五代柳编手工艺传人Viki Graber女士就生活在Goshen的门诺派教区。此次参展的 Jan Boettcher 女士是挪威裔美国人,她的祖先来自斯堪的纳维亚半岛,在她的花绘作品(rosemaling)中看到的仍然是那里的花木和山川,只不过现在这更多的从属于艺术风格而不再是生活写真了。至于说到印州各地口味迥异的葡萄酒,就更是要问问酒庄主人的手艺是从哪里哪辈的移民祖先那里继承的了。

日本民俗学田野调查者盐野米松在他的《留住手艺》前言中写过这样一段感性的文字:"我是怀着一颗幢憬和向往的心

灵,观望过匠工们做活的众多孩子中的一个,也是为这些职业不复存在而深感遗憾的一代人的代表。出于这种感情,我用了不短的时间和多次的机会,寻找走访了现存的一些匠工和他们的作坊。听他们讲故事,看他们视为生命的工具。"他因此也被誉为日本民俗学的"听写者",我们今天能够得以在"印州民间手工艺节"上集中看到本地这些内涵丰满、传承隽永的民间手工艺,也要感谢印州的民俗"听写者"——"印第安纳传统艺术学会"主任 Jon Kay 博士和他带领的研究生团队。

春日迟迟,携手去看看那些印州传统的"手上功夫"吧。在这些带着生命的温度和几代人的悟性的手工艺品面前驻足片刻,听听它们讲述的光阴的故事,关于一方水土,关于我们从哪里来,关于差点忘记的历史,关于形而上的性灵生活。"微妙在智,触类而长,玄通阴了,巧夺造化"。试问如此"匠心",能否带给我们这些看似讲求效率的所谓现代人以某种启发呢?

←乡村音乐家Stephen 和 Nancy Dickey夫妇在演奏中。Stephen and Nancy Dickey are playing musical instruments (摄影:Greg Whitaker)

舌尖上的印第安纳

作者：张彦涛

我怎么都算不上个吃货，一向认为保证适量的营养是吃饭的主要目的。但是人生在世总是免不了要跟吃打交道，况且初次访问印第安纳的朋友中至少有1/4要问当地啥么最好吃，久而久之不堪其扰，只好做了些调查研究。事实上当你有一个需求的时候，世界上至少有五千多人有同样的需求，所以就决定用花一顿饭的时间写下来，这样哪天申请进入吃群也有些成就可陈。

第一，里脊三文治。当地人一般认为炸里脊（pork tenderloin sandwich）是最具印第安纳特色的菜。一般的牛排店（steakhouse）都有这道菜。其中之一的做法大致如下：选一寸厚的上好大块入骨猪里脊肉，放到坚固的大型塑料冷冻袋中，混入蒜末、洋葱粉、调味盐以及胡

Pork Tenderloin

椒香料等，用小木槌狠狠捶打半小时或至袋子破裂，直到它变成1/4英寸厚，大约七英寸见方。再用适量鸡蛋和牛奶混合成涂料，用小毛刷涂到扁平的肉饼上，蘸满面包屑，肉饼之间用羊皮纸或蜡纸隔开。大锅，热油，煎至金黄，炸约8分钟。关键是保证肉饼是夹它的面包面积的三到四倍，以彰显和谐社会的物质之丰富，趁热吃。你可能不理解为何需要如此折磨新鲜

的肉，直到你吃上一次刚出锅的里脊三文治。据说木槌法源于堪萨斯人的鲤鱼菜谱：鲤鱼刺多，美人惧吃，就将鱼在砧板上用木槌敲打除刺；最后还是不敢吃，就将鱼扔掉，把砧板炸了吃。

  排第二位的可能就是印第安纳的青玉米。当然作为美国玉米主要产地之一，这也没啥奇怪的。你可能会说青玉米哪里都有。嗨，还真不一样。印第安纳大平原的碱性粘土上两三尺厚的肥沃的表层黑土适合玉米生长，就像纳帕谷的土地适合种酿酒的葡萄一样。当然季节性很强，每年七到八月而已。具体做法是这样的：用一个深锅把水烧开以后，跑到地里去掰七八个玉米，不要贪多，夹在腋下赶紧往家里跑。中途如果掉了一个也不能浪费时间去捡。把玉米皮及樱子草草剥掉后（留几片皮更鲜）大火煮 7 分钟，如果高兴的话可加两勺黄油，就可以开始考验门牙的牢固程度了。玉米为什么需要马上吃呢？以前我以为是玉米自身的淀粉水解酶在掰下后就起作用，把直链淀粉水解成小分子糖类，糟蹋了口感。后来约翰霍普金斯大学的教授研究发现是真菌的水解酶在玉米被掰下后几小时内干的好事。据说，在掰下后一小时内用 1% 的漂白水浸泡一下再马上冷冻，保存一两周，也会复制出田边地角立马煮食的美味。我没有试过，颇有些怀疑。前年普度大学曾经有个女生弄了辆卡车在人群多的地方卖新鲜玉米，保证从自家地里摘下来 4 小时之内，赚了不少钱。她还写了一个商业计划，打算做成个独角兽公司，冷冻快递让远在欧洲的人民也能吃上新鲜的印州玉米，不过这可能需要一些天使投资。

  第三应因该是 St Elmo/ Harry Izzy's 的烤牛肉及鸡尾酒芥末虾。该餐馆每年要用四万磅墨西哥湾的大虾，一万一千升芥末酱。以前与日本公司合作，那边常有人来，去 St Elmo 晚宴是很安全的选择。他们吃芥末虾还可以，终究是吃芥末长大的。但当

Jumbo Cocktail Shrimp at St. Elmos

冒着青烟重达一公斤的牛排（New York Strip，32 盎司）端上来就愣了，弱弱地问是几个人分吃。餐馆总是爆满噪杂，座位排得又紧，客人吃了一半就有些罪过，感叹肉少些就好了，人少些就好了，盘着腿，弄个糊着纸的拉门，再捉些萤火虫放进来。我说那不太好办，又不是吃神户牛一小片，况且我们这里只有 不受欢迎的苍蝇。

第四及其后比较难评。比如埃文斯维尔的炸猪脑三文治，米歇尔的野生柿子布丁都很有特色。我个人偏爱 Shapiro's 犹太熟食店的牛肉三文治（brisket of beef on rye 或 Rueben）。Shapiro 是全美路边餐厅（RoadFood）评比中印州唯一的入选者。他们家的胡萝卜蛋糕也是上乘。

印州地处平原，除了玉米大豆和用它们喂出来的动物也没啥土特产，食物也朴实无华，高热量高脂肪。最近因为水处理技术的发展，酿制出上好啤酒的门槛大大降低，小微鲜啤酒厂雨后蘑菇般地冒出在各个星巴克的附近。加上年轻人更喜欢居

住在室内，印城餐饮日新月异。如有哪位开发出一个有特色的菜，譬如利用丰富的鸭子资源（全美产量第一。杭州的鸭脖子好多都来自印州北部华沙鸭场——Warsaw'Tucker Farm），说不定真有机会将这里变成吃货们向往的麦加。

Carrot cake at Shapiro's

3.4 印州发展的引擎:名企业

康明斯:
驱动世界前行,实现至美生活

作为全球动力领导者,康明斯设计、生产、分销多元的动力解决方案,并提供服务支持。公司产品囊括柴油及天然气发动机、混合动力和电动动力平台以及相关技术,如:电池系统、燃油系统、控制系统、进气处理系统、滤清系统、排放处理系统以及电力系统。康明斯总部设在美国印第安纳州哥伦布市(Columbus),是印第安纳州的龙头企业。目前在全球范围内,康明斯拥有5.86万余名员工,通过世界各地的500多家分销机构和7500多家经销商向190多个国家和地区的客户提供产品和服务支持。

康明斯发展之路

康明斯发动机公司成了立于1919年,是上个世纪天使投资与科技精英合作的典范,由印第安纳州哥伦布市的银行家威廉·G·埃尔文(William G. Irwin)和他的司机克莱西·莱尔·康明斯(Clessie Cummins)联手创业。康明斯生于印第安纳州农村,是自学成才的机械发明家,对发动机有特别浓厚的兴趣。11岁时他造了第一台蒸汽机,1908年,埃尔文雇他做司机并负责汽车的维修保养,随后帮他建立了自己的修车行。1911

年，赛车手雷·哈罗（Ray Harroun）得知康明斯声誉，请他加入他的维修队参加当地的汽车比赛。康明斯的聪明才智帮助赛车提高了速度，该车在首届印第安纳波利斯 500 赛事力拔头筹。

Clessie Cummins

William G. Irwin

埃尔文和康明斯看到柴油技术的潜力，着眼长远——投资创新思想需要时间。康明斯公司于 1919 年 4 月生产出第一台 6 马力、4 气缸 Hvid 型发动机，用于固定动力。但巨大的研发投入让公司一直赤字。特别在席卷美国的经济大萧条中，主要业务船舶发动机市场大幅度萎缩。

此时康明斯独特的创造力，将公司从破产的边缘拉了回来。他把一台柴油发动机装在了一辆旧帕卡德（Packard）高级轿车上。1929 年的圣诞节，他开着这部美国首辆柴油汽车带着埃尔文先生去兜风，试图用柴油轿车的良好表现来说服埃尔文继续投资。这种下赌注式的做法挽救了康明斯公司。随着埃尔文先生新资金的注入，康明斯决心推广柴油发动机汽车这一新的概念。他和迪森贝格一起在戴顿海滩赛车场创造了柴油发动机汽车时速的最高纪录。1931 年，康明斯车队在印第安纳波利斯 500 赛场连续行驶 13535 英里，再次创造了一项新的耐力记录。从此，柴油发动机的燃油经济性和耐久性得到一些卡车司机和车队管理者的青睐，开始在车辆上改装康明斯发动机。

1934 年，约瑟夫·埃尔文·米勒（Joseph Irwin Miller），埃尔文先生的曾外甥，起任康明斯发动机公司总经理。米勒先生管理的远见卓识，让公司对质量和可靠性的追求如虎添翼，通过高质量的产品，加上其特有的全国性服务体系，康明斯公司于 1937 年首次赢利。1940 年，康明斯公司又推出 10 万英里保修服务，在发动机行业首开先例。

Joseph Irwin Miller

在保持技术领先的同时，米勒先生为公司带来了一种新的思维方式，米勒先生与传统商人不同，凭借他在二战期间随美国海军征战的经验，他让康明斯成为美国最早实践利益相关者模式（Stakeholder Model）的公司之一。尽管股东非常重要，但利益相关者不仅仅是股东。利益相关者包括客户、员工、社区和供应商等等，因为他们都对公司的健康和成功有着至关重要的影响。例如在 20 世纪 40 年代工人运动蓬勃发展，与同时代多数资方不同，米勒先生不仅不反对工会，还支持员工做出选择，组建自己的工会联盟，让公司和工会组织之间的关系更加和谐。

1954年，米勒先生成立了康明斯基金会，该基金会早期的一个重要项目是支付哥伦布市建筑设计的费用，让世界各地的顶尖设计师的优秀作品到中西部小城的街道上崭露头角。此举为打造哥伦布市的文化底蕴，提升经济实力立下汗马功劳。哥伦布市美誉为"建筑师的麦加"在美国建筑师学会城市建设排行榜居第六位，让这个名不见经传的小城，与芝加哥、纽约、旧金山、波士顿和华盛顿齐名。米勒先生认为，只有强健的社区，才能培养出强健的企业。时至今日，康明斯公司企业社会责任的一个重要考核指标，是员工的社区参与。世界各地员工都要求每年至少做4小时的当地社区服务工作。

社区是利益相关者模式中关键组成部分，康明斯公司坚信和它所在的社区同呼吸共命运，才能一起成长壮大，同时回馈社区也是企业的责任。因此康明斯的发展给印第安纳州带来待遇优厚的工作机会、全球化的人才和持久的经济驱动。

印第安纳州不仅是康明斯全球总部，也是公司核心产品的研发生产基地。公司在印第安纳州有1000多名员工，4家分销分支机构，153个经销商。米勒先生提出："虽然有人仍认为企业没有社会责任，但我们相信，从长远来看，我们的生存依赖于社区和社会中负责任的公民，如同依赖于负责任的技术、财务和生产绩效。"将米勒先生的理念付诸实践，康明斯采取了以下多种举措加强在印第安纳州的社区合作：

哥伦布市先进制造中心

康明斯与大学、公共和私人实体合作，帮助具有技能计划和培训的员工，使工人能够发展他们所需的技能。合作伙伴包括 Ivy Tech、IUPUC、Purdue 和 Conexus、Eco 15 等。公司还为印第安纳州的学生提供学徒和现场培训。

社区技术教育

该项目旨在通过地方职业教育计划解决技术技能差距的全球性举措。它在全球 9 个国家和地区为社区学校培训制造所需的技能，提供可能的工作机会。对于印第安纳州学子，这是走出贫困进入中产阶级的机会，通过培养当地人才，使之获得一技之长，成功就业，最终让社区更强健。

学费报销和学徒持续教育

康明斯员工有资格获得每年高达 7000 美元的学费报销。康明斯员工也可以在做全职技术学徒时，获得学费支持，攻读本科或专科学位。这项福利不仅为员工发展提供资助，同时也回馈了社区的教育机构。

支持社区的六西格玛项目

康明斯鼓励员工利用专长技能，通过社区参与团队以及支持社区的六西格玛（Six Sigma）项目，帮助社区实现长期改善。这些六西格玛项目都是与当地的非营利组织合作，使他们更有效地解决实际的困难和挑战。

米勒先生领导了康明斯公司 40 年，到 1977 年退休。虽然他已于 2004 年去世，但他的影响力超越了时间和空间，让康明斯公司从美国中西部农村名不见经传的小工厂，成为知名的国际性大公司。1956 年，康明斯公司在苏格兰开设了一家制造工厂。60 年代初，康明斯又在欧洲其它地区，以及巴西、澳大利亚、印度、墨西哥和日本等地建立了生产基地或有许可证的生产厂。通过米勒先生远见卓识的努力，康明斯比大多数美国公司更早地实现了国际化。

经过近百年的发展，康明斯成为财富 500 强公司，足迹遍布全球 190 多个国家和地区。发动机、电力系统、零部件、电动动力四个事业部研发制造行业领先产品，分销事业部通过全球经销商网点为客户提供全天候的服务。2017 年，康明斯公司 200 多亿美元的销售额中，一半自美国以外。例如，康明斯植根中国 40 年，成为中国柴油发动机行业的领军企业，拥有近万名员工和众多的合资企业，创造出 50 亿美元的业绩。

康明斯中国之路

康明斯公司与中国的联系可追溯到上世纪。1941 年 3 月 11 日，弗兰克林·罗斯福总统签署《租借法案》，向包括中国在内的 38 个国家提供援助。《租借法案》的对华军援物资中包括配备康明斯发动机的江防巡逻艇和军用卡车。1944 年末，一家中国企业致函康明斯公司，寻求建立商业联系，在中国进行康明斯发动机的本地化生产，时任总经理米勒先生在回函中对此表示了浓厚的兴趣，希望中日战争结束后能够在华建厂。时局变化，沧海桑田，米勒先生的想法到了 30 年后的 20 世纪 70 年代，伴随着中美关系的缓和，逐步变成现实。

1941 年，配备康明斯柴油机的美制军用卡车行使在有抗战运输"大动脉"之称的滇缅公路上。

1975-1979 东飞 敢为人先 一往无前

1975年，尼克斯总统访华，打开中美外交的大门，中美经贸关系开始恢复。米勒先生专程访问北京，也因此成为最早来华寻求商业合作的美国企业家之一，为康明斯在中国市场的深耕奠下基石。1979年，康明斯中国代表处在北京成立。康明斯也成为最早在华设立办事机构的跨国公司之一。

20世纪70年代康明斯与中国企业的往来引起了媒体的极大关注。

1979年1月1日，中美两国正式建立大使级外交关系。同年夏天，康明斯中国代表处在北京成立，是中国对外开放伊始，最早在华设立办事机构的跨国公司之一。图为康明斯中国代表处1979年时的第一个办公地点——北京民族宫。

1981-1986 雁栖 择木而栖 蓄势待发

自从 1975 年进入中国矿山市场以来，康明斯 K 系列和 NH 系列大功率柴油机的整体性能得到中国用户的普遍好评。1978 年夏，康明斯与中方开始谈判技术引进，在中国进行本地化生产。中国重汽集团与康明斯正式签署技术引进协议，在重汽下属的重庆汽车发动机厂生产康明斯 10~50 升大马力柴油机，填补了中国高性能大马力柴油机领域的一项空白，而康明斯也成为最早在华进行本地化生产的西方柴油机公司。

1983 年，康明斯推出全新 B 和 C 系列中马力发动机（3.9~8.3 升），正式进军全球中型柴油机市场，中国的行业决策者们也在考虑上马新型发动机项目。1986 年，二汽与康明斯公司签订 B 系列柴油发动机产品和制造技术许可证转让合同，正式开启与东风的合作。

1985 年，时任中国驻美大使章文晋（中）访问康明斯哥伦布总部。左为林蔚梓博士，右为中国第一机械工业部饶斌部长。

1994-1997 齐心 惠而好众 携手同行

1992 年邓小平南巡奠定了中国经济发展的第二次浪潮。从 1993 年夏开始，康明斯高层主管密集访问中国合作伙伴，在

1994 年到 1996 年的短短三年时间里，投资建立了五家合资企业和一家独资工厂，实现了康明斯中国业务的又一次跨越式发展。

1998-2000 领航 谋定后动 决胜千里

90 年代末，康明斯中国区制定了后市场网络计划，全面开始服务平台的铺设，以更贴近客户的姿态投入市场竞争的大潮。新千年的到来，让世界为之振奋。康明斯的在华事业也推向新的高峰。康明斯在中国深入发展分销服务、技术研发、产品开发、合资合作，成为中国相关产业的有机组成部分。

2005-2009 偕行 创新为本 合力为源

顶尖的技术和一流的研发能力是康明斯成功的基石。通过与中国主机厂客户通力合作，康明斯中国研发力量正在鼎力支持中国汽车和工程机械企业的自主创新步伐。

2010-2015 振翅 乘风而起 穿云直上

从关键零部件到发动机整机再到电力系统，康明斯完整产品线都已顺利完成在华生产能力的建设。为更好服务于多元化客户领域，康明斯及时调整产品定位，从高端向主流市场延伸。进一步拓宽市场领域，更有力地支持中国主机厂客户国内、国际的市场战略。凭借先进的技术优势，康明斯在中国不仅率先推出满足新一代排放法规的产品，更形成国内外市场的领先优势。

2015-未来 腾飞 厚积薄发 永续发展

从产品进口、许可证生产，到合资生产，再到联合研发，康明斯进入中国已经40年，我们和合作伙伴携手前行，和谐发展；在未来的征程中，康明斯将更用灵活的业务模式，以更好的适应中国市场和客户的需求，继续为合作伙伴、终端用户和行业创造价值。明天会更美好，成就会更辉煌。

2019 年，康明斯将迎来成立一百周年的庆典。公司更加清晰了自己的使命："驱动世界前行，实现至美生活。Making People's lives better by powering a more prosperous world.""创新不竭 成就客户 Innovating for our customers to power their success."这一简洁而豪迈的口号是康明斯全球员工为之奋斗的远景目标。

康明斯公司为其动力产品能满足全球各地客户多样化的需求而感到由衷的自豪。康明斯公司的成功离不开每一位员工的努力和奉献：他们所表现出的卓越工作能力以及对公司、对客户认真负责的态度是康明斯保持市场领先地位的制胜因素。

同时，康明斯公司充分认识到作为行业领先企业所应承担的社会责任，一直致力于服务并改善员工工作和生活所在的社区。公司和员工的共同努力将康明斯打造成一名优秀的企业公民。

今天，康明斯公司营销全球，但仍然忠于印第安纳州根源。在印第安纳州欢庆两百年华诞之际，康明斯公司这家百年企业，也因社区的滋养而基业长青。下一个百年，值得我们共同期待！

Eli Lilly and Company's entry into China and Southeast Asia

"Mr. Lee of Cincinnati reports that one of the jobbers of that city received a pharmaceutical order from China specifying Red Lilly pharmaceuticals; so our fame spreads abroad." -- The Budget, October 15, 1907.

Mr. Lee's order in 1907 is the earliest written record documenting Lilly's activities in Southeast Asia. Fortunately for both the company and the region, Lilly has continued to look for and engage in opportunities in China, and elsewhere in the region. Beginning in 1918 the company appointed John (Jack) G.W. King to head operations in Southeast Asia from his headquarters in Shanghai, China. Ten years later the company established its first branch house distribution center outside the United States in Shanghai. Clearly, the company saw an incredible amount of potential in China for its natural resources, including scientific talent, and as an area for sales growth. In fact, J.K. Lilly, Sr. saw so much potential in the area that he famously visited Shanghai during an around the world cruise in the spring of 1923. By July of that same year, records show that Lilly insulin was being used to save lives at the Beijing Union Hospital.

The company's written record shows a number of instances during the 1920s and 30s where pharmaceutical activities in China were highlighted. These articles outlined displays of Lilly products, Chinese raw materials used in the manufacture of Lilly medicinals, and eventually scientific and sales talent hired for positions within the company. K.K. Chen is perhaps the most noted person to be hired by the company from China. With degrees from Tsing Hua College, a B.S. from the University of Wisconsin, and an M.D. from Johns Hopkins Medical School, Dr. Chen was uniquely qualified to head Lilly's pharmacological research activities from 1929 to 1963. Under Dr. Chen's direction, Lilly researchers ventured into a broad range of treatments including: ephedrines for asthma and other respiratory issues, cyanide poisoning, analgesics, and many other disease states.

During this same period, Lilly expanded throughout the United States, both from a sales perspective and by the number of sales offices outside of Indianapolis. By the time Iletin was launched on October 15, 1923, Lilly had branch houses in Kansas City, Chicago, St. Louis, New York, Dallas (later New Orleans), and San Francisco, and by 1924 the company was exporting materials to Mexico, Hawaii, Philippines and other points in Southeast Asia. Clearly, Lilly was expanding in markets as it achieved both sales and research successes. In 1900, Lilly had sales of $519,157.76, but the introduction of Iletin in 1923 led to record sales. For the year, sales totaled $7,820,490.77 of which Iletin represented $1,110,573.26 in sales that first year. It's interesting to note that Iletin's strong sales response gave Lilly its first million dollar seller thereby providing the company with the capital needed to increase its international footprint while growing its own in-house research activities.

All of this monetary success had a number of effects on the company. First, the company continued to grow its operations outside the United States. So much so, that as early 1924, J.K. Lilly, Sr., reported "that the sun never sets on the Red Lilly." The expansion would continue for decades as affiliates, factories, and research activities were expanded to Europe, Central and South America,

Africa, the Middle East, and so forth. Second, as mentioned above, business success meant bringing research talent to Indianapolis. Dr. Chen was clearly a part of the overall strategy to bring the best research talent available to Indianapolis so the company could continue developing and inventing new products for a large variety of disease states. Lastly, the company's success after 1923 forced the Lilly family members into a position where they had to create a family trust in order to successfully maintain the high level of philanthropic leadership they had always shown within the city of Indianapolis. As a result, Sr., Mr. Eli and his wife Ruth, and Jr. created the Lilly Endowment in 1937. Since its founding the Endowment has dispersed approximately 9 billion dollars' worth of monetary assistance to three main areas of need, including: education, religion, and community building. As a result of this mission, the associated entities of Indianapolis have enjoyed a long-standing relationship with the Endowment and it's nearly impossible to think about what the city would be like without the numerous gifts that have contributed to the overall health of the community.

No mention of Lilly and China can be complete without some mention of Y.C. Woo. Mr. Woo started working for the company as a clerk in its Shanghai branch, but he soon proved to be increasingly important to the operation by teaching himself typing and bookkeeping. He would eventually become the office manager before becoming a medical service representative in 1929. Mr. Woo was a highly successful representative, selling more goods in the area during his first six months than had been sold the entire preceding year. By the time World War 2 started, Mr. Woo was solidly Lilly's lead representative in Southeast Asia. At one point during the course of the war, Mr. Woo was forced to walk 3,000 miles in order to cable Indianapolis. He requested sulfonamides, which were sent to China via Calcutta, India, a trip that took nine months to complete. As a result of the war, Mr. Woo was not paid for his services until the war concluded whereupon his unpaid salary was given to him and he used the proceeds to purchase a pharmaceutical distributing company in 1947. By 1948, his volume of business with Lilly was larger than any other wholesaler in the world. Mr. Woo's company survives today.

Unfortunately, many of the activities of the company in the region were slowed considerably as a result of the Chinese Civil War. Contact didn't resume with the People's Republic of China until around 1979 when a delegation of business managers visited Lilly as part of a tour sponsored by the National Committee on United States-China Relations. Today, Lilly's presence in China is strong and growing every year with sales offices, manufacturing factories, and research facilities all contributing to Lilly's future growth and prosperity.

礼来公司与中国和东南亚的故事

图文由礼来公司提供，黄念翻译

"辛辛那提的李先生报告称，该市的一名工作人员收到了来自中国的药品订单，其中指定了礼来公司的药品；自此，我们开始名扬海外。"

——周报《The Budget》，1907年10月15日

1923年，老礼来先生到访上海礼来总部
J.K. Lilly visited Shanghai in 1923

礼来公司与东南亚最早的有文字可考的历史就是李先生的这份1907年的订单。在此之后，礼来公司一直在中国及其周边地区寻找合作机会，这对礼来和当地都是非常幸运的事。1918年，礼来在中国上海成立总部，负责其在东南亚地区的事务，约翰·金（John G.W. King）担任总负责人。10年后，礼来在

上海设立了配送中心,这是其第一次在美国以外的地方设立该部门。显然,在科学人才以及销售市场等领域,礼来看到了中国的巨大的潜力。事实上,老礼来先生(J.K. Lilly, Sr.)意识到该地区的潜力如此之大,1923 年春天,他在世界各地巡航期间专门访问了上海。记录显示,同年 7 月,礼来公司生产的胰岛素被北京协和医院用来治病救人。

礼来公司的资料显示,有例子证明在 19 世纪 20 年至 30 年代,其在中国的制药活动明显增加。这些文章同时记录了礼来在中国的药品种类和礼来用于生产药物的中国原材料,以及该公司逐渐开始聘用当地的销售人员和科技人员。陈克恢(K.K. Chen)应该就是当时雇佣的人员中最有名的一位。毕业于清华学堂(现清华大学),拥有威斯康星大学理学士学位和约翰霍普金斯医学院医学博士学位,从 1929 年至 1963 年的 34 年,陈克恢一直是该公司独一无二的药物研究带头人。在他的带领下,礼来公司的研究人员开始广泛涉猎治疗各种疾病的新药,包括治疗哮喘和其他呼吸问题、氰化物解毒、镇痛及其他疾病的麻黄素。

在同一时期,礼来公司的销售市场以及办事处扩张到印第安纳波利斯以外的美国各地。1923 年 10 月 15 日,Iletin(一种胰岛素)推出时,礼来在堪萨斯城、芝加哥、圣路易斯、纽约、达拉斯(现在的新奥尔良)和旧金山都已经设立销售部门;1924 年,该公司开始出口材料到墨西哥、夏威夷、菲律宾及东南亚其他地区。显然,扩张市场与研究新药,礼来双管齐下,并取得双赢。1900 年,礼来的销售总额是 519,157.76 美元;1923 年,Iletin 的推出帮助公司创下销售业绩新高——销售总额为 7,820,490.77 美元,其中有 1,110,573.26 美元是来自 Iletind

的销售。不得不说，正是 Iletind 的成功销售，才使得礼来首次成为百万美元卖家，从而为公司的全球扩张和发展自己内部的科研活动提供了雄厚的资本。

财富的增长对礼来产生了很多影响。首先，公司持续扩张其在美国以外的市场。1924 年初，老礼来先生称公司为"日不落的红色礼来"。随后几十年，礼来的子公司、工厂和科研活动扩展到欧洲、中南美洲、非洲、中东等世界各地。其次，正如前面所说，商业上的成功将全世界最优秀的科技人才都吸引到印第安纳波利斯来，陈教授就是最典型的代表。优秀科研人员的到来又帮助公司持续研发治疗各种疾病的新药。最后，礼来家族一直是印第安纳波利斯市地区慈善事业的领头人，1923 年之后的成功，使得礼来家族不得不创建一个家族信托基金，以便更高水准地维持他们在慈善事业的领军地位。因此，1937 年小礼来先生(Eli Lilly Jr.)、他的夫人露丝（Ruth Helen Allison）和老礼来先生创办了礼来基金会。自成立以来，礼来基金会已将约 90 亿美元的资金主要援助到教育、宗教和社区建设三个领域。基于这个项目，礼来基金会与印第安纳波利斯的相关实体有着长期的关系，可以说，如果没有礼来基金会对社区健康的巨大资助，很难想象现在印城会是什么样子。

提到礼来与中国的关系，那么有一个人不得不提，那就是邬耀章先生（Y.C. Woo）。邬先生最初是礼来上海分公司的一个普通职员，但通过自学打字和簿记，很快就证明了他在经营方面逐渐增长的重要性。他逐步晋升到办公室经理，到 1929 年，已成为医药销售代表。显然，邬先生是一位非常成功的销售代表，他任职后 6 个月的销售业绩比前一年的销售总额都多。直到第二次世界大战开始，邬先生稳坐东南亚地区销售代表的头把交椅。二战期间,有次邬先生不得不徒步 3000 英里,与印第安纳波利斯取得联系,要求通过印度加尔各答(Calcutta, India)将磺胺类药物送往中国。整个运输过程历时 9 个月,但由于战争的原因,直到战争结束邬先生才得到这笔运送费。1947 年,他用这笔款项购买了一个药品分销公司。到 1948 年,他与礼来公司的业务量已经高于全球任何其他批发商。直到现在,邬先生的公司仍与礼来合作愉快。

1966 年邬先生(左)
Woo Dinner in 1966

不幸的是,由于国共内战,礼来公司在中国的很多业务都大大减缓。1979 年,在中美关系全国委员会主办的一个观光活动中,作为行程的一部分,中国的一个商业经理代表团访问了礼来公司,自此,礼来与中华人民共和国再次取得联系。今天,礼来公司在中国的业务发展势头强劲,销售办事处、制造工厂和研究设施逐年增加,这些都将进一步促成礼来公司未来的发展和繁荣。

作者简介

以下为本书部分作者简介，主要依据姓氏排列，排名不分先后。

崔璨 Cui, Can

Graduate student at Fudan University, majors in culture heritage and museum studies

上海复旦大学文物与博物馆系硕士研究生在读。上海黑书网络科技有限公司创始人。

戴贺桥 Dai，Heqiao

Medical Researcher

现印州大学从事医学基础研究工作。自由撰稿人，常为《亚美导报》写当地新闻和时事评论等文章。

冯雅芳：书名题字
Feng, Yafang
Engineer and Artist

哈尔滨工业大学焊接工学硕士。中国硬笔书法协会会员。自2001年起在印第安纳州生活工作。

黄文泉 Mu Yu ▶
Free lance writer, has lived in Indiana since 1989

笔名：木愉。现居印第安纳。《星岛日报》专栏作家。主要出版作品有散文随笔集《"天堂"里的尘世》和《黑白美国》、长篇小说《夜色袭来》和《美国上司》，论著《金钱永不眠》，人物传记《金赛是谁》。

李明洁 Li, Mingjie ▶
Professor in Sociolinguistic and Cultural Anthropology

华东师范大学社会发展学院民俗学研究所教授，印第安纳大学民俗学与民间音乐系访问学者（2014-2015）。擅长文化人类学、民俗学与语言学的交叉应用研究。特别关注使用多种批评路径，探讨日常生活中以语言为表征的各类权力尤其是社会记忆，对于语言、社群、媒体的变异塑型以及对各类社会组织的建构。

◀刘建英 Liu，Jianying
Medical Researcher

医学研究者。湖南医科大学血液生理学硕士。自2001年起在印第安纳州工作生活。喜爱摄影。

王大鸣：封面设计▶
Wang, Daming
Engineer and artist

留英焊接材料学博士。自 2001 年起，在印第安纳州从事航空涂层应用的开发及管理。

◀**王辉云** Wang, Huiyun
Free lance writer and historian

北京人，1955 年生。1985 年毕业于中国社会科学院北京大学南亚研究所，获硕士学位，1987 年毕业于美国普度大学历史系，获硕士学位，1995 年毕业于美国芝加哥大学政治系，获博士学位。曾在 Emory & Henry College, Marian University 和 Purdue University 执教，现为自由职业者。主要著作有 "Discourses on Tradition and Modernization: Perspectives of Gandhi and Sun Yat-sen on Social Change"、《闲聊美国节日的历史和文化》等。

王敏，原名王继同

Wang, Min

Chinese Linguist and Computer Scientist

江苏扬州人。早年下放苏北农村，并在大丰县草堰镇读过中学，以后在扬州车辆修配厂当机械工。1978年录取为扬州师范学院中国语言文学系77级本科生，开始撰写发表语言文史逻辑方面的文章，毕业后分配至海安师范学校从事高师函授教学工作。1984年入读杭州大学汉语语言学硕士研究生，毕业后受聘于浙江大学中文系，因学术成就优异，破格晋升为副教授。以后开始在复旦大学读博士。1993年来美国，在Syracuse大学教授过中文，并获得英语语言学及计算机科学硕士。以后一直在美国从事计算机和汉语教学研究写作工作。出版（包括领衔著述主编翻译）有《新逻辑学》、《汉语逻辑概论》、《国家标准汉字人机两用字典》、《新编汉英分类词典》、《中外名人幽默逸闻》、《中外名人之死》、《来自语词的世界》和《花街侦探》等著作。目前住印第安纳州Carmel市，在Citizens Energy Group工作。

王贤忠 Wang, Xianzhong ▶
Faculty member at IUPUI, Botanist, photographer and American football fan

浙江人。浙江农业大学本科，中国科学院南京土壤研究所硕士，Ohio State University 博士，Columbia University 博士后。2001 年起在 IUPUI 以教书为生，现为生物系副教授。业余爱好丰富，尤迷摄影、园艺和美式橄榄球。

吴泽群 Wu, Zequn ▶
Chinese Artist
中国动画学会会员
上海美术家协会海墨
中国画工作委员会会员
国家一级美术师

杨旭昊

Yang, Xuhao
Medical Researcher

定居印州二十载有余，生物医学专业。除业余热心社区建设、传播中华文化外，喜好近代历史探奇。对百年美中交往中的恩恩怨怨及北美华人，特别是中西部华裔移民之渊源和影响情有独钟。对本地历史文化典故也颇有兴趣。窃以为安居乐业，融入主流，除积极参与奉献社区、社会政治外，深入了解本地历史文化为不可缺少之根本。

张彦涛 Zhang, Tony ▶

Pharmaceutical Scientist, Photographer and long-time Indiana resident

山东人，印第安纳州长久居民。制药科学家。爱好包括阅读、旅行、摄影、写作及各种手工制作。不会种菜。

▲   Richard Bryant

A certified professional photographer - one of only 2500 in USA.

"I love photography for its endless challenges and experimentation from capturing speeding race cars and flying bullets to the solar eclipse, lightening and elusive smiles and stunning beauty of nature. Richard Bryant Fotographie. PPA Certified Professional Photographer.

◀ **黄念** Huang, Nian

Journalist

毕业于武汉大学新闻系。《亚美导报》创始人之一，主编。

李维华 Lee, Wei-Hua
Wendy Lee ▶

Neuroscientist, Publisher

1983 年到印州读书、生活、工作。神经生物学家，出版人。2007 年参与印城华人媒体，2011 年创办《亚美导报》。